情緒管理

Emotion Management

(4th Edition)

蔡秀玲、葉安華、楊智馨 / 著

國家圖書館出版品預行編目（CIP）資料

情緒管理 / 蔡秀玲, 葉安華, 楊智馨著. -- 四
版. -- 新北市 ： 揚智文化, 2020.05
面； 公分. --（心理學叢書 ; 26）

ISBN 978-986-298-342-3（平裝）

1.情緒管理

176.52   109005923

心理學叢書 26

情緒管理

作　　者／蔡秀玲、楊智馨、葉安華
出 版 者／揚智文化事業股份有限公司
發 行 人／葉忠賢
總 編 輯／閻富萍
特約執編／鄭美珠
地　　址／22204 新北市深坑區北深路三段 258 號 8 樓
電　　話／02-8662-6826
傳　　真／02-2664-7633
網　　址／http://www.ycrc.com.tw
E-mail ／ service@ycrc.com.tw
I S B N ／978-986-298-342-3
初版一刷／1999 年 4 月
四版一刷／2020 年 5 月
四版三刷／2023 年 3 月
定　　價／新台幣 400 元

序

　　1995年高曼博士出版*EQ*一書，強調個體情緒智力的重要性，提醒大家在重視一個人的聰明才智（IQ）之餘，也應關注個體的心理健康。從許多社會新聞可以看到，即使學歷工作條件再好，都可能因為一時的情緒失控，造成令人遺憾的後果；而一個人即使學科考試能力很強，也有可能在面對挫折與壓力的能力上是不及格的。

　　不論是情緒智力，或是一般口語常聽到的情緒管理，這些名詞聽起來都很抽象，它不像IQ可以用一些標準化的測驗來評量，用評量結果的數字來說明一個人的IQ高低，因此會讓人產生許多的誤解。例如認為一個人若很愛生氣，就是他的EQ很低；或是一個人如果看起來都很冷靜沒什麼情緒，就認為他的EQ很高。每學期情緒管理課程的第一堂課總會詢問學生修課的原因與期待，許多學生會說自己很愛生氣，脾氣差，希望能夠修習這門課，學到一些方法讓自己不要那麼愛生氣，脾氣可以再好一些。事實上，生氣是很自然的情緒，代表著我們的領域被侵入了，我們的權益被剝奪了，我們的需求沒有被滿足。情緒就好像流汗一樣，一個人很熱就會流汗，流汗是正常的現象，也有益於身體健康，但如果一個人很熱卻無法流汗，那就表示他的身體出狀況了。

　　華人社會重視人和，不喜歡可能會導致人際衝突的情緒，如

生氣或忌妒等，也因此常會教育孩子不應該有這樣的情緒，導致許多孩子在成長的歷程中認為這些情緒是不好的。因此當有這樣的情緒產生時，便努力地壓抑，或是責難自己何以會有這種情緒。但如前述所言，情緒是一個正常反應，沒有好壞之分，重點在於情緒的處理與表達方式是否適當。而在學習表達與處理之前，必須要先覺察且接納它的存在，否則如果連自己有什麼情緒都不清楚，或是因為無法接納自己的情緒而一概否認，遑論下一步的好好處理或表達呢？覺察與接納是情緒管理中很重要的能力，需要時間培養，需要空間滋養。在實務工作的現場，常會看到沒有能力覺察自身真實情緒的學生，他們多半長期以來一直不能也不敢有自己的情緒。唯有能夠感覺情緒，接納情緒，才有可能學習處理與表達情緒。本書有許多的專欄與活動，可以提供讀者練習及反思，進而提升自己覺察、接納、表達與處理等情緒能力。身為教育及輔導工作者，期待這本書的內容讓我們能夠有更多的心理能量與更大的心理空間來修鍊我們的情緒能力，面對瞬息萬變的環境與挑戰。

蔡秀玲、葉安華、楊智馨　謹識

目　錄

 Chapter 4 嫉妒、憤怒、羞愧感 101

 Chapter 5 情緒管理三部曲 131

 Chapter 6 改變想法，轉換情緒 173

Chapter 7 壓力管理與調適 213

Chapter

1

認識情緒

才剛起床，發現睡過頭了，差點要錯過第一節課，今天要考試萬萬不能蹺課啊，緊張地趕緊梳洗出門。到了教室，遇到好友，貼心地帶來好吃的早餐，真的很開心！看到考題，搜尋腦中記憶體，發現每一題都好陌生，沒有把握自己是否可及格，有點擔憂。出了教室，聽到同學也考得不太好，心想也許老師標準會降低一點，心中稍微輕鬆一點。看見陽光普照，約了幾個朋友一起出遊，還是可以先享受這樣小小的愉悅……。

一、情緒智力

從早上起床到現在，此時此刻你的心情如何呢？是緊張？開心？煩悶？擔憂？或是惱怒呢？無論何時何地我們可能都處在某種情緒中，有些情緒不會特別影響我們，所以也不會有特別感受，有些情緒則會帶來心情起伏，這些情緒影響自己的學習、人際互動或者做事的動力，甚至從層出不窮的社會事件中，可發現，若是毫無自覺而隨情緒共舞，有時竟會帶來意想不到的後果，例如多數自傷、傷人的行為底下，都有情緒方面的問題，像是壓力太大、太生氣、自尊心受損、想報復等。若是在極大情緒或身心壓力之下，無法以適當的方式處理或解決，就容易變成太過衝動、失去理智、只顧其一而忽略其他，或是只固執地以某一

種僵化的角度看事情，以偏概全，做出錯誤的決定，因而產生令人遺憾的結局。

日常生活中有許多情緒，例如：考試報告一堆，又得打工賺錢，事情做不完，蹺課又被點名，覺得很哀怨；跟同學意見不合，心中不悅，嚴重時還彼此惡言相向，結果兩人友情決裂；因為一些小事就被父母責罵，心中很不是滋味，於是生好幾天的悶氣；對自己未來感到茫然，上課也興趣缺缺，花很多時間在網路聊天或遊戲中，可是還是快樂不起來……。你是否有上述這些情緒呢？是否曾經想過如何面對這種種不同的情緒呢？

過往智商（IQ）是衡量人類成就的唯一指標，然而心理學家丹尼爾・高曼（Daniel Goleman）從大腦科學提出「情緒智商」（EQ）， 1995年寫成*EQ*一書，此書在全球熱銷五百萬本，入選《時代雜誌》二十世紀最有影響力的書籍之一。高曼強調成功者有一個共通點就是EQ高，只有IQ高並不一定能成功，但是EQ高低常是決定一個人成功與否的重要關鍵。情緒管理能力被認為是重要的軟實力，更是美好成功人生必備的關鍵能力。具體而言，高EQ的人需要具備：認識自己情緒的能力、妥善處理情緒的能力、自我激勵的能力、瞭解他人情緒的能力，以及人際關係維持的能力五大向度（如**表1-1**），若要為自己的EQ打分數，你會給自己幾分呢？

情緒管理
Emotion Management

表1-1　EQ包括的五大能力

下面每個數字代表得分分數，請圈選最符合自己的數字，每題只能選一個答案

EQ能力	具體面向	自我評估 非常不符合 1	不符合 2	不清楚 3	符合 4	非常符合 5
一、認識自我情緒的能力	1-1認識情緒的種類	1	2	3	4	5
	1-2能覺察自我情緒	1	2	3	4	5
	1-3能分辨與辨識自己的情緒反應	1	2	3	4	5
	1-4瞭解引發情緒的事件或背後緣由	1	2	3	4	5
	1-5瞭解相同事件每人的反應與表達方式都不同	1	2	3	4	5
二、妥善管理自我情緒的能力	2-1瞭解負向情緒的處理方法	1	2	3	4	5
	2-2學習有效的情緒處理方法	1	2	3	4	5
	2-3瞭解事件、想法與情緒之關聯，具有理性信念替代非理性信念	1	2	3	4	5
三、自我激勵的能力	3-1可以分析並瞭解阻礙自我達成目標之內在因素	1	2	3	4	5
	3-2培養克制衝動，延後滿足的能力	1	2	3	4	5
	3-3學習激勵自我，達成目標的方式	1	2	3	4	5
	3-4認識「自我內在語言」，並自我激勵	1	2	3	4	5
四、認識他人情緒的能力	4-1增進覺察他人情緒與認知他人情緒的能力	1	2	3	4	5
	4-2瞭解他人情緒背後可能的想法或緣由	1	2	3	4	5
五、人際關係維持的能力	5-1瞭解有效溝通的原則，並增進人際溝通的能力	1	2	3	4	5
	5-2培養積極傾聽能力	1	2	3	4	5
	5-3學習同理心並應用於生活中	1	2	3	4	5
	5-4瞭解我訊息的意義與應用	1	2	3	4	5
	5-5增進衝突處理的能力	1	2	3	4	5
		總分：				

二、情緒的特性

　　發展心理學研究指出，嬰兒時期表達的原始情緒包括生氣、哀傷、喜悅、驚訝與害怕，大約兩歲時則開始會表達一些衍生或複雜的情緒，例如尷尬、害羞、內疚、忌妒、驕傲等，情緒原本就有豐富多元的面貌。亞里斯多德曾說：「問題不在情緒本身，而是情緒的表現方法是否適當。」我們如果要具備優質情緒管理能力，有效掌握情緒，首先需要對情緒有一些基本的認識。

專欄1-1　情緒萬花筒

活動一：情緒成語激盪

　　有許多成語是用來形容情緒，例如：開心時我們「心花怒放」、生氣時「怒髮衝冠」、回想過去的辛苦不禁「悲從中來」……

　　分組競賽：將班上同學分為數組，請各小組進行腦力激盪，寫下跟情緒有關的成語，限時三分鐘，看看哪一組寫出的成語最多就獲勝。

活動二：情緒造句

　　情緒包羅萬象，大家知道我們有哪些情緒呢？興奮、煩惱、緊張、生氣、害怕、悲傷、嫉妒、挫折失望、擔憂、愧

疚……，有好多不同的情緒，光是興奮、開心、快樂、愉悅等都是形容心情很好的字詞，請每個人用你想到的情緒字詞，造一個句子，例如：想到「開心」，造句為「每次跟朋友一起相聚，我都很開心」。老師點到名的，就請你完成一個情緒造句，完成就過關，另外一個規則是：前一個同學已經說過的情緒字詞就不能再重複，順便也練習你們專注傾聽喔！

情緒是與生俱來，人類所共有的，無論之後又衍生成哪一種情緒類型，所有的情緒都具有以下幾種特性：

(一)情緒是由刺激引發的

日本有一則古老的傳說，一個好勇鬥狠的武士向一位老禪師詢問天堂與地獄的意義，老禪師輕蔑地說：「你不過是一個粗鄙的人，我沒有時間跟這種人論道。」武士惱羞成怒，拔劍大吼：「老漢無禮，看我一劍殺死你。」禪師緩緩道：「這就是地獄。」武士恍然大悟，心平氣和納劍入鞘，鞠躬感謝禪師的指點。禪師道：「這就是天堂。」

情緒不會無緣無故產生，必有引發的刺激。例如遇到喜歡的人、聽到優美的音樂、享用了一餐美食、享受了和煦的陽光等都

可讓我們心情愉悅，反之，隔壁鄰居的打罵吵鬧聲、擁擠的公車、水溝的惡臭、看到一堆報告待完成等都可能讓我們煩躁不安。當然除了這些外在的人、事、物之外，還有一些其他的內在刺激也會引起情緒，比如說身體狀態、內分泌失調等，例如有些人因為生理急速發展或荷爾蒙分泌之故，就很容易情緒不穩，而女生也常常因為月經週期的關係而導致情緒不穩，還有當我們生病時，也比較容易生氣、厭煩或沮喪，此外還有一些過去的記憶（有時是已經遺忘的過往回憶）或自己的想像（如想像遇到恐怖的事情）等等都是導致情緒的因素。有些人可能會說我就是莫名其妙感到心情低落，其實若可以好好想想自己——「怎麼了？」，可能有機會對自己有更多的發現，例如發現自己受到季節轉換影響心情變得煩躁，或是莫名的哭泣是因為過往壓抑太多的委屈等。情緒幾乎都是受到刺激引發的，透過情緒可以對我們自己有更多瞭解喔！

(二)情緒是主觀的經驗

同樣的刺激事件，對每個人所引發的情緒並不一定相同，因為情緒本身是主觀的經驗，無法客觀得知，情緒的發生常常是個人認知判斷的結果，因此，情緒的內在或外在反應將會因人而異，具有相當的個別性或主觀性。情緒的個別差異表現在情緒的內涵、強度與表達方式的不同，例如阿強前兩天因為考試考不好，挫折了好久，一直責怪自己平時不夠用功，考前沒好好準

備，考試的時候沒仔細看，他覺得自己不是一塊唸書的料，自己比別人差，因而很灰心沮喪，整天唉聲嘆氣。班上阿明一樣考不好，可是看他還是一樣開朗，他認為考試成績不能決定自己的價值，而且只要下次再努力就好了，從失敗中反而可以更激發自己的鬥志呢！

同一客觀情境卻產生不同的主觀情緒反應，可見，情緒並非全由外在刺激所決定，個人因素才是主要決定力量。當我們告訴別人「有什麼好難過的呢？」、「幹嘛這麼生氣，又沒啥大不了」時，我們只是從自己的角度來看事情，卻忽略當事人的主觀性情緒，反而讓當事人覺得被否定，不被接納，所以當我們知曉情緒的主觀性之後，就要學習尊重每個人不同的情緒感受。

(三)情緒具有可變性

A：「假如有一天，你到公園散步，順手將一本你心愛的書放在公園的椅子上，這時候來了一個人，就直接往椅子上一坐，結果把你的書弄破了。此時你會怎麼想？」

B：「我一定很生氣，他怎麼可以這樣隨便弄壞別人的東西呢！」

A：「如果這個人是個盲人，你又會怎麼想呢？」

B：「這樣啊，如果是盲人，那他一定看不見椅子上有放東西，而且還好只是一本書，要是什麼會傷人的

　　尖銳東西，就慘了。」

A：「那你還會對他生氣嗎？」

B：「當然不會，他又看不見，不能怪他啦！」

　　情緒並非固定不變的，隨著我們身心的成長與發展、對情境的知覺能力，以及個人的經驗與應變行為而改變，此外，引發情緒的刺激與情緒的反應也會隨之改變。刺激與情緒反應之間並沒有固定的關係模式，而常常會因為我們當時的心情與認知判斷的結果而表現出不同的情緒，雖然有時我們也會因為某種刺激而引發相同的情緒，例如從小被爸爸大聲罵就感到害怕，所以以後每次聽到別人大聲罵，不管是罵自己還是別人，甚至別人大聲說話，心中自然就產生害怕的感覺；或者小時被惡狗追過，長大後遇到小狗也會感到害怕，而忘了自己已經長大成人有足夠的力量保護自己，諸多這種害怕或其他的感覺已經被制約了，所以當你可以停下來檢視自己的情緒反應，就有機會改變已經被制約的情緒，可以透過不同的新的經驗與觀點，擴大自己的知覺或新解讀，還是可以改變修正這種固定的情緒反應，因為情緒本身具有相當的可變性。

三、情緒的分類

　　情緒是千變萬化的，Greenberg、Rice和Elliott（1993）將情緒大概分為四類：原始情緒（primary emotions）、次級情緒

（second emotions）、工具式情緒（instrumental emotions）與習得的不適應情緒（learned maladaptive primary responses），瞭解四類情緒的概念並能區辨情緒種類，將有助於情緒的調節與管理。

(一)原始情緒

原始情緒就是情緒如實的展現，是個人對情境此時此刻、立即性的直接反應。例如，面對威脅情境而害怕，失去親人而悲傷，是一種本能性的反應，它不必經過學習，也不是經過思考而產生的反應。原始情緒如開心、滿足等通常會直接表現，而負向的原始情緒有時則會被次級情緒所掩飾，例如，分手時表現得很生氣，壓抑原始的悲傷情緒，因為這樣比較不會失控或較不丟臉；或是因權益受損很生氣，但是因為從小被教導生氣是不好的，所以切斷與自己情緒的連結而無感，或者為自己的生氣覺得羞恥，「我真糟糕，怎麼可以為這種事情生氣？」，這時這種羞恥的感覺就是次級情緒。不論是正向或負向情緒，好好的覺察及調節就能成為適應性的原始情緒，有助於個人成長與改變。

(二)次級情緒

次級情緒是對於原始情緒與思考的次級反應。因為不是針對情境的情緒反應，而是原始情緒不能為個人所接受，所衍生的情

緒反應，所以常常模糊了原始情緒。次級情緒是複雜的、非適應性的情緒；次級情緒成為一種固定的反應模式，偏偏當事者自己又無法覺察（曹中瑋，1997）。例如朋友對於自己所發訊息總是已讀不回，自己反應於外可能是鬱悶、惱羞成怒、撂狠話，底下的原始情緒是失望的、受傷的，卻讓生氣（次級情緒）掩蓋住自己的傷心與失望（原始情緒）。如果能夠釐清，就能夠對症下藥，安撫到真正的情感需要。

(三)工具式情緒

工具式情緒正如「鱷魚的眼淚」，為了影響他人，達到某個目的。表現生氣或受傷來逃避責任或控制別人，例如明明就是他搞砸事情卻表現得一副很受傷的樣子，別人只好幫忙收拾爛攤子；利用哭泣來博得同情或安慰，例如獨自照顧兒子長大的母親，在兒子交女朋友後經常哭，兒子只好先安撫媽媽；分手時以自我傷害的方式增加對方的罪惡感，讓對方內疚，甚至試圖以此挽回。不論有意或無意使用工具式情緒，若當事人能有覺察的減少使用，或者更進一步知道自己的原始感受而能照顧到自己的需求，那麼在關係中減少了操弄，與他人的互動應該能夠更真誠，生活品質也可提升。

(四)習得的不適應情緒

習得的不適應情緒原本是因應環境需要而產生的適應情緒，但環境改變之後，原有的情緒反應已經不適用，個人卻仍然持續使用，因此會莫名的焦慮、害怕、害羞、悲傷等，容易讓人有負向的被困住的感覺。例如對無害刺激的害怕，起於小時候受到小狗驚嚇，直到長大，只要看到毛茸茸的物品或動物就會害怕；幼年受虐或被忽略，學到「別人是不可信賴的、是會讓我受傷的」，於是持續影響後來的人際關係，很難親近他人。習得的不適應情緒常常是由童年經驗或過去創傷中所學到的。

 四、情緒的影響

> 阿花很後悔自己過往只要心情不好就會割腕，現在工作了，深怕別人看見自己手上的疤痕，而對她有不好的印象，真的是「悔不當初」啊！原來是幾年前阿花好不容易考上了大學，可是因為自己很沒有安全感，總需要有人陪，但大學又不像高中那樣同學整天都在一起上課，在大學，大家各自有自己的生活，下了課就走人，阿花很不能適應，只能黏著自己的男友，可是男友也有自己的事情要忙，阿花心中痛苦時就會在手上畫記，明知這樣不好，但是情緒一來就是無法克制自己。整天心情憂

鬱，不想出門，幾乎所有的課都沒去上，結果最後也被退學了，直到有一次跟男友吵架又割腕，沒想到畫得太深，流了許多血，才把自己「嚇醒」，最後才決定得好好面對自己的狀況，於是尋求精神科醫師的協助，並且接受心理諮商，幫助自己走出痛苦。

情感可說是人類經驗的主體，幾乎無時無刻我們都在體驗著喜、怒、哀、樂、愛、惡、慾等各種情緒。例如前一刻可能還算心情平靜，下一刻可能因為看到同學在Line上的留言回應而感到悶悶不樂，之後又看了幾個搞笑短片，就暫時忘卻剛剛的失望，這樣的情緒轉換經驗，想必對大家來說應該不陌生。生活中類似的例子比比皆是，當我們好好留心究竟有多少情緒在我們自身流轉變化，就可發現情緒的影響力真的很大。究竟情緒會對個人產生什麼影響？

(一)情緒影響身體健康

情緒可激發個體的生理反應，如腎上腺素分泌、交感神經的作用，使個人充滿活力，隨時準備行動。如果出現的是負向情緒，則內分泌腺同樣會受影響，嚴重的話，便會分泌不正常而形成疾病，最常見如影響腸胃，導致消化不良、胃潰瘍等；影響泌尿系統，出現腹瀉、便秘等；影響心臟血管，出現呼吸困難、心跳加速、血壓升高、頭痛等；或是影響神經系統，如神經衰弱等病症，這些皆由情緒因素所引起，可見情緒狀態攸關個人健康。

情緒管理
Emotion Management

14

醫學界對此已有研究證實，發現我們在面對精神壓力時會分泌一種稱為腎上腺皮質醇（cortisol）的物質，又被稱作壓力荷爾蒙，能促進血液循環及新陳代謝，並增加身體能量以應付外來的壓力，但是當我們長期處在壓力狀態下，腎上腺皮質醇就會過度分泌及持續處於高水平，而導致許多健康問題及疾病，例如疲勞、骨質疏鬆、抑鬱、內分泌失調、高血壓、糖尿病、心腦血管疾病、癌症及免疫系統失調等。然而當我們感到快樂的時候，大腦會分泌多巴胺、腦內啡與血清素等。例如滿心期待或達到目標、克服困難時，會分泌多巴胺；強烈的快樂則會分泌腦內啡，而持續激烈的運動也會分泌腦內啡；感覺舒服、受到感動或者在大自然中或靜坐冥想中感受到平靜安穩，則會分泌血清素，血清素不足則容易感到不安。另外，研究亦發現在我們訂定目標的時候，能夠想像達成目標時的自己，大腦就會分泌大量多巴胺，這也是為何在激勵運動員或者有一些商業書籍經常提到「想像成功時的自己，越明確越好」，因為想像成功的自己，大腦分泌的多巴胺就越多，而多巴胺可以提升動力，會帶出「我要好好做」、「我要加油」等正向能量。

專欄1-2　情緒的腦部運作

腦神經科學研究發現，腦中理性中心是大腦皮質（cerebral cortex），情緒中心則為杏仁核（amygdala），在腦

部的構造中，外在刺激首先會傳到視丘，之後會有兩條途徑的傳達，一是將訊息直接傳到杏仁核，杏仁核馬上啟動身體各種反應，另一是將訊息送到皮質後再到杏仁核（**圖1-1**）。

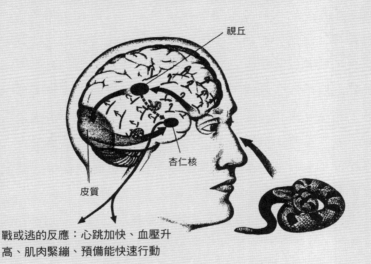

視丘

杏仁核

皮質

戰或逃的反應：心跳加快、血壓升高、肌肉緊繃、預備能快速行動

圖1-1　情緒的腦部運作圖

　　研究發現，負責思考的皮質尚未做出任何決定時，杏仁核就開始運作促成行動。例如我們可能不假思索一看到蛇就驚嚇逃跑，或者不假思索看到有人溺水就趕緊跳下水去救人等等，都是直接由杏仁核反應，屬於自動化歷程。通常最原始的情緒反應、情緒衝動或失控的行為，常是因為感覺訊息直接到杏仁核就做出反應，若訊息傳送到皮質進行意義分析，經由接收、分析與理解，作為採取下一步行動的參考，則為意識歷程。研究發現，青少年的大腦還未完全發展成

熟，因此有時情緒一來，就透過杏仁核的啟動，衝動行事，無法像成人一樣審慎思考，表現出最合宜的言行舉止，因此，情緒波動、親子衝突與溝通困難都是青春期常見的問題。尤其是成人和青少年解讀情緒是不同的方式。成人仰賴皮質進行理性分析與理解，但是青少年此時最活躍的卻是杏仁核，較是以直覺反應來解讀別人的情緒，也因此容易引起誤解。因此，若發現有些同學行事比較衝動，或許是他的大腦很快地以杏仁核回應外在世界或他人情緒，由於過度敏感於外在的危險，容易誤判別人是威脅或排擠，反應過度，有時就需要他人協助幫忙「踩煞車」，幫忙適時提醒，並且增加更多意識與反思，就不會完全失控於情緒。

大腦科學的研究也證實，如果前額葉大腦皮質的神經迴路較強壯，就能管理生氣、煩惱、失望、恐懼等負面情緒。大腦皮質要發育到二十幾歲才成熟，這段期間的神經可塑性非常重要，所以藉由情緒教育，不斷的重複體驗如何覺察與因應情緒，就可以塑造腦部的結構和功能，培養高EQ，因此，情緒教育從小開始亦顯重要。投入二十年情緒教育的高曼，認為情緒教育的第一部分關乎自我覺察、自我管理，就是「對自身的專注」；第二部分強調同理心、社交技巧，則是「對他人的專注」。我們在現今網路的世界，已經成為一個分心的時代，所以學習專注技巧，覺察到自己已分心，立刻再把注意力帶回目前正在做的事情上，這也是現今需要的關鍵能力（亦即正向心理學提到的正念——mindfulness），在此強調的不是要你專

心，而是要你在分心時立刻把注意力找回來，這個專注練習會強化腦部注意力迴路的連結，而這個部位，正好就是平靜壓力情緒的關鍵，也有益於身心健康（Goldman, 2014）。

(二)情緒影響學業、工作表現

　　長期的情緒適應不良，個人的情緒沒有抒發的管道，還有可能影響到個人的工作或學業表現。如長期處在工作或學業壓力之下，個人沒有辦法放鬆或轉換時，便可能引發不良的行為反應，如注意力不集中、沒耐心、脾氣暴躁不安，除了會波及人際互動之外，也會影響工作或學業上的成就表現，甚至喪失工作以及學習的樂趣、失去鬥志。如果不幸的，接二連三在工作或是學業表現遭受挫折，極容易使個人喪失自信心，懷疑自我價值，行為變得畏縮或退卻，出現倦怠感。

(三)情緒影響關係互動

　　情緒可以是人與人相處間的潤滑劑，也可以是破壞人際的致命殺手，如同「水能載舟亦能覆舟」的道理一般。人與人之間的情緒也會互相感染或影響，所以有些人看到朋友開心，也會覺得開心，看到朋友難過也跟著難過，而在生活中若你常常展現快樂的一面，開朗大方的你確實容易跟他人建立關係，但是沒有人可以是永遠開心的，只選擇「報喜不報憂」，朋友也沒機會知道你

的煩惱心事，要跟朋友更親密，其實就得靠著心情的分享，彼此方能更瞭解，也拉近彼此的關係。

至於容易陷入憂鬱或生氣情緒的人，若個人無法掌握自己的情緒，將個人的困擾、煩悶等負向情緒轉移到其他家庭成員或親近朋友身上時，就會影響你的人際或親密關係，導致衝突不斷，別人也可能覺得對你摸不著頭緒，搞不清楚你怎麼了，關係自然疏遠，頗為可惜。朋友若是對你的情緒感到無法理解或不知所措，可能有時選擇「保持距離以策安全」，但並非表示朋友不關心，而是不知道要如何關心，所以若能清楚表達自己的情緒，而非亂發脾氣，非但不會破壞關係，反而有機會透過情緒的分享，讓彼此有更深的認識，也可建立建立優質的關係互動。

(四)正向情緒的影響

正向心理學學者Fredrickson（2001）提出正向情緒擴建理論（broaden and build theory of positive emotions），指出正向情緒可擴展我們的視野、思想與行動，解決問題的能力與因應技巧較好，對人際互動也較開放，促進社會能力，也較有創造力，豐富個人的心理資源。正向情緒也和個人身心健康有關，可消除負向情緒的作用、提升免疫系統等。研究顯示，正向情緒影響我們身心健康、認知能力和人際關係等，對個人成長與發展極為重要。在艱困時刻經驗到正向情緒能幫助人們因應苦難，較易在苦難中找到意義，並且改善情緒健康，更可因應未來。

五、情緒的功能

　　情緒通常被誤認為是不好的，就像我們說一個人「太情緒化」，叫人家「別鬧情緒好不好？」、叫人家要克制情緒，且也覺得不能公開表露情緒，否則就是脆弱、丟臉或不成熟的等等，其實這些都是將「情緒」與「不好」太快做連結，而讓許多人誤認為有情緒是不好的。然而我們真的常忽略情緒的正面意義，透過情緒我們可以更貼近自己，並更瞭解自己的需求。情緒本身只是個訊息，並無好壞之分，就有如天生的警示燈，可以使我們正確地因應外在情境。先來檢視一下你有無一些對情緒的迷思呢？

　　請先回答下列問題，你認為對的就打○，錯的就打×：

1. (　) 情緒化很不好，最好不要有任何情緒。

2. (　) 正面情緒會有正面影響，負面情緒會有負面影響。

3. (　) 表達情緒是很脆弱的表現，不要輕易表達自己的情緒。

4. (　) EQ高的人通常不會有負向情緒，都是處在愉快的情緒中。

5. (　) 情緒管理的目的是要控制情緒，讓自己不要有情緒起伏。

6. (　) 情緒不能壓抑，所以要盡情發洩，這樣才健康。

7. (　) 女生比較感性，常有許多情緒，男生比較理性，少有情緒。

8.（ ）如果有人對我生氣，就表示他不喜歡我了。

9.（ ）心情不好會影響朋友的心情，所以我不能讓朋友知道
我心情不好。

10.（ ）遇到心情不好的朋友，要鼓勵他不要多想，情緒過
了就好了。

寫完之後，討論一下，上述哪些是對情緒的迷思呢？

一般而言，我們會將情緒簡單分為正向情緒或負向情緒，所以愛的反面是恨，喜悅、高興的相反是難過、沮喪，其實這樣的分法，將情緒過於簡單化，更精確地說，應該是有些情緒令人舒服，有些情緒讓人不舒服，然而不論是舒服或不舒服的情緒都有其正向與負向的功能，就像有時會「樂極生悲」，或者感受到生氣時反而比較有力量可以保護自己等。

然而，有些人卻過度擴大解釋而產生對情緒的一些迷思，例如「如果你對一個人生氣，就表示你不喜歡他這個人」，或者「表達生氣就是表示不尊重對方」，所以當父母對你生氣而責罵你時，你可能就會全盤否定他們對你的關愛，或者你因為一些事情對父母不高興時，你可能會覺得有很深的罪惡感，覺得自己太不應該等等。其實愛、恨是可以並存的，所有正向與負向的感受都可以同時存在的，情緒只是反映出我們內在的感受，並沒有好壞之分。每種情緒都有它獨特的價值，少了某種情緒，我們就無法完整體驗生活。

此外，有些人會認為我們可以選擇性地去掉一些情緒，諸如

我們可以完全不生氣，或者完全不難過，可以永遠快樂，這都是非理性的、不可能實現的。事實上，當我們壓抑自己的情緒時，就累積了一些緊張、壓力、想法，反而限制了我們感受快樂與愛的能力。情緒的能力是整體的，只有自由地經驗各種情緒，才能感受更多流暢的情緒。就如在《先知》一書中，紀伯倫所說：「悲傷在你心中切割得越深，你便能容納更多的快樂。」、「當你快樂時，深察你的內心吧，你將發現，只有那曾使你悲傷的，正給你快樂。當你悲傷時，再深察你的內心吧，你將明白，事實上你正為曾使你快樂的事物哭泣。」

　　情緒在我們的生活中扮演著重要的角色，如果沒有情緒，生活將變得灰暗無色，多方面的情緒讓我們的生活更加多采多姿，無論是喜怒哀懼也好，或者是更複雜的情緒也好，其實都扮演著重要的功能，我們可以將情緒的功能大致歸納如下：

(一)生存的功能

　　由於生理反應與情緒密切相關，所以當我們遇到危險狀況時，我們馬上會有緊張害怕的感覺，同時心跳加快、呼吸急促、分泌腎上腺……，而產生「奮力對抗」或「落慌而逃」的反應，以保護自己，避開危險。例如遇到歹徒時，有人變得力量無窮，可以單手對抗歹徒，也有人是變得身手矯捷，跑得特別快，趕快逃離危險情境。所以情緒可以讓我們正確知覺外在情境的危險，因此產生適當的助力，幫助我們適當因應，以求生存。

(二)人際溝通的功能

人與人之間最重要的是情感的交流，情緒的表達將可以更增進人際的溝通，當我們有情緒時，我們才知道自己內心真正的感受，也才有機會向他人表達，以維護自己的權益或者增進彼此的情誼。

(三)動機性的功能

情緒可以促發個體採取行動，而產生的行為可以具有破壞性也可以有建設性，例如擔心功課被當掉，所以這擔心就督促自己趕緊用功讀書，然而如果擔心過度也可能變得焦躁不安，無法靜下心來好好做事，或者因為嫉妒同學人緣好，所以你就去觀察他受歡迎的原因，並且學習其優點，讓自己也變得更受人歡迎，當然也可以將這種嫉妒變成破壞性，於是你就開始到處說那同學的壞話，製造謠言，想盡辦法讓大家討厭他。總之，情緒是我們的動力來源之一，可以刺激我們採取各種行動以因應情境。

從上可知情緒確實有其重要性，然而為何有那麼多人誤會情緒是不好的呢？除了是社會化過程的結果之外，也許從小在家就被教導「不可以生氣」、「不可以哭」、「再哭，就要被打了喔」、「男孩子怎麼可以害怕」……，還有可能是觀察學習所致，例如看到別人因為表現情緒被家人師長懲罰或同學嘲笑的情形，或者看到他人生氣或恐懼表現出失控的行為，因此，不由自主地就覺得情緒

是不好的，只能表現快樂，其他的情緒都是不被接受的，其實我們常將情緒與情緒表達混為一談，所以才對情緒有所畏懼，真正有問題的不是情緒本身，而是情緒表達出了問題。

專欄1-3　活動：情緒大拍賣

接下來要進行電視購物大拍賣，今天要拍賣的商品就是各種情緒。

步驟：

1. 請班上同學分成小組，每一組抽一情緒字詞（如快樂、生氣、傷心、緊張等），請各小組就所抽到的情緒，針對其優缺點思考。待會兒每一組派出一位代表擔任購物台主持人，要針對此情緒商品鼓吹大家踴躍購買。
2. 每組各給五分鐘思考，並在大海報上寫出若買到此商品會有的好處，當然做人要誠實，也要寫出商品的缺點或副作用。
3. 各組輪流推銷商品，以大海報說明商品的優缺點。
4. 統計各組商品銷售量（每個人不能買自家的商品，要購買的商品請舉手或下單，依序統計購買者人數）。

備註：此活動是刺激大家想想：即使是負向情緒都有好的功能，例如大家可能覺得生氣不好，但是生氣也是保護自己界限的感應器。

結　語

　　情緒一定是由刺激所引發，當我們有情緒產生時，在生理、心理、認知與行為四個層面都會有所反應，而且反應的方式因人而異，情緒是相當主觀的經驗。情緒對每個人而言都是很重要的，因為它具有生存、人際溝通與動機性等功能，情緒可以傳遞訊息，瞭解引發情緒的刺激將可讓個人更瞭解事實的真相，因此更能擁有掌控權，有利於個體有效因應。其次，情緒也是一個調適系統，壓抑、耽溺或過度反應都會有問題產生，所以學習對情緒的認識與掌握是促進心理健康的要件之一。

問題討論

1. 你認為自己的EQ高嗎？1-10分，你會給自己幾分？有哪部分是你想多學習或加強的呢？
2. 請你花些時間回憶或者觀察自己的日常生活，你常出現的情緒是什麼？這些情緒有哪些正向的功能或負向的影響？

Chapter

2

影響情緒表達的因素

小美回寢室時，還在門外就聽到裡面有說有笑，好熱鬧。沒想到，小美一開門，室友們紛紛說：「好，該寫作業了。」、「我要去……」，就這樣各自散開，整個寢室瞬間安靜下來，小美的心感到嚴重受傷。當下她沒多說什麼，心想：剛剛明明就說得很開心，為什麼我進來就突然停下來，真奇怪，一定是在說我的壞話，不然怎麼會這樣呢？她愈想愈難過，明明就沒有得罪大家，也沒發生什麼特別的事，平常有需要時她也會幫助其他室友，為什麼要在背後說我閒話呢？她愈想愈悶，愈想愈生氣，愈想愈擔心，徹夜難眠。

她與另一名同學說及此狀況，同學勸她別亂想，可能就真的是話剛好說完，建議小美可以直接向室友求證，免得胡思亂想。但是小美很猶豫，心情七上八下，怕問了尷尬，但若不問心裡又有疙瘩。如果是你，又會是如何呢？

即使面對相同的情境，每個人解讀不同，所產生的想法、情緒也會有所不同，在情緒感受與表達上也會有差異。筆者曾在課堂上詢問學生：「情緒管理這門課如果你最後拿70分，你覺得如何？」有同學覺得天啊，怎麼這麼低？有同學覺得還好，有過了就好。有同學覺得這不過是通識課，成績高低不重要，但有同學認為就是因為通識課，怎麼還會只拿這種分數？

情境是客觀的，情緒是主觀的。正因為每個人都是獨特的個

體，人生走到此刻所擁有的脈絡經驗（小至家庭互動，大至社會文化）也有所不同，所以即使情境或外在刺激相同，個人所經歷的內在心理歷程大不相同，因而引發的情緒可能會有落差，情緒表達的方式也會有差異。影響情緒表達的因素，包括我們在成長過程中所接受的華人文化與家庭教養的規範，而性別因素及對性別角色的期待，亦發揮著潛移默化的功能，至於某些個人特質更是直接與特定的情緒經驗有關。因此，本章首先探討社會文化與家庭對情緒表達方式的影響，最後討論情緒表達的性別差異。

 一、社會文化與情緒表達

　　社會文化在個人對情緒的認識、情緒的表達以及情緒的發展過程中扮演著關鍵的重要角色，一個人在成長過程中不自覺地就接受了文化中的各種規範與價值觀，並將其視之為理所當然。

　　同樣的事件會因為每個人不同的解讀，產生不同的情緒，而這個人解讀的背後往往反應著身處之文化脈絡。例如，不同的文化對「生病」有不同的看法，可能歸因於細菌、上帝、機會、巫術或個人道德操守不佳等，導致身處不同社會文化的人對「生病」所產生的反應與情緒就有極大的差異。若認為生病是因為巫術使然的人，可能害怕的情緒會較多，因為巫術是一股神秘不可知的力量；若歸因生病於神的處罰，則可能較傾向有憤怒或罪惡感的情緒。有幾種情緒是超越文化鴻溝、普遍存在的，包括害

怕、悲傷、快樂以及生氣。

值得注意的是，即使這些情緒是跨文化的，不同文化脈絡對此情緒的表達方式是否合宜的判斷標準還是會有所不同。例如愛斯基摩人以情緒控制著稱，對生氣當然是採取譴責的態度，但在某些阿拉伯群體中，一個男人若不能表現出生氣則被視為不榮譽。西方文化對於情緒的表達直接坦率，然華人傳統文化則強調含蓄及忍讓。而也因為在社會文化中認為有些情緒不該表達，進而否定這些情緒的存在，認為不應該有這些情緒，例如因為比輸而產生的忌妒，或是因需求無法滿足而產生的生氣等，擁有這些情緒者會被視為修養不夠，會影響和諧的人我關係。

楊國樞（2000）根據不同文化價值提出社會取向和個人取向的觀點，認為社會取向者傾向於自主性低，與他人融合性高，而個人取向則反之，自主性低，與他人融合性高。然而，陸洛等（2001）認為在全球化的現代社會，東西方很難一分為二，華人受到西方文化的影響，已經發展出一套融合「互依我」與「獨立我」的「折衷自我」，依著人我關係的界定來決定自我的現身。這與黃光國（2005）對華人自我的看法十分類似，他認為華人的自我是一種情境取向或社會取向的「關係我」（relation self），而關係的「親疏遠近」經常決定了自己會如何與對方相處。在東方社會華人文化影響下，與他人的關係往往牽動著自我的定義與位置，自然會對情緒的產生與表達造成深遠的影響。陳淑瓊、高金城與吳東彥（2014）整理相關研究指出，在乎他人關係的華人文化較鼓勵個人表現出有助於達到人際和諧或團體目標

的情緒，因此，若有負向情緒時，自然會避免經驗及表達這些無助於人際關係或團體目標的感受，「隱忍」就成為常見的情緒表達。此外，華人文化也鼓勵個人表達出「他人焦點」（other focused），而非「自我焦點」（ego focused）的情緒，強調要察言觀色，亦即會將注意力放在敏感覺察與回應他人的情緒狀態，例如對他人的遭遇表示自己的同情等，但是對於自己的情緒不會是關注的焦點，不鼓勵個人表達出自我焦點以及不利於團體目標達成的情緒，久而久之，個人對於自身情緒的覺察、感受與表達就更為陌生，也容易以壓抑、否認的方式，避開不被父母親或社會所鼓勵表達的情緒。

綜上所述，情緒的產生與表達均和所處的文化社會息息相關，而家庭是人類社會化的第一個場所，扮演著繁衍個體生命與傳承社會文化的重要使命，父母的教養也反映出文化價值，更直接影響個人的情緒能力發展，以下則從家庭面向來討論之。

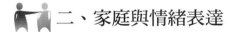 二、家庭與情緒表達

(一)華人文化下的親子互動

權威、和諧與孝順是華人文化重要的價值觀，在家庭中做一個「不讓父母失望的孩子」即代表「做好自己這個人的本分」。即使新世代的台灣青少年已經愈來愈能接受西方的文化價值，家

庭關係的維繫與改善仍勝過於對獨立自主的追求（許文耀、呂嘉寧，1998）。情感連結與獨立自主是個體發展的基本需求，兩者看似互斥但必須共存，一個孩子的情感連結需求得到滿足，其獨立自主的需求才得以滿足，否則容易形成表面看似獨立自主，但內在充滿焦慮的「情緒截斷」（Bowen, 1976）。同樣的，當一個人獨立自主的需求得以滿足，他也才能夠健康地滿足自身情感連結的需求。家庭是第一個也是最主要滿足孩子這兩個需求的地方，提供個體生命初始情感連結的需求滿足，擁有健康的依附關係，讓個體進而能夠放心地探索環境，滿足其獨立自主的需求，進而成為一個心理健康的人。

在華人文化價值觀的影響下，為了鞏固權威與人際和諧，家庭中發展情感連結的功能便重於個人的獨立自主。家庭成員自我分化低，人我界限不清，容易導致成員間過度干涉，人我交織一起。這種過於黏密的關係常將個人的情緒捲入其中，使如同在漩渦中打轉，難以發展出成熟且獨立自主的情緒，即使已經長大成人甚至離開家了，與家人在心理上並未分開成各自獨立的個體。最明顯的狀況發生在當家庭中其他成員出現悲傷、氣憤、沮喪等較負向的感覺時，許多人會發現彷彿自己也應該承擔一部分責任。台灣家庭常見的例子就是孩子做自己喜歡做的事情，即使不是錯事，但只是因為父母親會不開心，就會在做這些事的過程中產生某種心理壓力；或是離家住校的孩子，週末到底要回家陪伴心情不好的母親，還是與自己的朋友出去玩，也會經常感到掙扎，可能因著自己的渴望與需要，最後選擇跟朋友出去玩，即使

理性上知道自己的選擇沒有錯，但也隱約覺得似乎違反家人的期待，而心生壓力或感到愧疚，反而克制或扭曲原本可享受的開心事。

　　這種情緒混淆的現象在我們的社會中常可看到，尤其是在「共生」（being in）的親子關係模式中，親子關係黏結，擁有權力資源的父母無意間用情緒控制對方，以至於上演著情緒勒索的互動劇本。現代的台灣社會，受到西方「以子女為中心」的親職思潮影響，過去以父母意志為主，強調一切為了孩子好的嚴教觀，已被多數年輕父母視為是不良的教養方式，許多青少年感受到的父母管教方式多是「溫情」、「監督」、「引導」等，而非嚴厲的管教（林惠雅，2014）。但身處華人文化的社會中，台灣的父母很難完全不被傳統價值觀所影響，因此常常出現「假民主真權威」或是「先民主後權威」的民主假象，又因為覺得自己不應該像上一代的父母一樣打罵教育，反而更會使用模糊的溝通，用情感勒索的方式來要求孩子達到自己想要的結果，孩子無奈配合妥協，表面看似自己選擇順從父母，但其實內心正逐漸拉大與父母間的情感距離。看似連結的情感，對個體而言可能是窒息的綑綁，為了讓自己呼吸新鮮空氣，只好在能夠施力的地方為自己長出空間，與父母在心理上保持距離，甚至等到自己有足夠的資源，便可與父母保持物理距離的疏離，這種「疏離」（being away）的親子關係，往往讓親與子雙方的內心都充滿著不被理解的生氣與怨懟，互動關係中的張力與衝突隱約可見。在這兩類親子關係模式中成長的個體，容易在其他關係中也呈現相同的模

式，與他人情緒混淆或是刻意保持情緒疏離，反而更難建立起真正親密又自主的關係。個體若能在理想的親子關係中成長，在人生任何階段都可以感受到父母在身邊支持、守候與陪伴（being with），而非侵擾地介入與綁架，親密與自主的需求能夠健康地被滿足，成年後也比較有能力與他人建立健康的關係，擁有清楚的人我界限。

當我們感覺到自己常在關係中陷入情緒混淆或者情緒疏離時，當我們過度為別人的情緒負責，過度因為他人的情緒而影響到自己的生活時，就要提醒自己：試著練習放下。弄清楚自己所想、所要，看清自己在關係中扮演的角色，也釐清自己在關係中習慣的模式，如此才有機會避免與他人的情緒糾纏共舞，避免在關係中失去自我。這些自覺與努力需要有足夠的安全感為後盾，有重要的知己好友或父母師長的支持，相關的社會資源協助（如大學輔導或諮商中心），將會有更多的勇氣跳出舊有家庭文化的窠臼，學習建立界限，而擁有清楚獨立的自我。

專欄2-1　活動：心理測驗——你和別人情緒混淆嗎？

以下的敘述是否符合你的狀況呢？若是經常處在這些狀況中，你可能就是比較容易與他人情緒混淆，在關係中比較難維持獨立的自我。

1.如果和我親近的人發現我言行的缺點，我的自我評價也

會跟著降低。

2.如果我親近的朋友覺得焦慮或沮喪，我也會受影響，跟
著焦慮或沮喪。

3.我很難決定自己對某件事的感覺，除非和親近的人討論
過。

4.我不太能確定自己的意見有多好，除非有人表示贊同。

5.若無法得到他人的肯定，我很難覺得自己不錯。

6.即使是偶爾聽到朋友對我的批評，也會讓我覺得難過。

7.當爸媽批評我的決定時，我會對我的決定感到猶疑。

8.當朋友表達完他們的強烈觀點後，我很難再發表我自己
不同的看法。

9.我很容易對別人的批評耿耿於懷。

10.如果好朋友不贊同我的行為，我會覺得不舒服。

11.如果爸媽不贊成我做的決定，我會質疑自己做這決定
的能力。

(二)父母教養風格與子女情緒發展

家庭是生養個人的源頭，父母則是子女學習情緒相關經驗的
對象。許多研究都發現父母的教養風格、父母與子女的關係品
質，或是家庭中不成文的習慣或規則，都與我們個人的情緒發
展、情緒經驗、情緒理解、情緒表達與調節等大有關係。有關父
母教養的相關研究一直都受到學者的重視，有關教養類型的分類

也從單一向度的分類，如權威型、民主型，到雙向度，甚至多向度的分類方式。在此我們依據Teyber與Teyber（2010）的觀點，以控制（control）與情感（affection）兩大向度，區分為專制型（嚴厲／冷漠）、縱容型（耽溺）、疏離型（忽略）與威信型（愛與堅定）四種教養風格，由於不同的教養風格，子女在其中所感受的情緒以及發展出之應對情緒的方式也就有所差異。

◆專制型

通常這類父母在與孩子互動時，要求與限制都很多，但卻很少回應孩子的需求，也較少給予情感上的支持與溫暖，即使允許親子間的溝通，但若想法有落差，還是要求孩子以父母的意見為主，也就是所謂的假民主真權威，習慣壓抑孩子的異議或挑戰，期望孩子服從自己的命令與期待，當孩子無法滿足父母的期待時，便容易遭受嚴厲的懲罰。無論是單純的嚴格管教到嚴厲脅迫的管教都屬以控制為主的專制型，一般來說，東方文化下的父母親在教養子女的過程中常扮演權威者角色（張善楠，2000），傾向採用控制及嚴厲的訓練方式管教孩子，此外，若孩子知覺到自己所表露的意見或情感，不能被父母接受，或是無法得到父母的回應時，則他們也會開始忽略自身的想法與感受，或是認為自己的內心感受並不重要，進而也不習慣或不知如何面對他人的情緒表達，阻礙同理他人情緒能力的發展（陳淑瓊、高金城、吳東彥，2014）。再者，父母除了缺乏情緒支持或溫暖之外，還會對孩子灌輸被拒絕的恐懼，因此，研究也發現，在過度控制、沒有

滋養的家庭中長大的孩子比較容易覺得焦慮、憂鬱、自尊低落等。

　　在專制型教養下長大的孩子，沒有安全感，對自己的要求很高，就好像父母對他的要求一樣，甚至變得過度挑剔自己，其情緒上常充滿罪惡感、沮喪、焦慮、缺乏自信及無法克服壓力。Chang等人針對三百二十五個華人家庭研究，發現父母嚴酷的（harsh）教養態度，對子女大吼大叫、頻繁的負面控制與指責、明顯的生氣表達以及身體的威脅與攻擊，確實會影響孩子的情緒調節能力（引自賴俐雯、金瑞芝，2011）。這些孩子情緒也在高度控制之下，只要經驗到任何脆弱可能就會引發害怕或被拒絕的擔憂，即使可能外在表現優異、負責認真，甚至成功卓越，但是內在卻是痛苦的。

◆縱容型

　　縱容型的父母通常是放任或溺愛的，提供孩子足夠的支持、照顧與關愛，但是對孩子缺乏明確的規範與指導，沒有對孩子成熟或獨立抱持合理的期待，很少設定規則，即使有規則也很難堅定立場。在這樣的縱容型教養之下，孩子沒有父母協助發展出自己的情緒調適方式，當不順自己的意時，就容易生氣，甚至用生氣來控制父母得到自己想要的，或者跟同儕互動時也比較跋扈，但這些自我中心、生氣與操控的底下，其實是焦慮、沒有安全感的。這類的教養方式讓親子關係衝突較少，但由於規則對孩子來說是陌生的，所以他們有時較不能自我控制，外顯的行為問題較

多,容易不守學校規矩、曠課或魯莽飆車,甚至酗酒等。在社會
適應上有時也會有較多的挫折。

◆疏離型

疏離型的父母常是忽略孩子的,對孩子很少情感的涉入,對
其行為不要求也不重視,只願意花極少的時間與孩子相處,認為
孩子最好都不要麻煩到自己,這些父母極少投入照顧者的角色,
並且有不一致與反覆無常的管教,孩子可能是被拒絕、被忽略、
身體或情緒上常是被拋棄的。這類的父母通常自己本身就有一些
問題,自顧不暇之下,自然無法擔起父母的職責,這類教養風格
下的孩子極容易陷入憂鬱或者表現更多的憤怒、敵意與不滿。

◆威信型

許多研究認為這類型的教養風格最有利於孩子的發展。這類
型的父母有堅定的紀律,會對孩子有清楚的溝通、清楚的指引,
並且對所訂下的規則與決定有清楚的解釋與理由,也能容許孩子
有不同的意見,使彼此有討論的空間,父母期待孩子要表現出負
責任與成熟的行為,同時也盡可能讓孩子可以有所選擇或作決
定。在與孩子互動時能夠敏感於孩子的需求,並且適時回應並支
持孩子,這些正向的照顧經驗有益孩子情感、認知與智力的發
展,讓孩子感覺到被愛與有價值的,因此,孩子通常具有較正向
的情緒經驗,自信、樂觀、自我控制較佳。

對於父母來說,要在堅定與關愛之間取得平衡也是需要學

習，教養孩子是不容易的過程，許多不同因素都會影響親子互動。例如，出生序、性別與天生氣質大幅影響父母對孩子的回應，此外，父母本身的性格與原生家庭經驗因素也影響其跟孩子的互動，對孩子的情緒發展也有很大的影響。例如父母因工作或生病等因素，落寞寡歡地活在他們自己的痛苦世界中，在情感上和子女的距離就會很遙遠，他們只能以非常單調、機械化的方式來對待子女，對子女的需求所做的回應勢必較少。如此一來，子女也會很難對環境或他人產生親近感，因為父母所曾經驗或感受到的愛實在太少了，也不知道如何去愛孩子。

身處網路時代的現代父母，親職壓力比以往大許多，親職教養在過去本屬私領域的自家事，現在卻成為公領域的討論區，網路上的親職專家文章如數家珍，都讓現代父母感受到無形的壓力，深恐自己成為不良父母，而這樣的壓力反而有時會讓父母更容易介入孩子的生活，擔心自己做得不夠，沒有給孩子足夠的資源。父母怕孩子受傷害，多多少少都會干涉孩子的行為，這本是人之常情。然而，過度保護的父母意味著過度控制，因為不放心子女的能力，經常很焦急，甚至對子女所做的每件事都要指導、再三檢查、反覆叮嚀。子女感染到這份來自父母的焦慮，亦隨之懷疑自己的能力與判斷，感到挫折、沮喪，容易遲疑不定，缺乏問題解決能力，在探索和嘗試新事物時傾向猶疑不定，影響其發展獨立能力與自信心的建立。從小備受家庭保護的孩子，很多人會在第一次離家就讀大學時，遇到適應上的困難大抵多是此因。

專欄2-2　親職化孩童

　　原生家庭經驗形塑我們的性格，當孩子在家庭被迫具有高功能，得去完成許多超齡的任務或者照顧手足與父母的需求時，這樣的孩子很容易就會成為「小大人」，或稱為「親職化孩童」。

　　當親職化孩童為了生存得展現過度的高功能，所以長大後，他們可能會有不錯的表現，但也因此付出許多代價。例如，在人際關係中，他們可以跟別人相處得很好，很友善，也很會照顧別人，但是容易把別人的需求放第一，忽略自己的需求，而且過度在乎與擔憂別人對他的評價，因此並無法得到充分的快樂，即使與大家相處愉快，但有時還是會覺得空虛不安。

　　有時親職化的孩童也同時是家裡的英雄，會很努力工作或表現，以讓事情變好，所以在學業、運動或者兩者的表現上精進，並且負擔起大人該做的事。他們以表現良好來提升自己的價值，同時可以遮掩自己受傷或無力的感覺。但是同時可能再怎麼努力還是覺得不夠好，很難從內心對自己欣賞與肯定。

　　這些親職化孩童從小為了協助家庭平衡，犧牲自己當孩子的樂趣，很快早熟並偽裝獨立，因此，在他們長大成人時，雖然很有成就或表現不錯，但是也容易過度承擔或控制，累積許多心理壓力或苦悶。親職化孩子常會覺得內心空洞，而且學會了以付出來換得他人的肯定與喜愛，在關係的

互動上也通常是在「給」，有著依賴的困難，難向他人尋求協助或與人親近。所以對親職化小孩來說，需要練習正視自己的需要，並且願意向他人敞開，練習對他人信任，若能重新得到情感的滋養與支持，重新尋回那自由與創造的小孩部分，才能獲得真正的獨立與情感。

(三)依附風格與情緒調節

原生家庭經驗會影響我們內在的依附風格，許多國內外的研究均指出依附類型與心理困擾之間的關聯，通常安全依附型的青少年，其對環境的信任感高，因此內在安全感也較穩定，其憂鬱的比例較低，社會的適應也較良好（歐陽儀、吳麗娟、林世華，2006；Wang, Lin, & Sio, 2009; Wilkinson, 2010）。而不同依附風格與其採用之情緒調節方式有明顯的關聯，通常擁有較高的情緒調節能力者，能覺察自己情緒的發生原因，彈性運用各種調整策略，適度的表達或控制情緒，因此較有反思能力，對自己因應挫折調整情緒的能力也較具信心。因此，認識不同依附風格，重新建立安全依附，也是值得我們關注的面向。

Bartholomew和Horowitz（1991）、Mikulincer和Shaver（2007）描繪出焦慮（preoccupied）、排除（dismissive）、害怕（fearful）、安全（secure）四類成人依附風格，以下就不同的依附風格來討論之。

◆焦慮依附

　　焦慮依附者的照顧者通常專注於自己身上，沒有把孩子放在心上，提供的是不一致、無法預測的回應，所以焦慮依附者看自己是易受傷、沒人愛的，常常擔心被拒絕或拋棄，容易焦慮地尋求與別人靠近，渴望得到更多的注意、回應與肯定。所以當陷入痛苦情緒中時，容易有過多或不適切地自我揭露，非常需要依賴別人，把別人當作自己的安全避風港，分享自己強烈的情緒，並會誇大表達自己的痛苦，以得到關注。

◆排除依附

　　排除依附者的自我感良好，視自己為正向、有能力的，但是他們過往的被照顧經驗常是得不到回應，照顧者的忽略或拒絕，讓他們認為別人可能是具傷害性、懦弱或不可靠的，對他人抱持負向觀點，他們認為在苦惱時尋求支持會是有害的，因此，降低或否認任何對他人的需求才是最安全的，對於自己的苦惱情緒則選擇忽略，習慣用「不要有反應」的策略來壓低或減少焦慮痛苦，對他人的情緒也習慣表現出不夠敏感，不懂如何同理或無法給予他人情感支持。

◆害怕依附

　　害怕依附者經驗到的照顧者常是令人困惑的，有時令人害怕，有時又是有幫助的或慈愛的（例如父親平常很疼愛孩子，但

一喝醉酒就有暴力行為，讓人害怕）。他們的照顧者，有時候可以提供安全感或幫助，但是有時候又變成危險威脅的來源，這些經驗也讓害怕依附者對自己的看法是混亂的，有時覺得自己很可愛，有時又覺得自己很討厭，但背後有高度的羞愧感，覺得自己很糟，他們會渴望關係，想接近他人，但真正接近他人時，又是高度焦慮，因為預期會被拒絕拋棄，所以又自動遠離躲避。害怕依附者對自己感到無價值感，對人際感到不安全感，加上他們已經習慣預期自己會遭到拒絕或是被剝奪，所以即使別人給予關愛回應，他們容易扭曲之，所以不太容易收下正向的關愛。因此，他們常有情緒不穩定、關係不穩定、缺乏同理、自我認同混淆等狀態，甚至當痛苦情緒長期無法消化時，就容易衍生出強烈的焦慮、創傷後症候群、藥物濫用與上癮或自殘等行為，實際上他們的善變與矛盾很需要被理解與修通。

◆安全依附

　　安全依附者的兒時經驗常常是可以被父母回應與同理，得到正視，並且在他們遇到苦惱或問題時，父母有能力協助面對，這樣的經驗讓孩子可以跟自己的經驗保持連結，也幫助孩子發展重要的心理優勢，如情緒自我調節、衝動控制、同理與掌握感。研究發現，允許自己在痛苦時，可由依賴的他人給予安慰與支持，反而可讓一個人變得更自主與自信（吳麗娟、蔡秀玲、杜淑芬、方格正、鄧文章譯，2017）。安全依附風格擁有正向的自我概念，覺得自己是好的，值得關愛的，而且認為他人也是正向或值

得信任的，所以願意承認自己的情緒困擾，主動尋求協助並向他人坦露負向情緒，運用良好的情緒調節策略，以幫助自身維持健康的心理狀態。安全依附者會由其依附對象那裡學習到不同的情緒調節策略，並採用這些情緒調節策略安定自己的情緒，使他們能表現出符合情境需求的行為，進而導致較低的心理困擾與較佳的適應（Mikulincer & Shaver, 2007）。國內陳金定與劉焜輝（2003）針對國內青少年的研究也發現越傾向安全依附的青少年，其情緒調節能力越好。

　　依附風格主要是會在壓力或痛苦時呈現，安全依附型通常使用的情感調節策略是主動、開放、直接表達、與他人分享的，由於將重要他人視為安全堡壘，所以他們不會壓抑自己的情緒，可以自在地、直接地表達自己的需要，面對問題也比較不會出現憤怒情緒或者逃避的行為，信任自己也信任別人，所以在有困難時可以得到情感支持。至於排除依附者由於依附行為常被拒絕，所以對自己與他人都有負面的想法，擔心坦承表露情緒會威脅與他人的關係，所以常常使用壓抑的情緒策略，否認自己的負向情緒。焦慮依附者由於依附對象不一致的對待方式，當有需要時，無法確定依附對象是否會照顧自己，所以在這種難以預測的情況下，造成焦慮依附者的趨避衝突與矛盾情感，容易感到高焦慮，所以常常使用誇大的情感處理策略來吸引依附對象的注意（Cassidy, 1994），而害怕依附者則有過度反應，有時又過度解離。不過好消息是依附風格是有機會改變的，若能遇到一些生命貴人（師長、朋友或輔導老師等），這些貴人可以提供不同於過

往照顧者的回應方式，給予正向的情感經驗，就有機會重新建立安全依附。

(四)家庭規則與情緒表達

我們最早從原生家庭中看到家人對情緒的處理方式，從而模仿、內化學習了這些態度與方式。如果平時在家裡面就能公開表達情緒，可以讓家人知道你正處在難過或其他情緒中，可以和家人談談自己的心情故事，徵詢他們的意見或支持，不只促進彼此的情感交流，還可以使個人對情緒狀態的覺察更加敏銳，培養出處理情緒的能力。如果是在一個壓抑感情、不鼓勵談情緒的家庭中，我們很少有機會看到家人適切表達情緒，甚至表達出自己的情緒可能會挨罵或被處罰，我們極可能成為「情緒上的啞巴」，不僅較不會辨別或理解情緒，通常情緒控制力也較低，有時處理情緒的行為也較不恰當。

專欄2-3　活動：情緒家庭圖之繪製

請給每個家人三個形容詞，每人最常有的情緒為何？其情緒因應方式為何？

_____

_____

_____

整理完家人的情緒與因應之後，我發現：

_____

_____

_____

_____

　　家庭的運作方式有一部分是取決於它的「規則」，每個家庭中都會有其不成文的規定，好像是家人間的「默契」一樣，家庭中這些表達情緒的方法便是家庭規則的一部分。雖然這些規則沒有明文寫下來或說出來，但是卻心照不宣地在家庭成員互動的過程中以不同的形式出現，例如，不能批評父母親、父母親說的就是對、沒有事情是錢不能解決的、哭泣代表儒弱等。這些家庭中的隱性規則影響至深，從個人之認知結構、情緒狀態、行為模式到人格特質，無一不受到家庭規則無形的約束，這些規則甚至會成為一生中的生存法則（survival rule），主宰我們在人生中作許多重大抉擇，在人際、婚姻、生涯、親子上扮演著重要的角色。以下所列舉的便是你我可能都耳熟能詳的一些家庭中的規則，除此之外，還有許多規則是藉由非語言的眼神、姿勢或表情來傳達的。

◆不要自誇

　　常常聽到的說法如：這沒什麼、只是運氣比較好、做人要謙虛等。父母總會叮嚀我們，務必恪遵「樹大招風、驕者必敗」的

警示，否則就會招惹來不好的下場。然而，時代在改變，有時候
適度自我展現也是自重和自愛的表現，未必是傲慢、驕傲的行
為，一味僵化的奉行此規則，而且無法肯定自己的長處，便脫離
不了低自尊、沒自信。

◆不要哭！不要表達出悲傷的情緒！

　　男生哭是懦弱的表現，而女生哭則是麻煩的事，總會讓人心
煩意亂。跌倒了，遇到挫折與失敗都要自己設法再站起來，不能
夠有情感脆弱的一面，因為這不僅丟父母親的臉，也代表你是無
能的、沒有能力的、禁不起考驗的、具依賴性的人。雖然，為了
因應每天大大小小的刺激，相當程度的挫折容忍度是必要的，但
並不表示要壓抑自己的情感，眼淚有時在述說著動人的故事，只
待我們用心體會。

◆不要生氣！（不要流露情感）

　　不要激動、不准發脾氣、不可以有衝突，因為這些舉動有攻
擊的意味。要謹守「退一步海闊天空，忍一時風平浪靜」，千萬
不要表現出你真正的感覺，否則彼此關係變得緊張，別人可能
會傷害到你，你也可能因此傷害到他人。從中國人講「和氣生
財」、「家和萬事興」、「小不忍則亂大謀」，可看出保持和
諧、和平是人際互動中相當重要的原則。然而，在這種規則運作
下，可能到後來我們根本不會區分何時該生氣，以及如何生氣。
此外，為了維持表面的和諧，情緒總是不斷地累積，不小心就爆

發開來，使得狀況更糟、針鋒相對，然後各自因受傷、受委屈而退縮回到自己的世界。

◆小孩有耳無嘴，不要多話

在長輩面前不要有太多意見，應該要和大人配合才是家教好、明理懂事的乖小孩，不然就是目無尊長、沒大沒小。久而久之，即使已經不再是小孩子，卻也使得我們習慣不發表、不敢自由地提問，不敢面對真實的自己。因為所感受到的、察覺的都一併被否認及忽略，容易導致我們不僅對自己沒有自信，也對周遭的一切變得疏離、冷漠。

◆坐有坐相，站有站相

要保持良好的形象，表示有家教，也能留給別人好印象；不能把情緒寫在臉上，總是要維持和顏悅色，一方面是因為「伸手不打笑臉人」，要隨時保持笑容才能留給別人好印象，另一方面則是，如果你情緒不好，其他人的情緒就要跟著受影響，影響人際間的和諧。不論是姿勢、動作、表情，這許多形式上的要求常常迫使個人隱藏其獨特性，壓抑自己真實的情緒與需求，使我們為此付出代價，如苦悶的情緒、無法做自己感興趣的事等等。

◆一切都好，什麼都沒有發生

家庭中某些成員的行為被家人視為羞恥、有辱門風時，則家人之間對此事絕口不提，假裝什麼都沒有發生。常見的情況如：

患精神疾病的家人、未婚懷孕、父母負債、子女功課太差被留級
等等。「一切都好，什麼都沒有發生」，這樣的隱形規則就像
「說不出口的苦」，使人無法向外求援，從一些社會新聞中不難
發現：長期照顧家中病弱或長者的人，因不堪照顧的壓力及疲累
而選擇殺人後自殺；長期失業致家庭經濟困頓生活無望，殺子後
自殺等。

◆所有人的意見要一致，不能有個別差異

因為同是一家人，所以不能有「不同意」或不同意見。父母
傳遞子女這樣的訊息：我是你的父母，你會照著我所希望的去
做；我們是一家人，應該會有相同的感覺和想法。如果有任何一
個人表現的行為或想法與其他人不同，常會感覺不舒服或罪惡
感。我們或許都遇過類似的狀況：自己想要買的東西與兄弟姊妹
的不同、自己想念的校系與兄弟姊妹或是與父母的期望不同、自
己有興趣的事物不被家人認同等，這些都使我們成為家庭內的異
類，選擇放棄或者堅持都不容易。為什麼不嘗試將這種個別差異
的事實當作探索、改變、學習和刺激的機會呢？

專欄2-4　活動：看我72變──轉化家庭規條

常見的家庭規條：不要表露你的感受、不要太愛表現、
不可以回嘴、永遠要和和氣氣、要乖、要聽話、永遠要對人

客氣、永遠別犯錯、要勇敢、不可以哭、不管怎樣都應該要看起來高高興興、只能報喜不報憂……。

一、請列出3～5條你的「家庭規條」，並藉由以下問題加以分析瞭解。

_____

_____

_____

二、請擇一規條，試著寫出此規條的相關生活故事，描述愈詳細愈好。發生這件事時有什麼人、何時、何地、有其他人或物在場嗎？

_____

_____

_____

三、當時你想表達的是什麼？對於被否定或忽略，你的反應是什麼？你採取什麼行動？

_____

_____

_____

四、這樣的舉動帶給你好處嗎？或你為它付出的代價是什麼？

_____

_____

_____

五、若再遇到類似的狀況，你還要繼續這樣嗎？

_____

_____

_____

六、攤開傷口，仔細看清楚，一一撫平。在接下來的生活中，請依下列步驟來轉化家庭規條：

步驟1：將「應該」改成「可以」（將強制性改為選擇）

步驟2：將「永遠」改為「有時」（擴展選擇）

步驟3：我可以……，當……（將「我可以」擴展為三種或更多的可能）

例子：我「應該」「永遠不能」生氣

1.我可以永遠不生氣。

2.我可以有時生氣。

3.當別人不尊重我、當我被誤解、當我被不合理對待時，我可以生氣。

　　每個家庭有其不同的表達習慣與面對情緒的態度，各民族也有些共同的俗諺，這些不成文的規則流傳久遠。這些未被明白說出的習慣或是家規，無形中成為我們在面對情緒、表達感受時的最高指導原則而不自覺。是否曾經有過這樣的經驗：明明感覺到憤怒、明明覺得悲傷，但是卻很難表現出生氣或是哭不出來；或者：你生氣了或是哭了，可是你卻也被自己嚇到！「我怎麼了？

我怎麼會這樣失態？」變成你表達情緒後最大的疑問，心中甚至有點罪惡感或丟臉的感覺，彷彿因為你生氣或哭泣，就會傷害他人，你就不再是那個原來的你！於是日後更加努力自我控制，不讓情緒輕易表露。

愛麗絲‧米勒（Alice Miller）將不合宜的家庭規則稱為「毒性教條」，之所以如此稱呼，是因為它將「服從」當作最高原則，此外還得遵守控制情緒和欲望的原則。在此情形之下，身為子女的人只有按照著指示去行動和思考時，他們才是「好孩子」，當他們表現出討喜、替人設想、不自私時，他們才會被認為「品德優良」。這些規則使我們自幼便開始發展一套符合規則的行為模式，並且也形成一個保護自己、不去面對真實痛苦感受的「假我」，如同厚厚的盾甲，包覆住真實的情緒。久而久之，真實的感受就如同被冰凍般，我們一旦違反這些規則時，內心就會出現指責聲，指責我們沒有照著指示去行動，於是這些自我貶抑就損傷了自我價值。

最初，這些隱性規則的目的多在於維持家庭和諧的氣氛，「不要生氣」、「不要哭」、「不要垂頭喪氣」等，本意都是不希望個人因素影響到其他家庭成員的情緒，不只父母如此要求子女，有時夫妻之間也是如此謹守界限。然而，弔詭的是，家庭氣氛並沒有因此更加和樂融融，太多無法說出口的壓力與傷痛只能由個人獨自承擔、自己想辦法解決，反而使家人「貌合神離」，彷彿有道牆阻隔著彼此，無法有真實的接觸與交流。拒絕真實的感受所付出的代價就是：彼此都有著「不被瞭解」的苦惱，此

時，看似叛逆但又需要歸屬感的青少年就容易在心理上由家庭「出走」以尋求情緒支持，如果此時結交到的朋友恰巧品行不端正或行為偏差時，便使自己陷入充滿誘惑的困境，可能蹺課、蹺家或產生其他行為問題，令人擔憂。

此外，為維持平和的家庭氣氛，有些秉持「家和萬事興」的父母會刻意淡化事件的嚴重性，有些堅守「不要有情緒」的父母會力求控制自己的情緒，對子女則著重教導正向的情緒，造成即使小孩不恰當的行為已經惹惱了自己，卻刻意隱藏自己的憤怒，轉為跟孩子說：「你這樣做讓我很傷心、很失望」等這類的話。因此，即使上述中子女感受到的是正確的生氣情緒，卻因為父母「標示」（labeling）錯誤而影響到子女對情緒的瞭解，根深柢固後將對日後情緒發展與人際互動造成不良的影響（Jensen & Wells, 1979）。

以下這段常見的短文便可為個人的情緒經驗與家庭的關係下最佳的註腳。

從生活中學習——

若孩子生活在批評中，他就學會責難；

若孩子生活在敵視中，他就學會攻擊；

若孩子生活在嘲笑中，他就學會膽怯；

若孩子生活在寬容中，他就學會忍耐；

若孩子生活在鼓勵中，他就學會自信；

若孩子生活在讚美中，他就學會欣賞；

若孩子生活在公平中，他就學會正義；

若孩子生活在安全中，他就學會信任；

若孩子生活在讚許中，他就學會自愛；

若孩子生活在接納中，他就學會從世界中尋找愛。

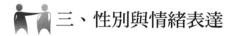 三、性別與情緒表達

　　或許你曾經聽過母親或女性朋友對你發牢騷，關於父親或男友「惜字如金」不跟她說話，或是每次她講自己的心情時他好像聽不懂，只會草草敷衍兩句了事：「妳就不要理他就好啊！」、「妳想太多了啦！」。這種「得不到自己想要的回應」的情況反覆發生幾次之後，便因為擔心讓對方不耐，害怕自己受傷便放棄與之對話，下定論以為他不想跟她講話、不想聽，或是他不再愛她了。同樣的，也常聽到男性抱怨：「唉，我女朋友很愛生氣耶！問她氣什麼又不講！一直這樣，我真的覺得很累！」、「她常說我都不說話，我也不知道要說什麼啊？說了，她又說我在敷衍！」這種常在異性間親密關係裡發生的溝通困難，或許與不同性別在社會化的過程中，其親密感的滿足養成有很大的關係。

　　人的親密感滿足多半來自於親情、友情及愛情，孩子建立親密連結的第一對象就是家中的主要照顧者（多半是父母親），個體透過與主要照顧者的互動建立安全的依附關係，滿足親密需求，進而能夠健康的獨立，與他人正常的連結。依附親密需求的滿足本無

性別之差異，但人們卻在社會化的過程中，因為性別刻板印象的影響導致與他人的關係連結出現表面的性別差異。台灣在亞洲地區的性別平等現象堪稱首屈一指，但文化價值觀的鬆動並非易事，即使現在經常聽到大家說生男生女都一樣，甚至還說生女兒貼心比較好，但還是有許多家庭期待家中至少要生一個兒子。對於男女性從小大到的期待與要求也有所不同，與情緒相關的莫過於如傷心、難過與害怕的處理方式。常會聽到一些父母在公共場合對小男生說：「你是男生耶，這有什麼好怕的？」、「你是男生要勇敢，要保護女生喔！」、「男生還哭，羞羞臉！」這種不論孩子發展階段，單單用狹隘扭曲的性別刻板印象來要求該有情緒與行為舉止，對孩子在面對挫折時的情緒因應造成極大的影響。

　　父系社會中，男性因被期待身負成家立業之重責大任，從小被鼓勵獨立勇敢。曾有學生在課堂上分享自身經驗，提到家中姊妹上學皆由父親接送，而身為男性的自己從小就被要求要自己走路搭車上學，甚至長大後還要接送姐姐和妹妹，心裡感到十分不公平。相較於男性從小就被期待獨立自主，女性則從小被強化其貼心可愛的形象，要像個小公主討人喜愛，但不能有公主病，因為公主病就是不夠體貼他人新的代名詞。Gilligan在1993年其經典著作《不同的語音——心理學理論與女性發展》（*In a Different Voice: Psychological Theory and Women's Development*）中提出女性道德發展獨特的重要概念，認為女性的發展階段，與他人連結並關懷他人福祉是重要的自我發展指標，其自我概念是在與他人的關係脈絡中發展出來的。因此別人是否喜歡自己，自己有沒有

主動關心別人，替他人著想，遠勝過於自己是否有成就來得更重要。女性成長歷程中，與閨密好姊妹的互動包含了許多彼此關懷、心理的分享與身體的互動，孩子們在這些談心、分享、牽手與擁抱互動的行為中彼此靠近，親密需求得以滿足。我們觀察孩子在幼稚園時期，不分男女，每個孩子都可以手牽手，但等到小學時，小男生若再與其他男生手牽手就會被笑像女生，因為這時候他們應該要開始更像個男性，於是只有女生可以手牽手了。小男生不只不能跟同學牽手，也逐漸不會與父母牽手，害怕被同學看到會被嘲笑，擔心別人視自己為媽寶。男孩在關係中的親密需求似乎無法在同儕中透過各種的分享與互動得到滿足，此時如果家庭也同時強化「男生的堅強與獨立」，不允許脆弱感受的分享，加上媒體的不斷複製，那麼許多男性只好將其情緒或脆弱感受深藏內心，透過壓抑或昇華等各種防衛機轉因應之。

「親密就是能夠彼此分享脆弱」。如果一個人無法面對自己的脆弱，試問他要如何與他人分享？ 更遑論與他人建立親密的關係。《該隱的封印：揭開男孩世界的殘酷文化》（*Raising Cain: Protecting the Emotional Life of Boys*）（吳書榆譯，2016）的作者Dan Kindlon和Michael Thompson是兩位傑出的兒童心理學家，他們提醒社會大眾，當我們不斷地鼓勵男孩要夠酷，要像個大男人一樣勇敢獨立不流淚，賦予男性錯誤的情感教育，同時付出的代價便是導致多數男性習慣用憤怒和暴力來回應羞愧與憤怒，因此，也可能產生許多令人遺憾的社會事件。從層出不窮的校園霸凌事件與社會上的恐怖情人及分手暴力，施暴者九成以上都是男

性，可見，他們通常沒有能力面對自身的脆弱、被拒絕的挫折與
羞愧，也不知如何宣洩因羞愧產生的憤怒與悲傷，導致傷人傷
己，令人感慨萬分。

在情緒相關的病症上亦可見到性別刻版印象造成的性別差
異。根據衛福部在民國104年的資料顯示，女性顯示憂鬱症狀的
人數約是男性的1.6倍左右，而男性在酒癮與藥癮症候群的人數是
女性的4～6倍。憂鬱症如哭泣、低落、被動等症狀表現與女性的
刻板印象符合，而女性因為習慣面對自身脆弱的情緒，也被鼓勵
扮演弱者與求助的角色，尋求心理專業「談談自己的問題」也是
女性習慣的壓力處理方式，導致女性求助相關資源的人數遠大於
男性，故憂鬱確診的人數也高於男性。相對的，成年男性不習慣
求助，透過社會鼓勵的行為來因應自身壓力與情緒困擾，如使用
菸酒或藥物等，不僅心理症狀沒有妥善處理，還會造成身體的危
險與照顧者的負擔。

近年來關於情緒的研究，從情緒表達與心理健康的單面向
關係，逐漸走向較為複雜的情緒表達矛盾（ambivalence over
emotional expression）與心理健康的關係。表達情緒與否並未
完全等於心理健康與否，而是情緒表達對當事人而言是自在的
還是矛盾困擾的，才會對心理健康產生影響（King & Emmons,
1990）。台灣的一些研究結果，指出男性的情緒表達矛盾高於女
性（李怡真、林以正，2006；江文慈，2015；蘇芳儀，2002；劉
立慈，2012），這與西方普遍的研究結果是不同的，或許這樣的
差異還是與社會文化有所關聯。其實與其不斷強調男女性的差

異，更重要的是強調其類似之處，如人類共有的人性脆弱面、依賴與自主的滿足，同時也應該看到個體本身的獨特性，唯有能夠看到並接納個體的獨特性，才不會將成人世界的普遍標準強加於沒有權力對抗的孩子身上，造成孩子不適應的結果。

結　語

　　面對相同一件事，我們每個人腦中所想、心中所感及表現出來的行為反應卻未盡相同，這樣的差異可能來自於文化、家庭教養、性別或個人特質等因素。來自不同文化體系的人，承襲著不同的風俗習慣，受不同的社會傳統所規範，因而對情緒的認識、情緒的歸因，乃至於情緒的表達都會不同。至於不同的父母教養方式則直接關係著親子關係的品質，如果是關愛接納的父母，子女自然有較多正向的情緒經驗，而批評拒絕的父母，子女感受不到真正的愛，難免在情緒上較悲觀而焦慮。此外，家庭中的隱性規則決定了家人的互動方式，包括情緒感受與表達的方式在內，這些與家庭有關的因素交織作用，自幼便開始影響孩子的情緒發展。我們的性別、個性不同，具有不同的天生氣質，習慣的行為反應、經歷的社會化過程也不同，情緒方面的經驗也會有所差異。這些情緒方面的差異極易造成人與人之間的誤會與摩擦，若能瞭解其來有自，將有助於彼此更加包容與接納，進而能建立更優質的關係。

問題與討論

1.你認為傳統文化中有哪些風俗習慣或觀念可能會影響情緒發展？

2.回顧你的家庭經驗，哪些部分可能會影響你對情緒的瞭解以及情緒的表達呢？試舉例說明。

Chapter

3

焦慮、憂鬱、哀傷

　　小瑋在學校算是活潑，跟大家在一起總是有說有笑，也有幾個麻吉；打工時也算認真，會主動幫同事忙，一起工作的阿桑還曾稱讚他，說是這種年輕人不多了。雖然當下很開心，但是有時候他總覺得生活中少了些什麼？這樣的快樂或稱讚有些不真實，空空的……假日回家時，小瑋也不太主動說自己的生活，也許是有點疲累，也許是不想媽媽操心，總是媽媽問時，他才答幾句，有時媽媽忍不住多說幾句，他又覺得好煩，事後才覺得自己怎麼可以對媽媽這樣……。

　　在這個生活腳本中，你認為包含有多少情緒在其中呢？學者們探討情緒的本質已經長達百年以上，對於人類究竟有多少種情緒，各家仍各持其見解，但隨著神經科學研究發達，一些研究者甚至認為我們的每一種情緒，都能精準在大腦中擁有相對應的位置。當情緒來時，若你不是籠統的陳述，而能較精準的辨別自己的感受，也更能知道如何應對與解決。例如「我覺得糟透了」，究竟是「我生氣？」或是「我覺得悲傷？」，若是「生氣」，甚至還可更細分：暴怒、惱羞成怒、微慍、氣瘋了、激憤等不同程度的生氣。

　　正向情緒與負向情緒已被視為主觀幸福感的研究指標，具有高度正向情緒特質的人面對周遭事物都是活力十足、樂觀、充滿興趣，對自己生活感到滿意，也會與他人產生良好互動；反之，具有高度負向情緒特質的人會顯現出高度苦惱、焦慮、不滿意，

傾向於聚焦在個人或他人，世界或未來的不愉快層面（陳世芬，2006）。Fredrickson和Branigan（2005）隨機分配一百多名大學生看不同類型的電影，看完電影後立刻進行實驗，發現剛看完正向情緒電影的大學生傾向注意事物的整體，而剛看完負向情緒電影的大學生則傾向注意小細節；另一個實驗在看完電影後立刻詢問大學生此時最想做哪些事情，發現剛看完正向情緒電影的大學生傾向選擇較動態或有社交互動的活動（例如游泳、訪友等），而剛看完負向情緒電影的大學生則傾向選擇靜態的、獨自的活動（例如寫作業、洗澡等）。情緒不但影響我們注意力的寬廣，也影響了我們選擇活動的類型。

此外，產生負向情緒的事件更令人難忘。根據腦部解剖的理論，類似羞愧等極端的情緒，會使腦部處理資訊和貯存記憶的正常方式出現短路，極端的情緒會繞過腦部掌管思考部位的大腦皮質，電擊腦部情緒控制中心的杏仁核。本章在說明情緒的內涵時，除了對個別的情緒加以描述之外，將對日常生活中較常伴隨一起出現的情緒加以解析，以協助個人更深入瞭解情緒，除了有助於養成良好的情緒習慣，也能幫助我們清楚看懂人際互動及其中的情緒變化。

 一、焦慮

波波新接任社團社長，雖然迎新活動該準備的事項都進

行得差不多，其他則沒什麼事要處理，但是不知怎麼搞的，心裡就是覺得不太安穩，好緊張。一會兒想「迎新那天不知會不會下雨」，一會兒想「目前不知道有多少新社員」，一顆心就是放不下，坐立難安，整個人也覺得好疲倦。

*　　　　　　　　*　　　　　　　　*

美芳愈接近到家，心情就愈忐忑，因為她不曉得一進門又會發生什麼事，父母親最近愈來愈常吵架，家裡經常弄得亂七八糟，美芳不只要幫忙收拾，還會常常莫名其妙挨罵，甚至挨打，想到這裡她不禁有點緊張、心跳加快，「等會兒進門不曉得是什麼狀況」；加上快期中考的壓力，真有種喘不過氣的感覺。

先看一下下面的狀況是否熟悉呢？開始採取行動前，你總是會先想很多；容易想到事情糟糕的結果，擔心會發生最壞的狀況，容易自我批判，而且把負面評價看得很重，只要是未達到理想表現，你都覺得是失敗？若你有上述這些狀況，表示你可能正經歷著某種程度的焦慮，焦慮就像是高度警戒的警戒系統，憂慮潛在的威脅，而感到緊張和不安。由於焦慮情緒是當個體感受到外在威脅時所出現的正常情緒反應，它包含著緊張、不安、焦急、擔心等交織在一起的複雜感受，類似恐懼，但是恐懼通常由當下某個明確、可識別的威脅引起；反之，焦慮則在無立即危險時產生，例如你要踏出舒適圈，去嘗試一些不熟悉的事物，你有可能會感到焦慮，或是面對要評價你的表現好壞時，你也會焦

慮，對於未來的未知，感到迷惘，但也有可能感到焦慮不安。通常在壓力舒緩後，這種焦慮的情緒、擔心害怕的想法、不舒服的生理感受就會退去，這是多數人都經歷過的正常焦慮。

　　焦慮可分為特質焦慮與情境性焦慮，前者是人格特質之一，具持久性，所以很容易為焦慮所苦；後者則是因情境而異，只具暫時性，如考試焦慮、報告焦慮、表現焦慮。Boyes（2015）提到有些人天生就比較容易焦慮，但要成功因應焦慮，就需要學習接受、喜愛自己的天性，和焦慮和解，而不是去對抗它，因為先天焦慮並不是一種錯誤，這樣的人可能喜歡深思熟慮，常常要考慮很久，遲遲不敢行動，或者會思考可能出錯的事情或最糟糕的打算，除了考慮潛在的負面結果，同時也要考慮潛在的正面結果，不要因為想到的一些可能的負面結果就阻礙自己的行動，而是要累積自信，相信自己有能力去應對那些不按計畫發生的事情。所以自己需要練習跳脫固定心態（亦即認為自己無法改變，或者容易有：「失敗等於災難」，「失敗就是永遠不會成功」等僵化想法），自己需要去培養成長心態，亦即相信──「我可以有所不同！」有時找找成功人士的失敗經驗，或者訪談周遭師長過往的失敗經驗，都可以幫助我們多一些彈性思考。

　　緊張的笑容、尖酸刻薄的話語、激動的動作、說不出話、撥頭髮、咬指甲等，都可能是焦慮的訊號，顯示我們內在正承受著焦慮不安的情緒。有些潛在的焦慮可能以「身體化症狀」表現出來，如肚子痛、胸痛、頭痛、拉肚子，但是身體檢查時卻是正常。Boyes（2015）也提到焦慮引發的五種行為反應，包括過度猶豫不決、反

芻思考與擔憂、因完美主義而停滯、害怕建議與批評,以及逃避
(包含拖延)。焦慮情緒只要能以建設性的方式因應,通常能促進
自我成長,不是得到,就是會學到。這與焦慮症患者不同的是,
焦慮症患者通常會過度地反應事實而採取比較強烈的方法來避開焦
慮,使用較多破壞性的方法來降低焦慮,反而引起適應不良或生
病。如果焦慮症狀明顯且持續時,就應該尋求專科醫師的協助,以
減緩因焦慮所造成的心理或行為混亂。

專欄3-1　我的情緒異常嗎?

　　一般「正常」的情緒有幾個特徵:由適當的原因引起、
反應強度和情境相當、情緒反應將視情況逐漸平復。若是不
健全的情緒反應(強烈或過於持久)將有害個體適應,此
外,情緒不表達、一味地壓抑情緒也有害心理健康。情緒異
常與否,端視現實情境而定,例如在危機情境下,個體表現
焦慮情緒係屬正常,但如危機情況消失,而個體仍持續長期
焦慮,則屬情緒異常。情緒異常可以從以下幾個向度來看:

1. 有些情緒過於極端(too much、too often):如長期陷
   於憂鬱、焦慮、生氣、興奮等某一情緒中。
2. 有些情緒沒有或太受限:不會哭、不會表達愛、不會生
   氣等。
3. 認知、感覺、生理與行為之間沒有連結:莫名其妙地沮
   喪、生氣、難過、情緒高昂等。

　　因此，在一些精神疾病範疇中，可能也包括情緒異常的特徵，例如精神分裂症患者，可能在該哭的時候大笑，該笑的時候卻又大哭，情緒表現不符事實常態等，或者感到莫名的生氣、難過等；至於邊緣性人格的人則容易陷入愛恨的極端，所以對同一個人他可以愛到最高點，將對方理想化，但是一轉眼，也可能極端貶抑對方，恨死對方。除此之外，還有一些精神疾病就是因為太固著於某種情緒而造成的，例如情感性疾患或焦慮疾患等，這些嚴重的情緒異常表現則稱為情緒障礙，包括過多的情緒反應：廣泛性焦慮症（generalized anxiety disorder）、恐慌症、畏懼症（phobias）……，或者情緒極端變化太強，如躁鬱症等。然而情緒異常還有其他不同面向（例如嚴重程度、持續時間等）都需要納入考量，所以若你覺得常被情緒困住，還是需要去請教輔導老師或精神科醫師，不要亂給自己貼標籤。

專欄3-2　焦慮檢核表

　　請以平常心來檢查下列哪些反應或想法完全符合你的情形，符合者請將其勾選出來：

1.生理上的反應

□感覺身體發熱　□心悸　□心跳加快　□胸部緊　□胃不舒服　□換氣過度　□常覺得很虛弱　□發抖　□暈眩　□口乾　□思想混亂　□無法專心　□肌肉緊張／痛　□疲倦

2.認知上的反應

□我做不來　□我覺得自己很傻　□人們常注視著我　□可能會昏倒　□我得了心臟病　□讓我離開這裡　□我不願意出門　□沒有人會幫我　□我沒法子獨自出門　□我沒法子呼吸　□我快要死了　□我會發瘋　□我陷入困境了　□假使有人受傷、生病或是有火災怎麼辦？

3.情緒上的反應

□害怕　□激動　□恐慌　□過度的擔心　□不安　□感覺被困陷住　□被孤立　□失去控制　□難堪　□罪惡感　□生氣　□憂鬱

　　假如你在每項都超過三個以上的狀況，再問自己下列幾個問題：

1.我是否常常感到緊張？

＿＿＿＿＿＿＿＿＿＿＿＿＿＿＿＿＿＿＿＿＿＿＿＿＿＿

2.我是否每天想要逃開這些反應呢？

＿＿＿＿＿＿＿＿＿＿＿＿＿＿＿＿＿＿＿＿＿＿＿＿＿＿

3.我是否擔心自己過度焦慮會嚴重影響現在／未來的生活嗎？

＿＿＿＿＿＿＿＿＿＿＿＿＿＿＿＿＿＿＿＿＿＿＿＿＿＿

　　如果自己的答案都是「是」的話，請記得要尋求專業協助喔！

　　正常的焦慮情緒是輕微而短暫的，而會讓人受苦的焦慮情緒通常不是那些對真實存在的威脅所產生的反應，反而多是對令人

苦惱的想法、負向的期待、身體緊張或不舒服時產生的焦慮情緒
反應。佛洛依德就曾提出形成焦慮的四種主因：(1)害怕被遺棄；
(2)害怕失去愛；(3)害怕身體傷害；(4)害怕被社會排斥，另外，
沒有歸屬感的感覺也會令人焦慮，例如常見於在使用社群網路軟
體互動時，好友有無按讚、追蹤人數多寡、「未讀未回」、「已
讀不回」等所帶來的焦慮、緊張，甚至失眠，正是一例。若再追
根究底，這些焦慮情緒與「控制」、「安全感」大有關聯。

(一)太想控制讓你更焦慮

　　因為焦慮不安，人總在生活中許多時候嘗試著要去控制許多
事，若「一切都在掌控中」時，心理上便覺得安全，緊張焦慮的
情緒就下降；但是若預期事情無法掌握、有失控的可能，抑或因
自身壓力過大而可能失控時，便會有受威脅感，連帶地不安與緊
張就高漲。生活中的「奪命連環叩」即是最佳例證，藉著一通又
一通撥打電話此一過程來處理自身的焦慮，直到接通為止。

　　不論是為了「獲得控制」，或是要「維持控制」，無形中總
是讓人消耗許多能量與時間，只為了安撫心中那易感到焦慮的不
安感。為了獲得控制，我們需要額外花費心力、時間、甚至金
錢，以期事情照我們計畫的方式進行，甚至已經滴水不漏還無法
安心。論及做事，成果要求完美、品質保證，但需要付出身心健
康等代價；論及人際方面，極端的例子如恐怖情人即是，其特徵
之一：強烈的控制及占有，時時想要掌控對方的時間、空間、人

際關係，甚至讓人感到害怕想逃。而為了「維持既得的控制」，就會需要避免事情出現變數，所以經常選擇安全的、已知的，焦慮指數才不會上升。但如此一來，卻變得沒有彈性或故步自封，因為害怕失敗、擔憂被拒絕，也就難以改變現狀或突破自我了。

真實生活中並非事事都能在我們的掌控之中，能夠區分什麼是可以控制的，什麼是不能控制的，有助於大大提升個人的控制感，無形中也可建立自信心，打造較佳的心理素質來面對生活中的挫折或失落。哈特博士（Hart, 1994）指出，在我們企圖掌握的七類事情中有三類是能力可及的，另外四類事情則超過個人能控制的範圍（**表3-1**）。

表3-1　可掌控與不可掌控的七類事情

可掌控的	超過掌控的
自己所想的	別人所想的
自己的感覺	別人所感覺的
自己如何反應	別人如何反應
	環境因素

想要克服無謂的擔心、壓力或焦慮，首先要能察覺究竟自己的期望是什麼、想要控制什麼？才能進一步加以分析自己要控制的事情是否在可掌控的範圍之內。例如你不喜歡父母叨唸，可是嘴長在他臉上，可以控制嗎？你的男友本來就好人緣，你擔心他被別的女生搶走，要他隨時報告行蹤，這是可以掌控的嗎？對於超過個人能掌控範圍的事，放手吧！除了是節省精力，避免將能

量消耗在爭取或維持不可能獲致的控制上，也是為彼此的關係保留空間，愈焦慮、愈想控制，反而讓彼此互動得不到喘息，有時反而得不到較好的結果，甚至關係搞砸，更添焦慮與衝突。至於我們可以控制的事情，例如如何面對爸媽的過度關心，或者面對自己感情的擔心，有機會釐清自己的想法與感受，決定如何應對與調整，這反而是自己可以掌握的，情緒比較舒緩，關係互動也可多一些空間，更有機會累積正向經驗。

哈特博士針對我們可以控制的部分，提出以下十項原則，先覺知你自己的焦慮緣由，檢視自己的想法，提醒並練習以下這些原則，將有助於降低焦慮情緒。

1. 有限制地追求完美：當你堅持「事情必須做得更好」卻因此非常緊張，那麼就要停止。因為你只需要做得夠好（good enough），追求完美意味著尋求全然的控制，只會不斷地帶來焦慮。

2. 有限制地取悅他人：停止過度取悅別人吧！因為你可以讓自己也愉悅。

3. 不要再偽裝強壯：若已出現很負面的感受，就別再勉強停止將苦往心裡藏、淚往肚裡吞。因為，你可以選擇做少一些，而這絕對無損於你個人的能力。例如失業了卻不敢讓家人知道，每天按時出門。

4. 運用你的情感：辨識、瞭解並且疏導焦慮的情緒將有助於解決問題。

5.決定並行動：當混亂的情緒或衝突的想法使你倍感壓力時，你可以權衡後重新做決定，即使選擇什麼都不做。

6.改變待人方式：如果你習慣的行為模式一再使你緊張、焦慮，那就改變行為模式來改變關係型態吧！你有這樣的能力、也有權力這樣做。如好好先生型很難對別人說No，經常過度負擔他人的要求或期待，你可以不再任人予取予求。

7.堅定：容易妥協、放棄自己的立場時，常無意中使別人忽略了我們的需要。停止退縮、壓抑你自己的需求與情緒，該堅定的時候就得堅定！

8.練習符合於現實的思考：我們常只看到自己想看的，但若要提升控制感降低焦慮，則要基於現實情形去分析，不要讓誇大不實的解釋方式或個人的期望，擾亂分析狀況時的邏輯，讓原本可以掌握的情況演變為不可控制。

9.以不同的方式因應壓力源：感到壓力時，仍要保有信心，相信自己有能力以不同的方式來因應。

10.釋放緊張：採取行動來釋放內在的緊張，可以免除無謂的焦慮與害怕，例如運動、唱歌、從事興趣或嗜好的活動。

專欄3-3　想一想：可以怎麼做呢？

情況：

你有一份期末報告要小組共同完成，大家已經針對蒐集

到的資料做了充分的討論，於是分配好每個人要寫的部分，並且約好日期繳交給你負責彙整成一份報告。隨著約好的時間一天天逼近，你愈來愈擔心，因為你看到小豬根本還沒著手進行，加上以你對他的認識，他很有可能無法在時間內交給你，這樣下來勢必影響到你做彙整的工作，說不定還會延誤繳交整組的報告，影響成績！到底該如何是好呢？

　　你可以這麼做：

1.先放鬆心情，以幫助自己能看清事情的來龍去脈。
2.問問自己：你想控制什麼？（參考哈特博士所提出的「可掌控與不可掌控的七類事情」作為評估指標）
3.哪些事項是你要放手的？因為你不可能取得控制。
4.在想法、感受以及行動上，有哪些是你可以控制的？（可採偉恩博士所提出的十項原則作為指標）
5.根據以上的分析，後續你會如何處理這個問題呢？

(二)沒有安全感而焦慮

　　新精神分析學派的學者認為，焦慮的發展可溯及幼年時期。孩子需要安全的感覺，如果孩子由父母及照顧者所學習到的是足夠的信任，那麼長大後比較不會為焦慮或罪惡感所苦。反之，若照顧者只注意他們自己，對孩子忽視、支配、拒絕或過度縱容，缺乏溫暖、不夠照顧，常常生氣、批評、挑剔、威脅等，孩子便

處於焦慮之下，深深地感受到不安全、被遺棄的威脅。這樣的焦慮會伴隨著孩子長大甚至成人，他們特別容易感受到危險，經常是不安與焦慮的，因為對他們而言，心情平靜本來就是少有的經驗。生活中若有類似被遺棄的感覺或不安的感覺時，則會感到焦慮、痛苦，新精神分析學派的學者杭妮（Karen Horney）便提出「基本焦慮」（basic anxiety），讓對焦慮的討論由生理層面回歸到心理層面。

她認為基本焦慮將會驅動人們去尋求安全感，可能是順從他人，也可能是攻擊或逃避，並且不斷地再確認自己所獲得的安全感是否足夠。杭妮提出在兒童期我們通常有四種保護自己的方法，用以獲得安全感來免於感受基本焦慮。這些方法包括獲得情感聯繫、順從、爭取權力、退縮，一般人可以靈活運用，但是如果延續到成人時期仍只僵化使用特定或單一因應方式，就會顯得更衝突、神經質，個人生活常大受影響。簡述杭妮這四種對抗基本焦慮，獲得安全感的方法：

1. 獲得情感聯繫：獲得別人的情感就好比獲得了「護身符」，以為從此別人就不會傷害自己，所以想盡辦法要得到、爭奪到別人的感情，藉以降低自己的焦慮不安。

2. 順從：順從的人會避免任何與他人敵對或衝突的可能情況，因為任何不和諧都會令他感到焦慮，沒有安全感。但是，由於他不敢批評或攻擊，只好壓抑個人的需求與真正的想法，如此一來就變得只能取悅他人，沒辦法保護自己

的權益。

3. 爭取權力：經由成功或是占優勢以獲得安全感，認為只要自己有了權勢就不會被傷害，所以他因為焦慮的驅使，拚命要贏過別人，補償無助感。就像是努力爭奪第一名的孩子，未必能享受獲得知識的快樂，反而是以第一名作為獲得父母之愛的保證。

4. 退縮：因為擔心自己所渴望的關愛永遠要不到，就乾脆自己先避開其他人，不再尋求人們來滿足自己的情感需求，但實際上又是敏感的，所以會壓抑或否認對別人所有的感覺，藉此保護自己不受傷。

不論是退縮、抗拒或迎合他人，這些對抗焦慮的方法多是年幼無知的我們，為了獲得愛、獲得生存的保證，很本能、很自然的反應，如果延續到成年而沒有察覺自己僵化的反應模式，很容易使我們為了降低內在的基本焦慮而使自己陷入更受傷的局勢。試想一個爭權奪利的人，若只是要藉由名利來鞏固自己少得可憐的安全感，或許財富權力能夠讓他暫時獲得滿足與安心，但是人外有人，世界上一定有比他更有權勢的人，他就很難逃離焦慮所帶來的折磨了！同樣的道理，若有人將他人的情感視為自己焦慮不安之情緒的唯一解藥，便會緊捉不放，死纏爛打，反讓對方更加受不了。

如果你周遭有這樣的親朋好友，太想控制、太沒有安全感，或許你可以用上述的觀點重新認識他。過去的未竟事宜，過去被

　　焦慮包圍所感受到的痛苦與不安，讓他們持續採用較不理性或較僵化的方式來因應生活中的種種，導致人際關係也受影響。如果你能有較多的瞭解與包容時，能夠提供他些許安全感時，或許能夠稍微鬆動他的焦慮，有機會可以進一步鼓勵他到專業機構尋求諮詢或幫忙，好好檢視過去經驗的影響；但是若你自己狀況也不佳，經常被對方情緒左右、有被剝削的感覺或太多的不舒服，則可能要考慮的是如何在你跟他之間劃清「心理界限」，你可以選擇這麼做，因為你不必為他的壞情緒負責，無需有罪惡感，因為你也需要好好照顧自己。

　　美國White Plains的焦慮與恐懼症治療中心副主任Martin N. Seif，是一位有三十年治療焦慮症經驗的臨床醫生，他認為：「我們應該以更友善的角度看待焦慮，因為它是讓我們盡可能保持最佳狀態的力量（即使你認為自己並不是這樣）」（引自Shawn, 2018）。在近年又被重視的阿德勒心理學中，焦慮不屬於破壞性情緒，反而隸屬於建設性情緒，我們可以正向看待焦慮──「心懷焦慮，使人向上」（岩井俊憲，2017）。今後若你因想掌控全局而焦慮，不妨停下胡思亂想，練習事前擬訂計畫、做好準備；若感受到安全感被威脅，也練習自我調整，使用不同的方式來因應。每一種情緒所帶來的體驗與試煉，都可能是一份禮物，是自我成長的契機。

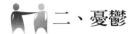

二、憂鬱

阿強近來老是對工作提不起勁，覺得沒啥意思！只要一想到明天還要上班，連當天晚上的心情都變得不好，這種情形在星期天晚上更明顯，因為只要一想到一個星期的工作即將展開，業績壓力又來，阿強便有一種想逃避的念頭。雖然自己也想擺脫這種感覺，希望可以表現更好，但是不知怎麼一回事，就是沒辦法提起精神，無法像從前那樣全心投入工作。

*　　　　　　　　　*　　　　　　　　　*

十九歲的陳國慶（化名）是剛踏入大學校園的新鮮人，從外地來到這個學校讀書。過去的學生生活，完全以考上好大學為生活第一目標，如今，目標達成了，陳國慶反而覺得失去重心；況且不只要適應新環境，還要打理自己的生活，加上個性較不擅社交，人際交往的事情也要傷神，才上大學沒多久，他常覺得心情不好，有時也感到煩躁，凡事都提不起勁，系上學姐發現這個學弟出了狀況……

大二時曾陷入半年憂鬱、失去生活熱情的蘇打綠主唱——青峰，也在歌唱中找回自己。走出憂鬱幽谷的青峰，寫下動聽的歌曲，更讓青峰二十五歲就摘下金曲獎最佳作曲人獎。媽媽的早餐店貼滿他的海報、擺放他的獎盃，天天播的蘇打綠CD還放到音

軌壞掉。很難想像，他曾是個不跟室友說話、不出宿舍大門的少
年。

　　董氏基金會在2008年「大學生主觀壓力源與憂鬱情緒」的
調查發現：在抽測的五十七所大學共五千六百多位大學生中，
有22.2%的大學生有明顯憂鬱情緒，幾乎每四人就有一人有憂鬱
情緒困擾，需專業協助。又在2017年以台灣人憂鬱症量表為工
具，隨機抽訪六都二千多人的憂鬱現況，發現11.1%受訪者有明
顯憂鬱情緒，需尋求專業或醫療協助、7.1%壓力負荷到臨界點、
17.3%情緒起伏不定。憂鬱情緒幾乎是每個人或多或少都會遇到
的情緒，當你心情「鬱卒」時，你通常會如何度過呢？去跑步、
打球、做運動嗎？或者找三五好友聊聊天、出門兜兜風來換個心
情呢？還是你會上網、睡覺休息或聽聽音樂？你會藉著抽菸、喝
酒等物質來暫時忘卻這種憂鬱的情緒？或是你會騰出一個時間給
自己，好好地體會並且思索這種憂鬱的情緒，希望瞭解它對目前
生活而言有何意義？

　　舉凡考試考不好、失戀、季節交替時、工作低潮時、人際關
係出槌、親子關係不良時、覺得生命失去意義時，都可能使我們
心情憂鬱──鬱悶、不快樂、沮喪、心情低落、悲傷、失望。這
種情緒使我們在面對別人或外界時總是感到無力、退縮，還好經
過一段時間幾乎都會慢慢變好，只要因應得宜，憂鬱情緒對我們
而言是不構成威脅的情緒。但是，若深陷其中嚴重到一定程度且
有一段時間，在思想、情緒、行為和身體上皆有負面的改變且影
響生活時，就成為疾病（憂鬱症），憂鬱幾乎是所有精神疾病

的共同特徵（張春興，1989）。本章節所指的憂鬱是「憂鬱情緒」，鬱悶、心情不好的人有憂鬱情緒，但不一定是憂鬱症。

(一)憂鬱情緒來時

由於憂鬱是一種令人不快樂的情緒，許多時候，人們為了逃避這種不愉快的感受，便不自覺地以防衛的方式來保護自己。例如，「幻想」美好的遠景，以排除現實生活中的不順利；「退化」到以較不成熟的方式來表達自己的情緒，經常哭泣、依賴、很脆弱；或是「理智化」地分析自己的情緒，前因後果皆清清楚楚，卻完全不感受、不體會憂鬱的情緒。基本上，這些防衛的方法只要不過分僵化、不干擾正常生活，都算是正常而有用的反應，甚至在特定的時候，這些方法等於保護了我們，使自己不因憂鬱而受到傷害。

上例中的阿強，或許此時正值公司非常忙碌的時期，在這種現實狀況下，根本不可能允許他陷入這種憂鬱的情緒，否則工作效率受影響，可能連工作都會不保。他可以接納自己的情緒，接受現實的限制，可能會轉換想法：想到再過一個月就是公司的淡季，屆時他就可以請休假，好好度假放鬆幾天，所以他那低潮的情緒就不會對工作造成太大的影響。

小紅也曾經有和阿強相同的狀況，曾經帶給自己許多樂趣與滿足感的工作反而成為惡夢，想逃又無處可逃，整個人也變得較脆弱易感傷。和阿強不同的是，當小紅發覺自己這種情形時，她

決定撥出一小段時間，靜下來讓自己好好體會這憂鬱的心情。在幾次均勻緩慢的深呼吸之後，她慢慢發現全身的細胞彷彿都在訴說著疲倦，腰痠背痛，腦袋瓜也宣布要暫時休息，自己有一種被掏空而渴望能夠再充電的欲望。這時小紅才驚覺，自己已經連續有三、四個月的時間都經常加班趕工，似乎太想要將一切事情都控制得絲毫不差，所以不能好好放鬆休息。於是小紅決定從此刻開始要調整自己的工作時間與型態，能夠授權的工作就不再獨攬，該休息時就休息，生活除了工作之外還有很多其他的事物，這是真正體驗憂鬱所產生的正面意義，促使人們得以重新檢視生活型態而做些調整，讓自己以更有彈性的態度來生活。

每一種情緒兼具有正向功能，它讓我們知道自己生命中所發生的事情意義何在，讓我們有機會找到更適合或更有效的方法來解決問題。當你被憂鬱情緒籠罩時，相信其來有自，所謂「凡存在的，必有其意義」，能讓人較耐心且溫柔的看待自己的處境。憂鬱情緒來襲，不要急著趕走它、忽略它或因而貶抑自己；反而要允許這樣的情緒多停留一下，接納它、和它好好相處，感受它所要提醒你的，是不是內心深處的需要和渴望已經被你忽視太久？憂鬱情緒有時導因於具體明確的事件，通常事件過去心情就會逐漸變好；有時則得多花些心力才能釐清自己鬱悶的真正原因，對症下藥。例如阿方在大學學業方面雖然表現不差，但卻鮮少有成就感或快樂的感受，長期下來實在很抑鬱，與輔導老師談談之後，他發現因為這個科系實在不符合他的興趣，他只是為了家人的期望很勉強的唸書。客觀分析自己或從新的角度詮釋生活

事件，並不是一件容易的事，如果能和親友同學或者專業的輔導人員談談，常能更快「撥雲見日」。

情緒低落時，他人或自己都不會勉強自身做不喜歡的事，來自周遭的關心或注意也會較平日多。此時有一個陷阱要小心：不刻意或無意地用這種憂鬱情緒時的脆弱、易受傷的形象來博取他人的關愛和注意，那就讓憂鬱情緒成為一種操控關係的工具式情緒了。你可以自我疼惜，卻不是過度自憐；你可以允許自己有這種較消沉的情緒，在這段期間讓自己充電恢復能量，關鍵點是你也能掌握何時要走出這團迷霧；當然你更可以向別人求助，也可以對任何事情說「不」，而不是以憂鬱的方式長期困住自己。憂鬱所帶來的脆弱並不會讓我們毀滅，因為個人內在的力量並沒有就此消失；憂鬱的情緒，並不代表世界末日降臨，而是一種要我們關照自身的訊號，提醒自己將長期只關注外在的焦點略轉回向內在心靈。當我們得以重新覺察情緒狀態、重新整合生活經驗，乃至於重新做決定，個人將更可以為自己的情緒負責。

專欄3-4　活動：你現在有多憂鬱？

以下CES-D（Center for Epidemiological Studies-Depression）測驗乃美國國家心理衛生協會的魯道夫（Lenore Radloff）所設計發展出來的，裡面包含所有憂鬱的症狀，其目的在測量現在的憂鬱程度，並不代表憂鬱症的診斷。請圈

選你覺得最能形容你過去一個禮拜來的心情之選項。

0 很少或都沒有過（少於一天）

1 偶爾或很少時候（一至二天）

2 有些時候（三至四天）

3 很多或所有時候（五至七天）

在過去的一個禮拜：

1.以前不會擔心的事現在開始令我憂心。　　　　0　1　2　3

2.我不想吃東西，我的胃口很差。　　　　　　　0　1　2　3

3.我覺得很沮喪。　　　　　　　　　　　　　　0　1　2　3

4.我覺得我沒有別人那麼好。　　　　　　　　　0　1　2　3

5.我無法集中注意力去做現在在做的事。　　　　0　1　2　3

6.我覺得無法擺脫陰暗的心情，即使我的家人、　0　1　2　3
　朋友對我都很支持，我還是無法擺脫低潮。

7.我覺得做每一件事都很費力。　　　　　　　　0　1　2　3

8.我覺得未來一點希望都沒有。　　　　　　　　0　1　2　3

9.我覺得我的整個一生都是失敗的。　　　　　　0　1　2　3

10.我覺得很害怕。　　　　　　　　　　　　　　0　1　2　3

11.我晚上睡得很不好。　　　　　　　　　　　　0　1　2　3

12.我很不快樂。　　　　　　　　　　　　　　　0　1　2　3

13.我話說得比平常少。　　　　　　　　　　　　0　1　2　3

14.我覺得很寂寞。　　　　　　　　　　　　　　0　1　2　3

15.人們對我很不友善。　　　　　　　　　　　　0　1　2　3

16.我覺得生活很無趣。　　　　　　　　　　　　0　1　2　3

17.我有時會無緣無故痛哭。　　　　　　　0　1　2　3

18.我覺得很悲哀、很難過。　　　　　　　0　1　2　3

19.我覺得大家都不喜歡我。　　　　　　　0　1　2　3

20.我覺得日子過不下去了。　　　　　　　0　1　2　3

計分方式：

將所有圈選的數字加起來就是得分，如果因為不能做決定而圈兩個數字時，則以數字大的計分，總得分介於0～60分之間。

意義：

分數在0～9之間者，不在憂鬱的範圍內，因為這個分數低於美國成人的平均值；分數在10～15之間者，有輕度的憂鬱傾向；分數在16～24之間者是中度的憂鬱；分數超過24者，可能是重度的憂鬱。

因應方式：

如果分數在重度憂鬱的範圍內，建議找專業心理治療師或諮商員談談；如果分數在中度憂鬱範圍內，則兩個星期後再做一次測驗，如果仍在中度憂鬱範圍內，請找專業人士談談。

資料來源：洪蘭譯（1997）。《學習樂觀，樂觀學習》，頁87-92。台北：遠流。

(二)如何陪伴情緒憂鬱的親友

設身處地想一下：當你自己情緒低落、感到憂鬱時，最常聽

到別人如何安慰你呢？「不要想那麼多、想開一點、事情忘了就好了、你要正向思考啊、你可以的、加油……」哪一句是真正安慰到你呢？還是無形中給你更多的壓力？陪伴不必要時時刻刻，要分辨適當的關心時機；傾聽，也不是一定要對方說出事情。因為對當事人的瞭解，陪伴者能夠敏感當事人，傾聽當事人說說話，雖然偶爾自然的提供分析或意見也不錯，更重要的是陪伴他、支持他，讓處於憂鬱的人不那麼孤單。

前述案例中的陳國慶，他的學姐發現他憂鬱的情形之後，就很有技巧地徵詢國慶的同意，跟幾位關心國慶的家族成員說明，大家有時會約國慶一起吃飯、打球或其他活動，關心他但又保留一些空間給他；若有需要或是情形變嚴重的話，也會陪伴他就醫或找專業人士協助。又如遇到因為感情問題而情緒憂鬱的情形，陪伴者可以用親身遭遇或者以真實案例來舉例，當事人更可以知道不只是他一個人遇到這樣的困擾，即使失戀，世界依然運轉，以他認識的人當例子更能感同身受，有事半功倍之效。董氏基金會2014年「大台北地區青少女憂鬱情緒程度、壓力源及抒壓方式」之調查結果可發現，不論青少年或青少女，選擇和朋友一起看電影、逛街買東西或運動的抒壓方式，是一個人從事這些活動來抒壓的兩倍以上。你我的陪伴，就是幫助陷入憂鬱情緒的親友最重要的支持。

有時候，因為我們對憂鬱情緒、憂鬱症似懂非懂，根本忘了周遭有很多資源可以運用，像是在大學也有學生輔導中心的輔導老師、健康中心內的身心科醫生都可以提供幫忙。呂美枝教授曾

提出陪伴憂鬱症患者的六不，以免引發不理想的狀況。這「六不」用於陪伴身陷憂鬱情緒風暴中的人，其實也同樣適用。茲節錄這「六不」如下（引自董氏基金會，2006）：

1. 不要罵憂鬱症患者，或否定他的想法、他做的事、他的計畫。
2. 不勉強、不強迫憂鬱症患者做他不想做的事。
3. 不指責憂鬱症患者的無理或情緒，如果他出現極端負面的想法，可以提供不同的想法供他參考。
4. 不要用負面的舉例或激將法處理憂鬱症患者的情緒。
5. 不要失去耐心。
6. 不要一直問患者「你為什麼不快樂？」或只是口頭上說「不要想太多」、「不要再憂鬱」之類的話。

專欄3-5　跳出無助感，不再憂鬱

賓夕凡尼亞大學的心理學家馬丁·塞利格曼（Seligman, M. E. P.）在1960年代做過動物如何學會無助的實驗，因為需要三組動物共軛（yoke）一起才能做，故稱「三一實驗」（triadic experiment）。實驗是將狗帶到可穿梭往返的箱子中進行電擊，看牠們會不會跳過柵欄。給第一組動物可逃避的電擊，牠們只要用鼻子去推牆上的一塊板子就可以停止電擊，因此這一組動物可自我控制，因為其行為是有作用的。

其次，第二組動物所受的電擊與第一組共軛，即所承受的電擊分量與次數都和第一組一樣多，但是其行為不能夠停止電擊，無法有作用，除非第一組的狗用鼻子推牆板時，牠們身上的電擊才會停止。第三組則是控制組，不受任何電擊。結果第一組的狗進入箱子後，幾秒內就發現牠可以跳過柵欄以逃避電擊；第三組的狗也有同樣的發現；只有第二組的狗，發現無論怎麼做都無效，牠便停留在有電流的這一半，很快就放棄嘗試而躺下來，接受固定時間的電擊，即使可以看到柵欄的另一邊。實驗者重複這個實驗八次，在第二組的八隻狗中，有六隻是坐以待「電」，而第一組八隻狗中則沒有一隻狗放棄。當動物發現其行為無益、於事無補時，就變得被動，甚至預期未來也會如此，而這種期待一旦形成等於是學習到無助，什麼也不想做了！

在生活中，塞利格曼發現習得無助感與健康狀況有關，特別是憂鬱之間的關聯性。憂鬱是一種沮喪、氣餒的感覺，通常缺乏原動力以及某種程度的自貶，認為自己無法控制生命中的事件；其與無助感有類似症狀，例如皆較消極被動、沒有學到「反應便會解脫」、缺乏正腎上腺素、感到壓力及有潰瘍的情形等（Seligman, 1976）。當人經常處於無助的狀況時，常不自覺未經掙扎便對事物放棄希望，長時間累積下來使人陷入絕望，看事物就習慣用悲觀的角度，而「悲觀的解釋風格」確實可能讓原本只是暫時性的、局部性的無助感轉變為長期、概括化的無助感，導致憂鬱情緒。多數研究亦

都同意憂鬱和悲觀的解釋型態有密切的關係。

　　所幸這種解釋風格可以經由再教育而改變！無助只是暫時的，近期正向心理學家認為每個人都可以透過認知運作來調節與控制自己的行為，化解無助；而早在1960年代就開始研究憂鬱症的認知治療大師貝克（Beck）曾說過憂鬱症就是它的症狀本身，乃來自於病人對自己的負面看法，沒有什麼藏在潛意識裡的東西作祟。至於理情治療大師艾理斯（Albert Ellis）認為人類具有庸人自擾的本性，常為情緒所困，所以他以ABCDE原則教導案主駁斥非理性信念，改變既有的自動化解釋想法，長期下來便可改變個人的情緒以及行為。

專欄3-6　哈佛大學生最熱門搶修的課──我要更快樂

　　2013年起，聯合國決議每年3月20日為「國際幸福日」，因為當天是春分，白晝和黑夜一樣長，象徵不論身分、貴賤、貧富、種族等不同，普世平等共享幸福。

　　哈佛大學心理學教授Tal Ben-Shahar把「快樂」變成了一門顯學。每學期都有上千名哈佛大學學生搶著選修他開的課。他曾自述：我曾不快樂三十年，即使他是個優秀的哈佛畢業生、活躍的運動員，但內心並不快樂，勝利沒有為他帶來幸福，這使得他開始研究如何才能得到真正的幸福。在他的定義中，快樂是「能從生活中體會到樂趣和意義的感

受」，換句話說，快樂是兼具樂趣（現在的好處）和意義（未來的好處），而人之所以不快樂，是因為誤認快樂的本質，以為快樂即享樂，因而產生不滿足。他還說到：在看待自己的生命時，可以把負面情緒當作支出，把正面情緒當作收入。當正面情緒多於負面情緒時，我們在幸福這一至高財富上就盈利了。以下是他為學生整理出的十條小要點：

1. 遵從你內心的熱情。選擇對你有意義並且能讓你快樂的課，不要只是為了輕鬆拿一個A，或選你朋友上的課，或是別人認為你應該上的課。

2. 多和朋友們在一起。不要被日常工作纏身，親密的人際關係，是你幸福感的信號，最有可能為你帶來幸福。

3. 學會失敗。成功沒有捷徑，歷史上有成就的人，總是敢於行動，也會經常失敗。不要讓對失敗的恐懼，絆住你嘗試新事物的腳步。

4. 接受自己全然為人。失望、煩亂、悲傷是人性的一部分，接納這些，並把它們當成自然之事，允許自己偶爾的失落和傷感。然後問問自己，能做些什麼來讓自己感覺好過一點。

5. 簡化生活。更多並不總代表更好，好事多了，也不一定有利。你選了太多的課嗎？參加了太多的活動嗎？應求精而不在多。

6. 有規律地鍛鍊。體育運動是你生活中最重要的事情之

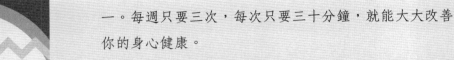

一。每週只要三次，每次只要三十分鐘，就能大大改善你的身心健康。

7.睡眠。雖然有時熬夜是不可避免的，但每天七到九小時的睡眠是一筆非常棒的投資。這樣，在醒著的時候，你會更有效率、更有創造力，也會更開心。

8.慷慨。現在，你的錢包裡可能沒有太多錢，你也沒有太多時間，但這並不意味著你無法助人。「給予」和「接受」是一件事的兩個面。當我們幫助別人時，我們也在幫助自己；當我們幫助自己時，也是在間接地幫助他人。

9.勇敢。勇氣並不是不恐懼，而是心懷恐懼，仍依然向前。

10.表達感激。不要把家人、朋友、健康、教育等這一切當成理所當然。它們都是你回味無窮的禮物。記錄他人的點滴恩惠，始終保持感恩之心。每天或至少每週一次，請你把它們記下來。

資料來源：塔爾‧班夏哈（2012）。《更快樂：哈佛最受歡迎的一堂課》。台北：天下雜誌。

專欄3-7　憂鬱的自救之道

輔導老師您好！

　　我今年十九歲，我好像有憂鬱症了，當我在學業上或生活上有一點不順心，就喜歡鑽牛角尖，把所有不好及不快樂的事情全在腦海中反覆回想，愈想心情愈差，什麼事都不想做，最近也都睡不好，我覺得心裡好痛苦。常想這樣活著有什麼意義，不如死了算了，是否能告訴我，我到底應該怎麼辦才好呢？

阿華

輔導老師答：

　　阿華，很多不順心的事情，讓你最近真的是心情低落到極點，其實，在每個人一生中或多或少都會碰到挫折，或者承受極大的壓力，難免會有低落、消沉、沮喪的時候，就像你現在的情形一樣，你現在就是正陷於低潮中，由於諸事不順，又沒人可以傾訴或協助，結果就被不愉快的事物纏著，對自己失去信心，也喪失活力了。不好或不快樂的事情本來就比較不容易忘掉，不過如果可以從回想省思中重新思索整理自己，也是一個成長的機會，但是最忌一再地自責後悔，那樣對你只是更沉重的負擔，找個管道讓自己心中的憂鬱抒解出來，換個想法，換個心情，或者找家人朋友聊一聊，分享生活甘苦，反之，一個人躲起來鑽牛角尖深陷低潮確實可能變成憂鬱症，以下提供你幾個方法幫助你趕快振作起來，

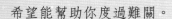
希望能幫助你度過難關。

一、覺察自己的負面想法，改變之

　　如果你遭到挫敗，是不是會對自己說「我不好」、「我真的是成事不足敗事有餘」、「假如當時我怎樣……現在就不會這樣了」、「唉！我就是不夠聰明，不夠迷人」……，或者直接咒罵自己「笨蛋」、「傻瓜」呢？以上種種否定自己的想法，常常會加深憂鬱的感受，事實上，事情並沒有到如此嚴重、絕望的地步，只不過當我們憂鬱的時候，常是無法認清自我與真相。因此，若能覺察到自己因為憂鬱心情產生更多負面悲觀的念頭，那麼你就可以試著告訴自己——現在我心情低落所以事事都變得更不如意，害我也常覺得自己很糟糕，但事實並非如此，我並非毫無價值，一切也不會完蛋、完全絕望，現在只是我心情不好而已。

二、分散注意力，不要鑽牛角尖

　　憂鬱時會一直想著某些事情，尤其當你退縮到只會躺在床上，滿腦子不斷地想這些事，不斷地重複、湧現這些感傷的人與事，那只會讓你愈想愈糟糕，心情惡劣，而且會讓你愈覺悲哀、可怕。所以應該盡量想想其他的人、事、物去淡化它們，而且最好盡量參加社交活動，即使你有一百個不願意，即使你自覺在社交活動中你是一個累贅，你是多麼困窘，也得參加，走出象牙塔，你才可能走出憂鬱。

三、運動

運動對憂鬱有相當的幫助，例如像跳舞、游泳、快走、慢跑等均可，一週至少三次，一次至少三十分鐘，持之以恆，則能產生效果，因為運動能影響腦中神經傳導物質的釋放，同時對克服難關、抒解壓力、減少憂鬱有莫大的助益。美國杜克大學曾經針對憂鬱症的運動療法與藥物療法進行比較研究，結果發現，接受藥物療法後，憂鬱症的再發率是38％；而接受運動療法後，憂鬱症的再發率只有8％。美國精神醫學會2010年修訂的《憂鬱症治療指引》（美國憂鬱症治療的重要參考資料），則將運動療法，包括有氧運動、重量訓練，訂為憂鬱症治療方法之一。

四、尋找協助

自己不能解決的事，要攤開來說，不要把自己關起來，和家人、朋友談談，說出自己的困難。如果你覺得無法幫助自己，可到身心診所或醫院精神科掛號，找醫師診斷及協助，也可以到輔導中心找老師。總之，一定要儘早處理，避免拖延，以免積久成疾，絕對不要一個人默默獨自承擔喔，老師真的很關心你的情形，也很樂意協助你，有困難請務必尋求協助，好嗎？

輔導老師上

 三、哀傷

　　當我們不得已要與家人朋友分開時，心裡總會有種捨不得的感覺，尤其想到曾經共有的時光，更令人難以接受分開的事實，這種難過（sadness）的情緒常久久盤據心頭，難以釋懷，有時還會影響我們的生活好一陣子。和群體多數人相處格格不入時，不只感到沒有歸屬感，也會因為對整個情況覺得力不從心，產生難過的情緒。當你發現自己無法與其他人溝通、無法表達真正的感覺，或是別人無法瞭解你時，這些類似的情況多少都會帶來難過的感受。另一個導致難過的原因是「失敗」，無論是真實或想像的失敗。失戀、人際關係不佳、成績不理想，或是運動場上的失敗等，都會使人難過、無精打采。

　　哀傷（grief）與難過有密切的關聯性，它是一個人失去他原來所擁有的、所珍視的人事物之後的一種自然反應，而由於這些人事物都與個人有強烈的情感連結，所以失去他們將令個人難以接受、痛苦萬分。哀傷就是人對失落的反應，包含生理、行為、情緒、心理、社會與靈性等幾個向度都會受到影響。無形的失落如年華逝去，而有形的如親人去世、寵物死去。而相較於難過的情緒，哀傷的情緒強度更強烈也更複雜，甚至可視為不只一種情緒，因為哀傷中最明顯的情緒是難過，但常會衍生憤怒、害怕、羞恥等情緒，每個人的哀傷經驗都是獨特的，因為不可能有一模一樣的關係存在，因此對哀傷的反應、從哀傷中復原的時間等等

皆不同，這也是為什麼有時說再多話常安慰不到當事人的心，因為不可能會有人知道本人真正的感受。

近年來造成許多死傷的災難事件不斷，如空難、地震、海嘯、水患，而社會事件中蓄意或意外傷亡的案例也不勝枚舉，KTV火災、縱火、車禍意外等。這些災難並不在我們預料之中，因此一旦發生總會令我們驚慌失措，不知如何是好。這種親友不幸喪生所帶來突然的失落，使我們的情緒激動，久久不能平復，除了傷心難過，還夾雜著捨不得、懊惱、憤怒、痛恨、後悔、自責、內疚等複雜的情緒，我們可能痛哭失聲，也可能不發一語、沉默至極，更可能自責：認為自己一無是處、為什麼不能阻止悲劇發生，甚至喪失了愛人的能力，對所有的事物都抱持著悲觀的看法，生離死別的哀傷從此影響我們對生命的看法。讓問題更複雜的是：我們的文化並不鼓勵談論死亡，我們避談「死」、不鼓勵直視哀傷，讓情形更雪上加霜。

(一)難過、哀傷是不好的？是有問題的？

難過、哀傷是不好的？是有問題的嗎？否則我們怎麼會期待難過或哀傷的人能夠「趕快走出來」，「儘速恢復正常的生活」？安慰時說著：「不要哭啦，一切都會過去的，擦乾眼淚，你要趕快走出來……」逼得當事人只能如歌曲所唱：「把我的悲傷留給自己」，假裝沒事、什麼都沒有發生，好像不在乎、沒影響。

　　這是悲傷的迷思，悲傷或難過讓人受苦，但是它並不意味著這個人或這些情緒是有問題的、需要被解決，因為令人難過或哀傷的事已經發生，無法逆轉或修復，我們仍然有能力帶著這個傷痛繼續過日子，難過與哀傷的情緒也會在心中慢慢消化、轉化。因為若我們能接納這樣痛苦與哀傷的自己，就比較有辦法給出一個空間，以自己需要的速度來恢復。這是人性的脆弱部分，卻也引導我們重新獲得力量與親密感，讓我們從失敗或傷害之中得以復原。

　　早逝的孩子、離世的親人、結束的親密關係……，在這段關係中讓我們覺得依依不捨的、未完成的遺憾是什麼？因為當時念大學的孩子被連結車追撞去世，只有小學學歷的柯媽媽獨力奔波立法院八年，才催生了「強制汽車責任保險法」（故又被稱為柯媽媽條款），幫助了許多像自己孩子所遭遇的無數家庭。要從哀傷中復原，我們就必須處理這段關係中失落、未了結的部分，找到它、完成它，進而從中重生；不是遺忘，也不是轉移注意，才能真正說再見，心裡才不會像是有個洞般，空空的。當我們回想這些失落的經驗而不會被難過的情緒淹沒時，表示已經逐漸走出陰霾了。我們將會體悟到失落、難過或悲傷都不是壞事，只是人生的一部分；我們會發現自己也害怕死亡或失去重要的事物，我們無法放手的都是我們過去沒處理好的部分；而當我們開始復原，有時仍會想念失去的人事物，我們仍可能傷心，但是我們會慢慢地、一點一滴重整過去的經驗，重新轉化並賦予意義，也使

自己的生命經過哀傷的淬礪而更加堅韌。

(二)哀傷結束在哪一天？

1988年12月在亞美尼亞的一場地震中，有五萬五千人遭到活埋，其親人朋友卻堅持在零下二十度的天氣中待在原處等工作人員進行營救，一滴眼淚也沒掉，旁人問道：「如何還能將自己的情緒控制得這麼好？」其中一人回答：「人死時，我們會預期哭泣，如果沒有哭泣便會說對方是鐵石心腸。現在卻沒有人哭，因為我們的心都已經變成石頭了。」（Carlson & Hatfield, 1992）在哀傷初期的典型反應除了震驚之外，還可能麻痺、沒感覺，整個人彷彿被掏空了，不知如何反應！一段時間後才會有痛苦以及失落感出現，此時人會變得容易流淚、難過，有罪惡感、生氣、易怒、焦慮、寂寞等起起伏伏的情緒，也常不自覺地尋找已逝去的人或物，上街時不自覺地就會搜尋著類似的身影、回到昔日共遊之地則觸景傷情等。此外，有些人還會出現如胃痛、失眠、暴飲暴食或食慾不振等生理症狀，注意力也很難集中，這段時期中若旁人要提供支持或安慰則通常會被拒絕，由於哀傷需要一段時間才能慢慢消退，設法加速此過程反而可能收到反效果。

學者們觀察到不同人對哀傷的反應隱約有一套程序，簡單可分為早期哀傷、劇烈悲痛及消退期等三個基本階段，或者可細分出否認、憤怒、討價還價、沮喪、接受五個階段。Kübler-Ross晚年很後悔自己提出這個五階段理論，她寫出這些階段只是想讓哀

悼中的人知道，有任何這些情緒都是正常的，但是大家卻誤以為哀悼需要照著這樣的程序，一步一步的走，最後一定要接受，接受後就應該一定會復原。其實，這些階段的順序並非一成不變，而且各階段間也會有重疊出現、或反覆出現的現象。另外有一種「雙軌歷程模式」，Stroebe和Schut（1999）兩位學者認為失落者的生活是處於一種擺動的狀態，有時擺盪到情感主導的端點，有時則會擺盪到以認知主導的端點，固著於任一邊都容易形成悲傷調適的困難（黃傳永，2012）。我們總在失落的情緒與逐漸恢復中擺盪交替著，因此一方面經歷著失落的悲傷情緒，偶爾也想逃避，但有時又需要努力讓自己嘗試新事物，努力回覆日常生活與工作的狀態。不論哪一種理論，哀傷的復原並沒有時間表，請允許難過的自己或哀傷中的他人慢慢來，允許各種情緒的出現並接納與瞭解它，鼓勵當事人表達出來，相信這段不容易的歷程會走得過去，而失落的人事物會以不同的形式存在悲傷難過者的心中。

有個小男孩看到蝴蝶掙扎地想破繭而出，過程好像很痛苦，所以他好心地把繭打開。結果這隻半成形的蝴蝶因為翅膀缺乏力氣飛不起來，最後掉到地上死了。蝴蝶的翅膀本來是可以透過掙扎的過程完全發育，小男孩的一片好意反而害了牠。成長需要時間，痛苦與悲傷需要被看見、被傾聽，而非被隱藏壓抑，更需要時間沉澱。

在走過哀傷的歷程中至少有四大任務（李開敏等譯，2004）：

1.接受失落的事實（增進對死亡的現實感）。

2.處理情緒（促進情緒的表達與宣洩）。

3.適應新環境（學習順應失落之後的環境）。

4.好好說再見（重新投入生活及新的關係）。

此說認為失落悲傷的人需完成這些任務，以走出悲傷、完成哀悼的過程，不完全的悲傷調適可能會影響接下來的發展或個人成長。如果悲痛常見的症狀持續超過六個月以上，強烈思念死者、不易重新開始生活、覺得生活毫無意義，以及對死者感到生氣和怨恨等，影響到生活，極可能是複雜性悲傷症，建議需就醫或尋求專業協助。

專欄3-8　練習：我手寫我心

1.拿出紙、筆，回顧你感到失落的幾件事。

2.挑出一段你覺得最痛或心結最難解的回憶，回想曾發生在你們身上，或是你跟這個人曾一起做過的事情，至少十件，包含快樂的、不愉快的等等。

3.仔細察覺自己的感受與想法，遺憾、生氣、不捨……；然後分辨目前的你想要如何了結這個失落，你想道歉？或者你想要原諒對方了？或者你還有些感覺想告訴他？

4.將這些寫成一封信，一封不必寄出去的信。寫完要唸出來。

專欄3-9　分手失落之處理

　　愛情關係是兩個人決定牽手開啟的一趟人生旅程，天時地利人和的情況下，同時出發的兩個人可能會隨著歲月一直走下去，共同去體驗每一個人生車站。但有時因為天不時地不利或人不合，其中一方想放手，想要提早下車，結束這段旅程。此刻，對於仍希望牽手繼續走下去的另一方而言，這被分手的重大失落所蘊含的苦痛與心傷，沒有經歷過的人是很難體會的。

　　有些人因為無力面對這樣的傷痛，無法容忍被拒絕的挫折與難堪，不想接受被分手的殘酷事實，因而選擇傷害自己或傷害對方，透過最原始的攻擊行為來宣洩那不甘與怨恨，最後不但沒有得到自己想要的結果，反而造成令人遺憾的後果。這幾年來分手暴力的事件在校園內層出不窮，一段愛戀關係最後以悲劇或悔恨收場，令人不勝唏噓。

　　在這段愛情的旅程中，當一個人選擇下車，把另一人留在車上時，車上被丟下的人雖然理解選擇先行下車是個人自由，理性上知道不該也無法強求，但那生活中原有的許多雙人習慣突然失去，不再有人叫你起床或跟你道晚安，不再有人等你吃飯或送你回家，而你也不再需要配合對方的時間與作息，許多屬於情人的日子都不再具有意義。這因分手而產生的一連串具體失落，都可能在每日的某些時刻觸動心理的失落感。這些時刻產生的失落，需要時間哀悼，才有可能逐

漸淡化因失落產生的痛楚。哀悼除了時間，也需要資源的陪伴，這些資源包括周遭的家人與好友，能夠有耐心的給予當事人足夠的空間，願意讓當事人以自己的步調逐步將這個傷口復原。傷口修復後會結疤，這疤痕若能成為生命中有意義的記憶，提醒自己曾經如此愛人與被愛，溫柔與善良，於是這段感情也就能夠成為生命的養分之一。之後再回來看這段回憶，如果是感傷而非悲傷，傷口就修復得差不多了。

在這分手試煉的艱苦過程中，幾件事請放在心上：

一、記得要善待自己，不強迫自己做不想做的事情

如果可以就讓日常生活繼續，真的不行也就允許自己暫時休息。有時周圍會有一些親友的建議，適合有用的就用，但不需要勉強自己去配合別人的好意。此刻需要照顧的是受傷的自己，不是熱心的親友。記得，休息是為了走更長遠的路。

二、用自己習慣的方式宣洩情緒，貼近自己的傷痛，進而安慰自己

這段時間腦子裡可能會不斷地冒出與對方的種種過往，這些過往雖然痛苦，但也都是自己曾經擁有過的珍貴回憶，很難將其壓抑或消滅。允許自己透過淚水宣洩，或是透過文字、繪畫等其他表達方式，將這些心痛的過往貼近自己細細描繪，然後重新閱讀回顧自己的傷痛，安慰疼惜自己，讓自己能夠再次有力量繼續人生的道路。

三、別忘了使用周遭的支持系統

　　自己的傷痛固然還是得要自己處理，但此階段若能有良好的支持系統，讓自己被有品質的資源照顧與陪伴是很重要的。找願意傾聽的親友訴苦，或是尋找專業的心理師陪同療傷，給與養分，也可以聽歌、看書、看電影，只要是對自己有幫助的資源，就好好地使用，如此或許可以讓自己的復原療傷之路走得不那麼辛苦孤單。

　　愛情如果夠美，分手就很難不心痛。最後，記得，想想，曾經有一個人能夠跟自己牽手走這一段愛情路是多麼難得的緣分。所以，千萬，試著，尊重每一個走過你生命中的人，珍藏你生命中的每段回憶，更重要的是，珍惜每段關係中的自己。

問題討論

1. 大中想到即將畢業要找工作，但是大家都說工作不好找，所以內心難免有些焦慮擔憂。請根據本章「焦慮與控制感」所提到的十個原則，想一想你可以建議大中如何面對這樣的焦慮感呢？

2. 根據專欄——我要更快樂，練習在生活中實踐，並且跟同學分享你的具體實踐心得，也討論還有哪些讓自己更快樂的行動方案呢？

3. 鼓勵他人表達出難過或悲傷，會不會增強他的悲傷或延緩它的調適歷程呢？請說說你的看法，或分享你的經驗。

Chapter

4

嫉妒、憤怒、羞愧感

方瑜與小真很要好，五專同班，也住在同一間寢室。方瑜長得很漂亮，水汪汪的大眼睛配上白皙的皮膚，國中起就成為男性追逐的對象，國三就交了固定的男友。五專住宿生活中，每天晚上方瑜都會跟男友熱線，即使方瑜已經使用耳機並且盡量降低音量，小真坐在旁邊總是會覺得有些煩躁，因此經常戴上耳機，撥放更大聲的音樂，或是走到宿舍的閱覽室去讀書。方瑜週末收假回來，經常帶著大包小包的食物與室友們分享，有時也會秀給大家看男友送她的禮物。小真跟室友們一起吃著方瑜家人及男友送的食物固然很開心，但聽著方瑜分享週末與男友的甜蜜時光還是會覺得有點不耐煩，有時便會走到隔壁寢室窩著，跟同學講講八卦，讓自己心情舒服一些。小真不太喜歡自己有這樣的情緒反應，心裡想著：「我是嫉妒她嗎？」「唉，她是我好朋友，我幹嘛嫉妒她呢？我這樣是不是太心胸狹隘了？」

小真家裡的經濟狀況一直不穩定，但小真從小就很懂事不讓家裡操心，功課好、反應快又主動，個性開朗活潑，不論是在課堂上或是實習的單位，總是在老師的心目中留下深刻的好印象。晚上大夥兒在宿舍唸書準備隔天的考試或報告時，小真幾乎都是第一個上床睡覺的，還會提醒方瑜和其他的室友早點睡，免得影響第二天考試的精神，而這最早睡的小真總是寢室四人中考得最好的一個。每次方瑜看到小真上床去睡覺時，自己還有一

大堆沒唸完的書，心裡就自然地焦慮起來：「她都唸完了嗎？怎麼這麼快？唉，為什麼她就是這麼聰明厲害？我就是這麼笨？」因此也無法真心接收到小真勸大家早睡的心意，很不想回應她的關心。每當課堂上老師在誇獎小真時，方瑜發現自己雖然跟大家一起拍手，但當下似乎有點恍神，好像自己不在那個空間裡。每次實習分組時，方瑜就很希望自己不要跟小真一組，免得被比下去。有時「不幸」同一組，面對小真的開心：「耶，我們又同組耶！」方瑜覺得自己笑得好假：「對啊！」心裡想著：「唉！我真的很糟糕，真的很小心眼耶！我在嫉妒她嗎？」

讀完上面兩個例子，你覺得小真和方瑜真的是小心眼、心胸狹隘的人嗎？你是否有時也會跟他們兩個一樣，面對別人比自己好的時候感到不太舒服，也會覺得嫉妒是不好的情緒嗎？

 一、嫉妒

嫉妒就如同本書提到各種情緒如憤怒、悲傷、憂鬱等，是個體因應環境自然產生的一種情緒，並不是你不想要就可以沒有這樣的情緒。如同本書不斷地提醒大家的部分，情緒本身並不是問題，無法擁有適當因應情緒表達的方式，才會產生問題，對他人或自己造成不好的結果。因此，如果我們能夠以同樣看待其他情

緒的心態去看待嫉妒，試著接納它就是人性自然的一部分，反而會因為這個接納的過程讓自己更能面對嫉妒，不會被其負面的力量所影響。

(一)社會比較嫉妒

日常生活中，勾起我們嫉妒的情境無所不在。當別人擁有我們想要卻無法得到的人事物時，透過社會比較，嫉妒自然產生。如別人擁有更多的金錢可以花用、更出眾的外貌吸引他人的注意，或是更偉大的事業成就、更好的人緣、更優秀的能力等等。通常我們會跟生活中經常接觸的人比較，如家人或好友，但不會跟有距離的人比較。例如我們會嫉妒同學買一雙兩千元的靴子，但卻不會嫉妒一些富二代買一雙兩萬元的涼鞋。因為同學就在生活周圍，自己很難逃脫比較的現場，但那不認識的富二代是不會出現在我們生活周遭的。在上述的例子中，方瑜擁有亮麗的外表、甜蜜的愛情，以及家庭豐富的資源，這些都很容易讓小真感到嫉妒。然而小真擁有的學業能力及老師的關注，也是令方瑜感到嫉妒的部分。

有些人會澄清：我是羨慕對方，不是嫉妒對方，好像嫉妒是很糟糕的情緒，代表自己的心胸狹隘，見不得別人好。然而嫉妒與羨慕的差別在哪兒呢？大家不喜歡嫉妒的情緒，主要也是因為嫉妒會帶給自己不舒服的複雜感受。嫉妒其實是一種混和的情緒（Salovey, 1991），通常包含了生氣、難過與害怕。相反的如

果是羨慕，好像有著些許仰慕的心情，比較沒有對自己的負面感受。例如，在升學主義制度下長大的學生，可能會嫉妒同學很會考試，但對於有唱歌跳舞天賦的同學可能就單純是羨慕而已。雖然社會鼓勵大家不要跟別人比，要跟自己比，但身處團體中，人很難不跟別人比較，特別是當這個比較指標屬於自我價值來源的一部分，比輸時就很容易產生嫉妒的感受。林以正（1999）針對台灣大學生所做的社會比較研究顯示，大學生彼此之間最常比較的具體事件是學業，其次是社交人際，再其次則是生活型態。社會價值觀對於個體自我價值的來源扮演著重要的催生角色，課業成就通常對求學階段的年輕人而言是非常重要的自我價值來源，尤其在華人這個注重課業表現的社會中。此外，社會對女性外貌的重視，也導致女性自然地將外貌吸引力納入肯定自我價值的來源，也因此，女性較男性更容易比較外貌及身材，也更容易在這個部分出現嫉妒的情緒。個體很難跳脫社會價值觀的束縛，我們只能試著盡量擴展自我價值的來源，看到並形成自己擁有的良好特質與擅長面向，給自己多一些養分基礎，肯定自己，以減少因為比輸的嫉妒感受造成自我困擾的感覺。

(二)關係嫉妒

　　方瑜對於小真雖然有著複雜的心情，但方瑜還是很喜歡小真，也一直將小真視為自己最好的朋友。某個週日晚上收假回來，方瑜原本想要趕快跟小真分享週日見男友

家人的心情，卻發現小真與另一名室友窩在上鋪，簾子拉上好像在講心事，當方瑜叫小真下床來聊天時，另一名室友回答：「ㄟ，我們在講事情，小真現在不方便下來喔……」。當下方瑜心裡有些失落，但好像也不能說些什麼。第二天早上起來，方瑜按照慣例與室友們一起走去教室，但感覺到小真似乎跟另一名室友走得比較近。上課時方瑜傳了訊息問小真昨晚怎麼了，小真回覆沒什麼。方瑜忍不住詢問另一名室友，室友則回答：「她家裡有點事，但她不太想跟別人說。」方瑜看著這個訊息，心裡很不舒服，心想：「所以我是別人，妳卻不是？她可以跟妳講，卻不想跟我講？」

有時我們即使已經擁有某些人事物，卻有可能因為第三者的出現而產生失去的威脅感，這時候對於這個可能（但尚未）奪走我們所擁有的第三者，也會產生嫉妒感，例如家中新生兒的出現導致原本的孩子擔心自己失去父母的關愛。常見的友誼嫉妒也屬於此類。Parker等學者（2005）將友誼嫉妒定義為，觀察或知覺好友與另一朋友的關係，對自己與好友的友誼關係有實際或潛在威脅時，所引發的負向認知、情緒和行為。上面的案例呈現的即是友誼嫉妒，方瑜發現小真願意跟另一個室友講心事，卻不讓自己知道，感覺自己與小真的關係受到威脅，因此會對這「第三者」室友產生嫉妒，擔心自己與好友小真的關係會因為第三者的出現而受到影響。

　　類似的關係嫉妒發生在友情之間，也會發生在手足關係和愛情關係中。孩子主觀感到父母對另一孩子的寵愛，或是男友觀察到女友在國中同學會與過去曾有曖昧關係的男性同學聊得很開心，這些情境都會讓當事人感受到自己可能因為第三者的出現而失去原本擁有的重要關係，或是在關係中的重要地位。在關係嫉妒中，除了對第三者的嫉妒與生氣之外，還包含了當事者對關係人的感受，如上述例子中方瑜對小真，親情中的孩子對父母，以及愛情中的男友對女友，比較強烈的感受是被背叛的生氣，而生氣的背後可能參雜著失望與難過。

　　關係嫉妒是一種焦慮不安，擔心有可能失去關係或不再被愛。唯一能夠解除這種擔心的方式就是向關係的另一方表達，澄清自己的擔心。例如方瑜可以過兩天找機會關心小真家裡發生了什麼事，順便說說自己當晚的失落感。表達的重點在於讓對方瞭解自己的擔心與不安，讓對方知道自己很在乎這段關係，表達的同時也能讓對方感受到自己對對方的在乎，很多時候反而是給這段關係加分呢！

(三)嫉妒情緒的表達與因應

　　通常我們可以透過一個人的臉部表情或言語動作看出一個人此刻的情緒，如這個人在生氣，因為他結屎面，或是那個人好像很難過，因為他在掉淚。但你如何看出來一個人現在正在嫉妒呢？

　　嫉妒的情緒因為很難被社會與個人接納，通常都會被當事人所掩飾，不太容易被他人覺察。有些人會說當自己嫉妒時會用「酸」的方式發洩：「很厲害嘛！昨晚這麼早睡還可以考這麼好！」，「哇！不愧是天龍國的居民，逛新光三越像在逛市場一樣，毫不手軟！」這的確是一種常見的方式，透過類似玩笑的方式鬧一下對方，潤飾自己在意的感受。但有時如果嫉妒帶來的「自戀傷害」力道太強，當下可能連「酸人」的力氣都沒有，最好的方式就是離開現場。上述方瑜與小真的例子中，小真在方瑜帶著「眾人的愛心」回來寢室分享時，跑到別人的寢室八卦就是一個很好的例子。這看是一種逃避行為，但逃避沒有不好，如果當下的情境讓自己真的很難受，離開現場是為了保護自己，也為了保護與對方的關係，尤其嫉妒的對象是好朋友。給自己另一個空間吸收一下養分，不用一直面對自己的「小心眼」，才會有能量回來面對這個勾起自己嫉妒的對象，而通常這個對象就是自己身邊的人。

　　我們都不喜歡嫉妒的感覺，但如果只是否認或壓抑，它並不會因此消失，反而會隱藏在身心某處，等到累積足夠的能量一次爆發出來，造成令人遺憾的結果。接納自己會嫉妒，才有機會好好地因應與處理。上述所提到的離開現場，其實是許多人用來面對嫉妒的方式，例如考試成績不理想，與同學落差很大，決定跑回寢室睡覺、打電動，或是跟大夥去吃飯、唱歌，完全不去管也不去想這檔事，先大解放個幾天，讓自己心情慢慢復原。也有一些人會去尋求外在支持系統，譬如找好友抱怨發牢騷，訴說自己

「自戀受傷」的苦悶。這些方式看似不夠正向積極，但卻是面對嫉妒非常重要的過程。

面對自己對他人的嫉妒，那些自己沒有達到而別人卻擁有的，究竟是自己沒有努力去爭取過？還是不想那麼累？還是擔心自己能力不夠可能會做不到？能夠將焦點放在自己身上會是比較好的做法，因為放任嫉妒的情緒而去破壞他人或自己的生活所造成的悲劇，在許多社會案例或電影中常見。沒有人喜歡輸的感覺，理性上我們都知道自己不可能永遠都是贏家，但那比較當下的內傷是需要照顧的，唯有讓自己的內在傷口好一些，舒服一點，才有可能進行那些積極正向的因應行為：「為自己打氣」、「用正向語言激勵自己」，或是「積極地改變自己，期許自己下次可以超越別人」。當我們能真正承認並且接受自己的平凡或普通時（雖然可能很失落，可能不容易），或許反而更能激發出潛能去爭取自己想要的。

如果有機會，上述故事中的兩位好朋友能夠互相聊一聊對彼此的「嫉妒」，會發展出怎麼樣的後續呢？

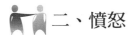 二、憤怒

新聞數則：

1.女朋友變心，失戀男持刀尋女友，但在超商前撞到路人，衝動下竟砍傷路人逃逸（2010）。

2. 一名大學生因為被退學，加上英文不好被嘲笑，心懷不滿
而闖入教室開槍（2012）。

3. 大學生不滿女同學在背後說他閒話，在眾目睽睽下直接
飛踹該女，經阻止無效，還補上幾腳並說：我不在乎
（2012）。

4. 值班時間未完成，超商補貨晚下班三十六分鐘，女友暴怒
砸店長（2018）。

5. 履歷被已讀三分鐘沒人回，18歲少年暴怒（2018）。

從有限的資料中，我們很難清楚知道這些人怎麼了，從外在
的攻擊行為來看，他如火山爆發，瞬間爆發了龐大的憤怒能量。
累積的壓力、高張的憤怒，時間一久，憤怒就越強烈，有時行為
就難以控制，一觸即發！這些新聞的每個行為背後必定有一段故
事，但是誰沒有自己才知道的心酸哀愁之類的血淚故事呢？而你
卻沒有像他們一樣爆發、暴走，想一想：你是怎麼做到的呢？

回想日常生活中常見的一些狀況：他人嗆辣的言語，你是不
理會、怒視、回嗆、出言警告對方或是忍不住就直接動手呢？別
人不小心踩你一腳，當很痛時，通常你的直覺反應是什麼？手機
等心愛的物品被弄壞了，你又如何反應呢？從經驗中不難發現，
我們的因應方式往往就決定了整件事的後續發展，言語或肢體攻
擊對方通常讓事情愈演愈烈，而憤怒的情緒不但無法獲得撫平，
反而如火上加油，指數爆表。如何在怒火中燒時，有意識的調節
舒緩憤怒的情緒，或者能夠跳脫出來看到彼此的互動遊戲，有自

覺地選擇適宜的方式來表達或處理事情，真的不容易，不僅關係
著當事人的感受，更攸關他人的福祉與生命。

　　無限制地發洩憤怒或是完全壓抑憤怒，兩者都不是能真正
消除憤怒的方法，因為沒有治本。如果我們想要掌握自己的行
為，將損害控制在最小範圍，就必須要練習探究憤怒對你個人
的意義。回歸自己，捫心自問：「我怎麼了？」、「我為何生
氣？」、「這樣的生氣，我要付出什麼代價，或對我有什麼
好？」、「我真的很愛生氣嗎？」、「有沒有別的感覺或想法被
勾出來？」……能夠時常以這種向內心探尋、較有自覺的觀點來
重新分析及詮釋自己的憤怒，可以使憤怒不再只是工具性的感
受。一旦決定重新學習運用情緒的方法，情緒就會一層一層像剝
洋蔥般，你會發現自己面對問題時慣有的反應，進一步思考這些
行為反應為自己的生活帶來哪些影響。洞悉自己無意間進行的
「心理遊戲」，並有新的發現，不然則易流於自我保護而為憤怒
找藉口，或將行為合理化，或是自己快氣昏了而不知所以。

(一)你生氣了嗎？──辨識憤怒

　　憤怒是一種訊號，值得我們好好傾聽。最常見的表達方式是
直接表達，不論是訴諸言語或肢體動作，如罵人、敵視、痛恨、
哭鬧，甚至暴力相向等，根本連時間場合都顧不了，這樣的憤怒
很容易辨識。有時則會連續發生一些小狀況：跌倒、被車門夾
到、忘記帶鑰匙等；或者覺得身體不太舒服，如脖子痠痛、胃

痛、頭痛、沒食慾等，這些訊息可能在暗示你：你對某些事「有感覺」，但你不允許自己有這個感覺。有一種狀況大家一定不陌生，別人問你：「你在生氣嗎？」，你可能有感覺到自己臉熱熱的、紅紅的、拳頭緊握、心跳似乎加速、口乾舌燥，但是你仍然回答：「我沒有生氣。」或者「我哪有生氣！你胡說！」之類的爭辯，因為想要忽略或壓抑。

生氣有時候引發我們內在的力量，轉化為積極且具保護的作用，有時則因為不當的發洩而帶來傷害。它是一股能量，能量不會憑空消失，越瞭解接納它、越能和平相處。正如皮爾司等人（Pierce, Nichols & DuBrin, 1983）所言，我們的癥狀並不是因為所感覺到的情緒造成的，反而是因為我們不讓自己去感覺才造成的，也因而使受阻礙的情緒干擾到思考、阻礙行動。

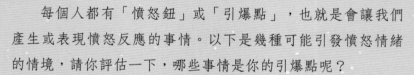

專欄4-1　你的「引爆點」？

每個人都有「憤怒鈕」或「引爆點」，也就是會讓我們產生或表現憤怒反應的事情。以下是幾種可能引發憤怒情緒的情境，請你評估一下，哪些事情是你的引爆點呢？

可用0～4分標示你憤怒的程度：

0：不會激怒我　1：很少激怒我　2：偶爾激怒我

3：常常激怒我　4：總是激怒我

（　）1.覺得事情不公平時

（　）2.正忙碌時受到干擾

（　）3.東西被他人弄壞

（　）4.被別人欺騙時

（　）5.事情不如我意時

（　）6.當別人沒有按照我對他的期望做事時

（　）7.被別人誤會時

（　）8.被他人忽略或漠視時

（　）9.當我在匆忙之中

（　）10.當我承受壓力時

（　）11.當我認為遭背叛時

（　）12.別人批評或干涉自己正在進行的事情

（　）13.當我犯錯時

（　）14.當我很疲累時

（　）15.當我想要控制別人照我意思做時

　　若標示3或3以上則表示該情境對你的影響較大，這些情境可能較容易激起你的憤怒情緒。瞭解自己的憤怒引爆點是學習處理憤怒情緒的第一步。一旦知道引爆點後，每當該事件發生時你就要有所警覺，然後試著選擇使用最能幫助你處理憤怒情緒的技巧，久而久之，爆點會減少，也降低了傷人傷己的機率。

(二)為什麼憤怒？

　　「情緒是因，行為是果」，人是因為某些原因而憤怒，這是

屬於原因論的觀點，無形中當事人成為受害者，只是被動的行為反應；但是近年很夯的阿德勒心理學則以「目的論」來看情緒──「人能自己作主，發動情緒」，也認為情緒是可以掌握的（岩井俊憲，2017）。

　　小孩子的玩具被人拿去玩，他很可能會大聲吼叫或哭泣來表示憤怒，因為這對他而言就是失去一樣具有重要意義的物品，他想要維護自己的權益，所以他憤怒，至於大叫則可以引來父母的注意，讓父母來幫無助的他解決這場紛爭。青少年為了擺脫父母的干涉而不惜與父母爭執，憤怒對某些家庭來說幾乎是家常便飯，目的乃在青少年爭取對自己的控制權，希望自己是有力量的、可以自己作主；反之，父母則是想繼續支配子女，因而擔心或指導太多，忽略他已經不是小孩，一旦被小孩拒絕時父母也覺得受傷，看到的場景就是父母也動怒，想要用這樣的生氣來壓制青少年子女。

　　阿德勒心理學認為憤怒的目的有四：支配他人、獲得優勢的地位、維護權利，以及發揮正義感。得不到想要的事物或是關愛，有的人會以憤怒的方式來獲得。例如，小孩子發現大哭大叫的方式可以讓父母屈服，他就可以得到想要的東西或注意，日後便常常會再使用類似的方式來達成目的，極可能他到了成年依然用生氣的方式來達到支配他人的目的，摔東西、大聲咆哮其實都在述說著他需要注意與關愛，但事實卻是將別人越推越遠。有時候，憤怒是一種手段，藉著表現出生氣的樣子，使個人在表面上看起來地位較高，拉升了心理地位，可藉此重申權力、握有控制

權，或者希望使別人自責、產生內疚感，例如夫妻之間的口角常是如此，雙方因此僵持爭執。至於發揮正義感的極端例子「正義魔人」，則是基於強烈的信念而出來維護某些規則，雖然可能使秩序變好，但也要小心這些信念會不會過於「自以為是」，以及做法上是否合情合理。

究竟是無法控制憤怒？還是不想控制呢？從阿德勒心理學「目的論」的觀點，我們是為了達到某種目的而利用情緒，並不是被情緒推動、受它支配。「因果論」認為憤怒導致我們怒吼，「目的論」則認為我們為了怒吼才創造出憤怒。或許一時難以接受「目的論」的說法，試試看，說不定這樣的觀點可以讓你解構自己的情緒及行為，重新建構更符合你的目的與期望的未來。

(三)關於憤怒的迷思

我們都有過無法表達出情緒的時候，原因除了情境不適合、對象不適合之外，另外就是我們有某些特定的想法，導致我們對表達出憤怒有所顧忌。有哪些特定的信念或是迷思會導致此種情形呢？例如：

◆憤怒是不好的

從小家庭或學校教育灌輸我們生氣不好、不對，應該要「以和為貴」，因此壓抑、不允許我們表達出憤怒。而這樣的習慣養成，內化為我們價值觀的一部分，很難表達出憤怒，即使日後觀

念已修正,卻仍會擔心後果不堪設想,例如,朋友間常有「我如果對他生氣,他可能會不理我」的擔心。

◆怕傷害其他人

多數人總認為憤怒的殺傷力很大,擔心一旦表達出來是否會傷害到他人,因此有所顧忌。此想法可以使我們讓盛怒的氣焰降溫,調整我們表達憤怒的方式,此為其利。但是,當我們為了維護自己應有的權益,卻仍因擔心傷害他人而退縮或乾脆就不說,這種情形反而讓自己委屈或受傷,學著如何適當地表達憤怒是必要的。

◆怕被誤解

一般人普遍仍認為憤怒是不好的,因此怕破壞自己一貫的良好形象,使別人誤以為自己是易怒、脾氣不好、不好相處的人,所以個人對表達憤怒就出現矛盾的心理。其實生氣並不等於情緒化,「好好生氣」反而讓別人可以更瞭解你,人我界限更清楚,增加真實的親密感。

◆怕被拋棄

他的想法是:憤怒令人害怕、不舒服,所以若自己表達出憤怒,對方可能因為害怕而選擇與自己疏離或者拋棄。如此一來,因為害怕失去所愛、失去已經建立的人際關係,就不自覺地選擇壓抑憤怒,這樣的情形在情侶、夫妻之間最常見。

◆怕失去控制

如果我們平常個人的形象是很有力量的、很優秀的，對事情掌控得很好，那麼我們就會想要一直處於這樣的優勢地位。而憤怒的情緒卻可能使他人發現原來自己也有脆弱、失控的一面；憤怒也可能挑起對方情緒，使事情結果不可預料，當事人害怕失去控制便會否認或抑制憤怒。

◆怕承認脆弱

憤怒表示別人可以踩到我的痛處，傷害我，這樣呈現出脆弱之處的風險實在太大了，不知旁人會作何感想，因此他就會壓抑憤怒，以冷漠的面具掩飾如波濤般洶湧的怒潮。

日常生活中，我們多少都有上述這些「有氣說不出」的心情出現，你可能已經發現自己很習慣「憋氣」——憋住憤怒生悶氣，但是你可能不清楚是自己的特定信念影響你做這樣的決定，導致最後問題既沒獲得解決，而自己又被這些未處理的怒氣所干擾；反之，如果能夠瞭解自己決定不生氣的理由，身心狀況當可較平衡而和諧。

另一端的迷思則是「把氣發洩出來，才會過去」。小如出氣包，大至近年國內外都有的憤怒屋，究竟這樣打、捶、砸爛東西的方式來宣洩憤怒及壓力真的有幫助嗎？憤怒實驗的先驅——西蒙·法胥巴哈（Seymour Feshbach），在一群原本沒有攻擊性或破壞性的青少年身上研究宣洩的結果。他鼓勵這些男孩踢打家

具、玩暴力的遊戲，這些男孩都很高興地服從。結果這些行為沒有宣洩孩子的攻擊性，反而使這些男孩變得更有敵意、更具有破壞性。因為情緒很少是單一的，憤怒不只是憤怒而已，所以宣洩並不能「淨化」（catharsis）憤怒。後來不少研究也顯示，發洩怒氣只會使你更生氣（Travis, 1983）。如果宣洩時能有專業心理人員的陪伴，能夠和你好好討論，而不只是一個人在小房間裡亂砸一通，效果應該會比較好。

　　憤怒是因為害怕坦露出自己的脆弱而找來的盔甲，暫時保護了自己不再受傷；憤怒也像是一塊OK繃，雖然貼住了傷口，但若沒有處理，恐怕會潰爛。

三、羞愧感

　　小學時，我的功課還不錯，應該算是乖寶寶型。有一次，老師要收作業時，我轉身要拿才發現：竟然忘了背書包就去上學！結果，老師輕鬆的開了我一句玩笑話，全班同學都哈哈大笑，當時我雖然感到很不好意思，不敢抬起頭，但是並沒有太強烈丟臉的感覺，尷尬的笑笑就過了，那幾天上學前都更仔細的檢查是否帶齊學用品。現在想起來，如果當時老師狠狠的教訓我或是嘲諷我，我想，那樣的公開羞辱一定會讓我羞愧到無地自容，極可能從此討厭這個老師、討厭上學。

　　從小到大，哪一次出糗的經驗令你有無地自容、羞愧丟臉到

想要找個地洞鑽進去的感覺？而哪一次卻讓你覺得好像比較能輕鬆度過？為什麼同樣是出糗的經驗，帶來的情緒感受卻如此不同呢？當時，你的想法是什麼？現在的你知道：即使出糗，也不會變成世界末日；即使讓別人看到自己脆弱之處，不表示你就是沒有能力的人。日子依然繼續，地球依然轉動，我們學習到接受自己的不完美。然而，對有些人來說，羞愧感可能在這樣的經驗中苦苦糾纏他，因為「他不好」、「他錯了」、「能力差」、「沒價值」等等，反而困住他使他退縮裹足，或者以極端的方式來減輕羞愧感。

羞愧感（shame）被視為負向的情緒，甚至有人認為它是破壞力最大的情緒（黃小萍譯，2016）。它和罪惡感（guilt）如何區分呢？當我們的行為表現不正確、不符合社會道德規範時，因為自己所做的事或疏忽的事而覺得自己很糟糕，這是「罪惡感」；對自己是怎樣的人感到很糟糕則是「羞愧感」，未必違反任何價值。羞愧感通常伴隨著尷尬、受到屈辱或生氣的情緒，身體表現可能是退縮的、縮著肩膀垂著頭，希望別人沒注意到自己的存在，有時這樣複雜的情緒強度太大，令人坐立難安，甚至深陷自我厭惡。

專門研究羞愧的布芮尼‧布朗（Brené Brown）教授解釋，羞愧感是指一個人害怕如果自己不夠好，他就不會被接納與被愛；換言之，羞愧感讓人擔心被遺棄。由於羞愧心並非由人類內心自然激發出來，而是藉著父母、師長的糾正過程而產生，因此，羞

愧感被連結到是否符合社會規範、他人的感受或評價如何，而比較不是個人內在自省的情緒感受。2018年火熱的電視劇《你的孩子不是你的孩子》中，因為多數台灣父母是在「羞愧教育」下成長，劇中父母也多繼續用羞愧感來教下一代，他本身會有這樣的想法：如果孩子沒有好成績、沒有考上明星高中或頂尖大學，那會很丟臉，表示我沒能力、我不夠好、我做得不夠，我會被人看不起。而孩子在這樣的家庭教育下則被灌輸了「成績不夠好就是讓爸媽丟臉」，覺得「我讓爸媽失望了，我不夠好，我不值得被愛」，也養出了強烈的羞愧感。

父母或師長要小心過於在意別人的看法，只關注到行為對錯，而忽略了去理解孩子行為背後的意義。如在公眾場所鬧脾氣的孩子，父母常因覺得很丟臉，所以將受傷的心情也丟回給孩子，可能是言語的指責攻擊或是粗暴的行為，孩子因此也覺得自己不好，但未必學到較佳的表達方式。因此，父母師長要有足夠的敏感，注意在過程中，提醒自己應該懷著同理心，以健康、協助和尊重的態度來指正及陪伴孩子，中肯而具體的指出錯誤，並且仍能夠讓孩子感覺到被愛及有價值，才能發展出健康的羞愧心。教他的目的不是要損壞或降低他的自尊，而是要讓他學習如何改善行為。健康的罪惡感是「我做錯了」、「我的行為不太好」，提醒我們並非聖賢，犯錯是在所難免的事，只要能將錯誤改正過來。不健康的羞愧感則是「我是個錯誤」、「我是有問題的人」、「我不好」，是一種完全的自我否定。

學者馮涵棣（1999）經由長期觀察台灣中產階級的家庭，發

現羞愧感的教導仍是常被使用的教養策略，經由羞愧感的訓練使子女學習為自己的行為負責任及上進。若父母師長所用的是羞辱、恫嚇、不尊重或控制的方式來糾正孩子，評斷他，企圖使他成為他們想要的樣子，則孩子會覺得羞愧、感到自己一文不值，嚴重受傷且信心受打擊，此即不健康的、過重的、自恨式的羞愧感。不健康的羞愧感會造成以下影響（陳金定，2008）：

1. 自我攻擊：不斷透過自貶提醒自己的缺失，最後感覺自己的存在無價值。
2. 排斥自我：排斥主觀認定的負面自我，阻礙健康的自我認定而造成無法自我整合。
3. 自我分裂：內在分裂成敵對的不同自我，某一自我的表達會引起另一個自我的攻擊和羞辱，因此不論自我如何表現都會讓自己相當痛苦。

　　仔細想一想，對著我們指指點點評論，引發羞愧感的常常不是別人，正是自己，羞愧感重複說著「永遠不夠好」、「你以為你是誰啊」（Brown, 2013）。因為感覺自己很糟、像是毫無遮掩地呈現在別人面前，驅使個人以挑剔、批判的方式檢驗自己，以至於喪失自我功能。這樣不健康的羞愧感會讓人自我貶低，覺得自己無用、沒價值、不可愛，而這些感覺實在太痛苦了，為了維護自尊，麻痺感覺，個人會無意識的努力掩飾或抗拒，常見的反應如：惱羞成怒、盡其所能避免犯錯並追求完美、絕不向他人求助以免表現出自己的不足、對於困難的事可能採取拖延以求暫

時的舒服、推卸以轉嫁責任、追求權力來補償或隔絕羞愧感引發的自卑，或者表現出憤怒讓他人害怕與退讓，這樣錯在別人，他自己就是完美或正確的，也可以讓他逃避羞愧感。面對羞愧的感覺，比較具適應性的因應方式如幽默、對事不對人、承認自己的錯誤或不足（只需承受短暫的羞愧，但不會產生誇大的自貶），但長久之計則要建立自我價值感。

專欄4-2　羞愧與貶抑

羞愧，覺得自己不好，有時跟我們經歷過一些貶抑的話語有關，這些貶抑的話你是否耳熟能詳呢？

- 你就是個長不大的孩子。
- 你為什麼就不能像你兄弟／姐妹／朋友一樣？
- 你再哭，我就給你點顏色瞧瞧！
- 不要哭，羞羞臉。
- 你的問題就是你太懶了。
- 你沒有什麼值得稱讚的。
- 你太敏感了。
- 你做任何事情總是不開心。
- 你真是笨喔！
- 你真是丟臉。

其他＿＿＿＿＿＿＿＿＿＿＿＿＿＿＿＿＿＿＿＿＿＿

自我貶抑的覺察練習（awareness of self-invalidated）

1.成長過程中接受過上述哪些貶抑的訊息？你是不是對自己說
　過這些打擊自我的話？

　_____

　_____

2.何種請況下最容易引發自我貶抑或自我打擊？

　_____

　_____

3.描述你是否／如何忽略自己的感覺，想法和需求

　_____

　_____

4.描述你認為自我貶抑如何影響你對自我的感受和想法

　_____

　_____

5.改變那些令人沮喪的自我貶抑，你會增加哪些正向自我對
　話？

　_____

　_____

　　你有過上台報告的經驗嗎？在口頭報告時難免出些小狀況，好比發音不標準、講錯話或是忘詞等，這原本是無可厚非的錯誤，絕不影響個人存在的價值，可以幽默帶過就化解了。但是若引發過度的羞愧感，使人產生深切的自卑，便覺得自己一無是處，不只焦躁不安、臉紅心跳，更覺得大家好像都在看自己的一舉一動，等著自己出糗，而下一次要上台時就更緊張，或許想盡辦法不上台說話。有個真實案例，一位國中生因為生病請假，隔日到校後發現竟要考試，成績一向很好的他覺得如果考不好是一件很丟臉的事，於是作弊。沒想到作弊被老師抓到，感到羞愧萬分，又擔心要被記大過，一時想不開而輕生。

　　如果你察覺到自己似乎有過重的羞愧感，請將重心轉移到自我認識與調整，而不是去責怪過去父母、師長的教養方式上，因為怪罪他人只會消耗能量，讓你變得憤世嫉俗，於事無補。如果你發現自己在覺得丟臉時，常常很生氣、會說謊，或大吃大喝（飲食失調）、依賴物質等，而你對這樣的自己又覺得糟糕。此時，請先饒過自己，接納這樣的自己其來有自：這是出於正常的自我防衛，目的在讓你可以維持生活如常進行。傳統文化教養或約束的孩子是接受到較少讚美的，而許多諺語也都傳達讚美具有負面作用，因此孩子很少獲得讚美，因而也很難肯定自己的優點，無形中他人的鼓勵成為建立自信的來源。一旦他人不肯定自己時，很容易因為「非好即壞」的二分，將自己劃分為壞的、差勁的、不好的人，自然就會動怒，以說謊、否認、合理化等方式

來保護自己薄弱的自尊。

　　腦科學研究指出，羞恥感的最佳解藥就是慈悲心（compassion）。Beverly Engel（2015）以自我理解、自我寬恕、自我接納、自我仁慈和自我鼓勵這五個要素，作為「慈悲心治癒方案」的架構，特別是對有受虐經驗的人減少或消除羞愧感有效。因此，給自己多些包容，這些不成熟的、逃避的或自我麻痺的方法是過去的選擇，現在你可以學習面對它、超越它，用比較健康的方式來處理羞愧感。

　　分享或寫下自己羞愧的感覺，以今日之我照顧當時的自己，照顧內在小孩；別人的評價當作參考，不要照單全收太過在乎，要學習客觀自我評價，看清並珍視自己的能力，而不是只看到缺點或不如人的地方，一味將自己所作所為都貼上「很遜」、「很爛」、「我不配得」的標籤。現在，長大的你，覺得丟臉難堪時，也可以試著先冷靜下來，想一想：客觀的情況是不是真的有那麼糟糕，真的承受不住嗎？還是因為我們受傷了？深呼吸，相信自己：我們沒那麼脆弱，我們可以選擇停止以反擊來逃避羞愧感，也可以選擇停止內傷不繼續自責，經常被羞愧感籠罩的你，可以做自己。當「承認錯誤」或「接納不足」不再是那麼困難時，當能夠劃分清楚別人的批評或煩躁的態度可能是他的問題而與我無干時，當心理越來越強壯時，能欣賞自己並重建自尊時，我們的能量將可以獲得更充分的發揮與應用。

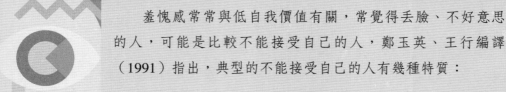

專欄4-3　羞愧感與自我價值

　　羞愧感常常與低自我價值有關，常覺得丟臉、不好意思的人，可能是比較不能接受自己的人，鄭玉英、王行編譯（1991）指出，典型的不能接受自己的人有幾種特質：

1. 常常忽略、拒絕，不願正視自己的家庭系統：我們是家庭系統的一員，時時受到家庭的影響，若家中有許多事件被我們故意遺忘或隱瞞，或是有一些家庭秘密存在時，就等於我們不承認家庭系統的某一部分，無形中也散發出一個訊息是「不要接納你自己」。

2. 矛盾於「成為獨特的自我」或「變成與其他人一樣」：有些人難以表達屬於自己的感受，或是很難直接說出自己的需要，他們無法經驗到自己的獨特性，因為他們拒絕和排斥自己的獨特性，以至於從來沒有發展出真正的自我。從小他們接受的訊息可能是「不要成為自己」，在權威教養之下失去自我。

3. 常常不能誠實地去面對自己的缺點，例如：自己的限制、軟弱、失敗、錯誤和罪惡：當這些缺點無法被接受時，整個人是被分割而無法統整的，很難真實地去經驗存在的事實，因為會變成只看正面，否認或忽視其他層面，堅持「一個人不能有任何缺點」只會更痛苦。

4. 忽略一生中必須經驗的「面對自己的孤單」、「與他人相處」、「參與社會」三種不同生活形式：有許多人不

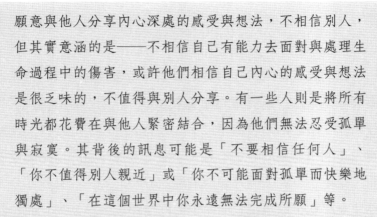

願意與他人分享內心深處的感受與想法，不相信別人，但其實意涵的是——不相信自己有能力去面對與處理生命過程中的傷害，或許他們相信自己內心的感受與想法是很乏味的，不值得與別人分享。有一些人則是將所有時光都花費在與他人緊密結合，因為他們無法忍受孤單與寂寞。其背後的訊息可能是「不要相信任何人」、「你不值得別人親近」或「你不可能面對孤單而快樂地獨處」、「在這個世界中你永遠無法完成所願」等。

5. 當一個人沒有辦法對自己坦承，不能接納自己某些部分時，便會導致價值感低落，而當一個人能接受自己家庭的任何事件，能完全尊敬自己的獨特性，並以接納的態度擁有缺點時，他也可能面對生命的孤單、他人的親密與對社會的參與，因而他具有高度自我價值感。所以，成就自我價值高低的因素其實是統整接納自我的每一個部分，創造自己的獨立人格，在我們生命中的所有經驗都是值得自己去珍視和接納的。

如同Satir所說：我是我自己，在這世界上沒有一個人完全像我。從我身上出來的每一點、每一滴，都那麼真實地代表我自己……我擁有我所有的勝利與成功。所有的失敗與錯誤。因為我擁有全部的我。因此我能和自己更熟悉、更親密……。

每個人都是很獨特的，生命可以不斷地成長與改變，但存在本身就有其價值喔！

結　語

　　我們擁有難以數計的情緒變化，而學者對情緒的分類方式尚莫衷一是。或說以情緒的感受來分類，能令人產生愉快感的便是好情緒，反之則為壞情緒。多數人將同意以下的說法：快樂、高興等正向情緒屬前者，憤怒、恐懼、羞愧等負向情緒屬後者。然而，免不了有許多例外無法適用此分類方式，況且此區分方式容易使人誤解，以為正向情緒等於好情緒，多多益善；而負向情緒便等於壞情緒，如果有負向的情緒出現就代表此人還不夠成熟或者生活適應力較差，附加這類充滿貶抑的價值於上，第三章與第四章介紹多種情緒，包括焦慮、憂鬱、哀傷、嫉妒、憤怒、羞愧感，不管哪種情緒，重要的是情緒並無好壞或對錯，「事出必有因」，情緒必然是反映出內心狀態，或是因為外在某些因素觸動心弦使然。首要之務在於覺察自己當下的情緒狀態，因為想要感覺好一些（feel better）就要感覺多一些（feel more），仔細去感受使自己清楚情緒的來龍去脈，才能進一步設想因應之道，而不是逃避或二分法「非黑即白」的方式去評斷情緒。不論我們如何將這些情緒分類，每種情緒對人生都有正面的意義，只是看個人是否真正體驗、感受，將情緒蘊含的能量轉換為具有提升自我成長與自我價值感的形式表現出來。

問題與討論

1.舉一例說明自己成功處理憤怒情緒的經驗。

2.布芮尼・布朗（Brené Brown）是一位知名學者暨暢銷書作家，致力於研究人類心靈的脆弱性、價值感、勇氣及羞愧感。請自行上網觀賞2012她受邀在TED Conferences的演講，並與同學分享你的心得感想。

Chapter

5

情緒管理三部曲

小丁與女友分手後常覺得情緒低落，無精打采，想到過去美好的回憶有時就覺得氣結，不知道前任現在在做什麼？常常不自覺搜尋她的行蹤、想著會分手一定是因為第三者、要不就是對她斷然分手時的無情感到生氣、有時又會認為自己一定是哪裡不好，所以才會分手，掉入自責的漩渦中……，大丙勸他要振作，為了男性的尊嚴，可別讓對方看扁，他也想要這樣但是又覺得好累……

*　　　　*　　　　*

小玲與男友分手時，難過了好一陣子，常找朋友傾訴，或是找朋友陪她出去逛逛，在同學鼓勵下一起去當志工，或是重新開始以前喜歡的拼圖，一些「小確幸」（日文漢字的直接翻譯，意指生活中微小但確切的幸福）也讓生活漸漸有所不同。雖然想到曾經擁有的美好回憶難免悵然，有時也會思考這段感情帶給自己的究竟是什麼？小玲慢慢接受事實，接受目前自己的狀態，雖然辛苦但也開始思考要怎樣過得好，就像潮落後也會潮起，重新掌握自己的生活。

由上述可知，一個人對於生活是否有幸福的感覺，並不是在於所遇到負面情緒的多或寡，而在於是否能有效地因應。如果在遇到負面情緒時，能先接納，並且有機會直接且有效地感受與因應，就比較能感受到自己，能瞭解自己的狀態，情緒就能夠走完

該走的歷程，自己也較自在心安，而讓彼此有更真心的交流，事情可以更彈性處理。真正會造成問題的並不在情緒本身，而在於對情緒的感受以及因應方式，如果能以適當的方式、在適當的情境、表達適度的情緒，就是健康的情緒管理之道。本章介紹我們在因應情緒時的心理防衛機制、上癮行為以及情緒管理三部曲。

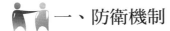一、防衛機制

前兩章中我們介紹了許多生活中常出現的情緒，包括憂鬱、焦慮、哀傷、嫉妒、憤怒、羞愧感，這些情緒雖然有其正面的功能，但由於多數時候它們所帶來的是不舒服的感受，常引發個人內在的焦慮，使個人的心理狀態失去平衡，所以很多人避之唯恐不及，想辦法逃避或是對抗這些情緒，例如，裝作沒事、找個理由安慰自己、將錯誤歸咎於他人、從事別的活動以轉移注意力等。在佛洛依德假設的數種防衛機制中，我們很少只用其中一種，而是同時使用好幾種方法來對抗真實的情緒，以下面小櫻的例子來說明。

> 在迎新舞會中，小櫻看到自己心儀的學長走向自己，一顆心不禁噗通噗通地愈跳愈快，她覺得自己的額頭和手好像都開始冒汗，擔心學長會發現她的糗態，小櫻努力克制自己雀躍的情緒，告訴自己「冷靜、冷靜」，但是又突然閃過一個可怕的念頭：「萬一學長不是要邀請自

己跳舞，而是另有他人呢？自己不就自作多情了？如果真是那樣就太丟臉了！」她趕緊回頭看了看周遭，再看看愈來愈近的學長，才比較肯定一些，小櫻連忙偷偷深呼吸，不忘在臉上掛著淺淺的微笑，希望留給學長一個好印象。故事再發展下去可能是：小櫻因為太緊張、焦慮程度太高，所以拒絕學長邀舞，因為她太過擔心自己等一下會表現不好，顏面掃地；或者她可能壓下緊張，幽自己一默「頂多就是踩到腳」。

不論她如何面對，在潛意識中只有一個目的：減輕焦慮所帶來的不適，並保持個人的自尊與價值感免於受傷。你或許笑她傻，換成是你，會如何處理當下複雜的情緒呢？

不論是基於生存的理由，或者基於人類趨樂避苦的原則，防衛機制的確在生活中某些時刻扮演重要的角色，但是防衛機制也是人類行為中最被忽視的動力。事實上，我們在很小的時候就學會了防衛，例如，打破花瓶的小孩可能在父母親詢問時說謊，因為他知道被處罰的痛。其實防衛機制並無所謂好、壞，它也有存在的功能與價值，強調人際關係模式的心理學家就認為，防衛是保護內在「真實自我」（authentic self）的盾牌，對個人發展而言是絕對必要的。恰如其分地運用防衛機制是很重要的一件事，但若是固著於某一防衛機制，一味逃避現實而導致適應不良，反而影響個人功能的發揮及生活。防衛機制各有特點，但它們之間有兩個共通的特徵：否認或扭曲現實，以及在潛意識運作，也因此

常是治標不治本，且剝奪了個人學習更成熟的因應之道的機會。
如果個人所使用的防衛方式中，能有較多成熟的防衛方式，或者
能保有彈性，就愈能在工作、人際關係上有良好的生活適應。以
下簡介幾種常見的防衛機制。

(一)壓抑

　　摯愛或親人的去世，我們很難在短時間內撫平心中的悲傷，
但是現實環境又逼迫我們必須回復正常作息，上課或工作場合並
不允許我們脆弱，於是有人就會過度投入工作，讓忙碌的作息
來使自己忘記這種悲傷的情緒，將悲傷深深埋藏在深處。壓抑
（repression）所指的就是這種無意識地、自然地把引起焦慮的事
物、痛苦或不舒服的東西從意識中去除的動作。

　　另一常見的情形莫過於壓抑憤怒。某些情境中，憤怒的情緒
無法對著當事人發作，只好將怒氣嚥下去，事後也無任何化解方
式。我們的部分能量已經消耗在壓制住怒氣，愈壓抑便得花費愈
多的精力來控制這頭難以駕馭的猛獸，愈壓抑，恐怕那最後一根
稻草將破壞看似美好的表象。相反地，如果我們能在事後花些時
間與自己的情緒共處，如同安撫受傷的孩子，這頭憤怒的猛獸才
能夠變得溫馴，得以被自己駕馭。

　　壓抑可以操控我們對情境或對人的記憶，操控我們對現況的
知覺，甚至影響身體的生理功能，許多消化器官或心臟血管的毛
病就是因此而來，所以在生活中不妨留些獨處的時刻，允許自己

去碰觸可能被壓抑的悲傷、憤怒或焦慮等，如果能藉此經驗到真實的情緒，也可以釋放一些能量，使自己較輕鬆些。

(二)投射

投射（projection）意指將錯誤、不被接受的衝動、想法或欲望歸究到他人身上。例如，「我不討厭他，是他討厭我吧」、「我才沒有生氣，生氣的人是你！」；或是先生譴責妻子不夠勤快是造成婚姻出現危機的原因，卻無法看到自己在婚姻中夜夜晚歸等不適當的行為模式；或者你有嚴格的父親，不容許你流露出軟弱，其實是因為他不能接受自己是軟弱的，這些都是「投射」。投射使我們無法看到真相，因此採取攻擊別人使我們得以為自己「脫罪」，因而不需承擔任何責任；投射也使我們不需要經驗任何情緒，尤其是可能帶來痛苦的情緒，如生氣、無助、罪惡感、羞愧等。然而，在維護了自己完美的形象或自尊時，我們終究得付出某些慘痛的代價，因為只將矛頭指向他人，不止喪失了個人成長的機會，更等於是斷絕任何雙向溝通的機會，無助於提升彼此關係的品質。

(三)否認

在因應不愉快的情緒時，我們也常會採取「否認」的態度，以減輕現實對我們所造成的威脅，常見的情形如否認我們對他人

生氣的情緒，如此一來便可以使彼此的關係不會因憤怒而破裂，維持了友誼。其他如否認自己有難過的情緒、否認已經失業而帶著公事包出門，以維持堅強有力的形象，使自我價值感免於受到傷害；孩子猝逝的父母，藉著保持孩子的房間不去改變，而持續地否認他們失去了這個孩子。由此可知，否認所指即是：不承認現實中有威脅的部分，或是否認創傷事件曾經發生過。許多時候我們會以否認來處理自己的情緒，原因是我們習慣將事情的結果誇大、災難化，以為若承認事實就是世界末日、就會完蛋，不僅破壞人際和諧，還會使一切結果更糟，這樣的想法是我們不斷地否認的主因之一。然而，長此下去只怕變成「縮頭烏龜」，永遠逃避面對真相，否認愈久、否認愈多，無謂的擔心與害怕就會造成愈多的障礙，限制住我們的自由。有時生活需要冒險才能有所成長，不是嗎？

(四)合理化

　　用一種個人和社會所能接受的方式來解釋自己的所作所為，對自己的威脅便可以減少，這便是對行為的合理化（rationalization），包含酸葡萄、甜檸檬心理。例如，嚴格管教子女的父母相信自己所做的都是為了子女好，有時可能過度管教；丟掉工作的人可能合理化「反正這個工作也不是好差事」；面試沒通過時，合理化為「反正我不想要這個工作，所以才沒有努力爭取」；被當掉卻認為是教授不用心，看不懂自己寫的報

告。同樣的道理，我們也會將自己的情緒合理化，尤其是為不適當的情緒表達方式找到藉口，使一切看似合理。例如，我沒有亂打人亂生氣，我生氣是他害的，誰叫他不公平！當事人為了降低焦慮維護自尊，不自覺找了一堆理由為自己辯解，阻絕了通往真相之道，久而久之，便成為習慣的行為模式，這種含有自欺意味的防衛機制對增進自我瞭解與對情緒管理並無幫助，也會影響人際互動，畢竟沒有人喜歡和藉口一堆的人往來。

(五)理性化

繁忙的工商業社會中，我們對於冷靜的人、不容易有情緒的人較為推崇，因為在某種層面上，這代表著效率、品質，這也使人們愈來愈傾向以思考代替體驗，過分注意抽象的理論，此即「理性化」（intellectualization）。以「理性化」的方式來面對個人的情緒，便可以不碰觸到內心真實的感受，很容易的就將情緒隱藏在理性的分析與邏輯之下，而我們對人、對己的敏感度也愈來愈不敏銳。最明顯的例子是，當身邊的朋友因悲傷而哭泣時，我們會不自覺地以專家的身分出現，為他分析狀況、解釋、給建議，使他遠離了真實的情緒。面對情緒時，理性化可能是當下最佳的處方，不僅使我們能夠做出最佳的決定，也不會危害雙方的關係，但是與其他防衛機制一樣，過度依賴及運用則會使我們蒙受其弊，愈活愈沒人味。

(六)替代

　　替代（displacement）意指將本我衝動由一個具威脅性的對象或不可獲得的對象上，轉移到一個較安全或是可獲得的對象上。例如，被父母責罵的孩子，想表達自己的怒意卻又怕遭受懲罰，便可能會移置攻擊性到其他事物上，如寵物、玩具等。這是我們在處理情緒遭受阻礙時，很本能的一種行為反應，太過憤怒、太過悲傷、太過羞愧等，都可能使我們遭受無法負荷的心理壓力，必須馬上找到出口、釋放壓力，於是遷怒、殃及無辜的情形就出現了。

(七)補償

　　當一個人在某方面受挫時，他可能採取其他方式來彌補自己原有的缺陷，以減少自己不舒服的感覺。有些人在被同學排擠、無法得到認同或建立關係時，把焦點轉向讀書或專長的項目，他想透過成績來證明自己，以後出人頭地讓他欺負他的同學到羞愧等。這樣的防衛方式若發揮作用，則可讓他逃避掉當時人際上的壓力與不舒服，而沒有直接面對問題可能是因為太沉重、可能因為當時還沒準備好要面對、可能試過但沒有成功，但在這個例子中「補償」可說是當時一個很有積極建設性的防衛機制，日後他若能在人際關係有進一步的探索及發現，擴充出不同的因應方式，自然也就更有彈性因應人際壓力而不致出問題。

(八)昇華

　　昇華（sublimation）是指將受挫的動機以社會認可的方式來提升表達，亦即改變本我的衝動，轉向其他管道釋放。心理學大師佛洛依德就認為昇華和幽默都是成熟的防衛機制，其中昇華具有表達深沉渴望的功能，形式包括繪畫、戲劇、音樂、信仰、政治抱負等。因此，自戀的需求可能經由成為舞台演員而得到滿足，融入於角色中，達到忘我的境界；攻擊的衝動可能以運動和比賽的方式表達，因為投入於拳擊、跑步、籃球等任何運動或比賽中，個人的能量有了健康而正確的出口，情緒也因而較為和緩；悲傷的情緒得以藝術的形式呈現，在繪畫或歌唱等活動中找到共鳴，抒解情緒。心理治療中的藝術治療、音樂治療、舞蹈治療，或其他一些藉由身體、肢體的潛能開發而達到治療目的之活動，部分理論基礎就是藉由這些活動可以引導人們放鬆控制，進而釋放壓抑或晦暗不明的能量與衝動，協助人們自我瞭解。

　　通常心理強度（psychological strength）較低的人常會使用防衛以逃避現實的威脅，免於被過高的焦慮困擾，而擁有足夠心理強度的人比較可以允許自己面對較大的威脅。防衛機制在潛意識中是為保護個人，免於受到傷害或被過多的焦慮等負向情緒襲倒，喪失價值感。但是，正因為它是潛意識地否認或扭曲現實，這樣一來，我們就不知道真實是什麼，無法真正去感受它。被我們隱藏的情緒或其他部分並不會真正消失，好比用紙要包住火是

不可能的，所以如果被扭曲的部分沒有被明瞭並且加以疏導，不只問題沒解決，個人的情緒難以釋放，而且還會消耗成長所需的心理能量。健康的人格並不是完全沒有防衛，但是若個人過度使用不成熟的防衛機制，成為一種僵化沒彈性的反應模式時，便無法真正體會所產生的情緒，或者無法改進不適當的情緒因應模式，因而干擾個人適應及生活。

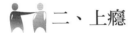 二、上癮

> 阿彬覺得這陣子在各方面好像都不太順利，工作業績不如預期，和女朋友的關係也跟著不穩定，結婚的事不得不一再拖延，爸爸最近的身體又不太好，這麼多事搞得他焦頭爛額，玩線上遊戲的時間越來越長……玩累了就去睡覺，忘記時間、把這些擾人的事拋在一旁。

不適當的情緒管理除了僵化或過度運用防衛機制之外，還包括上癮行為。上癮是「一個人無法控制對某件事物的欲望或依賴」。物質上癮是一個人經常過度、強迫地使用某些物質，如酒精、毒品等，其程度足以傷害到個人健康，影響社會和職業適應。相對於物質上癮，有些學者也將非物質依賴的行為歸類成「行為類上癮」，這些行為通常是漸進式的，久了才上癮，例如，工作狂、性愛上癮、吃上癮、賭博上癮、暴力上癮、色情

等，都算是強迫性上癮行為。

　　從上述阿彬的例子中，我們可以明白不論是上癮或是耽溺於某些事物，它們都在我們的情緒變得冷漠、麻木或是低潮時，為我們帶來舒服、愉快的感覺，讓我們感覺到自己還活著；另一方面，藉著耽溺於這些事物也可以免除憂鬱和失落感、寂寞和孤獨感，使我們不需面對真實的痛苦，因而也就察覺不到任何與傷害有關的情緒。偶爾這樣做並不會上癮，但是時間過長（時間）或經常如此（次數），就可能上癮，以致於日後只要有空虛、痛苦、憂鬱等不舒服的情緒，自然就再度以藥物、酒精或耽溺性的行為來逃避這種痛苦的感受。然而，這麼做的同時也消耗了個人的許多能量，剩餘的有限能量使我們個人的選擇權與自主性減少，終究不是長久之計。

　　上癮因素包括遺傳、體質、社會文化，以及心理和人格的因素，其中心理及人格因素可以使我們略窺情緒與上癮行為的關係，瞭解藥物或物質對上癮者的意義為何。麥道格（McDougall, 1984）認為，藥物的使用是一種防衛性的逃避，用來處理最原始、強烈、尚無法用言語表達的未分化的情緒。例如，使用興奮劑（如安非他命），可用來壓抑自卑，膨脹自我；使用鎮靜劑與麻醉劑的人則是為了要忘卻空虛與痛苦。有時酒和藥物是為了滿足自己的情感需求，上癮的人乃是由於內在衝突很大，造成個體自我調節混亂，影響情感生活、自尊、自我照顧的能力及人我的關係。人類都有喜歡「感覺良好」的天性。藥物帶來過量的「感覺美好」的訊息，會藉由交感神經傳到大腦，所產生的多巴胺遠

比任何自然產生的多好幾倍，因此服用毒品的青少年會「感覺特別美好」，網路遊戲也一樣，藉著虛擬格鬥、殺敵作戰帶來的快感，是真實世界無法提供的。這種藉由藥物或網路製造大量的「快樂感覺」，讓青少年一旦停止嗑藥或上網後，任何好吃的好玩的事物、被人讚美的感覺等任何生活中的樂趣，都無法滿足大腦的需求，因為神經系統已被藥物所破壞，滿足感也已被扭曲。

在這個時代，網路已不可或缺，也有許多正面功能，端看使用者如何使用，有研究還指出，電腦或網路可以成為大學生脫離家庭、建立自我認同，以及發展和他人之間親密關係的溝通工具（Kandell, 1998）。最令人憂心的莫過於對網路的沉迷與上癮，網路沉迷是指每週上網超過四十小時以上，並忽略了真實生活中的活動與社交（King, 1996）。哈佛大學醫學院成癮研究中心主任Shaffer（1996）稱電腦是心智興奮劑（psycho-stimulant），美國匹茲堡大學心理系教授Young（2004）並表示，個體為逃避現實生活壓力及其所衍生的挫敗感，很容易因為網路的虛擬性、即時性、匿名性等工具性特色，選擇沉溺於網路世界，藉以宣洩現實生活中的不適或尋求滿足。以拒學為例，包含了至少兩群不同樣貌的人，一種是沉迷遊戲才拒學，另一種是拒學後無聊才發展出沉迷遊戲。

對網路成癮的診斷尚無定論，2018年1月世界衛生組織正式將網路遊戲成癮症（Gaming Disorder）列為精神疾病，台灣衛福部也已跟進，但全球精神醫學界對此並無共識。根據世衛網站的資訊，包括打線上遊戲（digital-gaming）或電玩（video-

gaming）的行為，連續長達十二個月以上，已嚴重影響個人生活、家庭關係、學習和工作等，並危及身心健康者，就可被診斷為網路遊戲成癮症。但是這樣的定義太過簡化，它未列出成癮最重要的兩大條件：耐受性和戒斷症狀。否則培育的電競選手都成了網路成癮者？成癮症狀的耐受性是指，用同樣時間打電玩，但快樂感卻逐漸下降，以致要花更多時間玩，才能讓大腦感覺快樂，代表主掌情緒中樞的大腦前額葉、杏仁核、海馬迴等部位已受損。戒斷症狀，則是不打遊戲就會出現躁動、焦慮、憂鬱、不安等情緒障礙，嚴重者可能出現暴力相向或自殺傾向。

　　因為線上遊戲的普及性，研究「遊戲玩家的情緒」成為傳播及心理學中針對遊戲研究的重點，尤其是以玩遊戲後的敵對感、侵略性想法及行為的主題，占了遊戲研究中非常高的比例。研究證實，「沮喪」是導致遊戲後敵意或生氣的重要因素之一。例如往遊戲目標前進途中遇到的阻礙越多，沮喪程度越高，也越容易引起負面情緒（林日璇，2016），如氣憤、難過，或更加努力，或離開遊戲。國內也有針對線上遊戲玩家的情緒表達與人際關係做研究（陳韻妃，2016），可見線上遊戲或網路成癮等已然使情緒隨之起伏，甚至下線後的生活受影響，從多數同學曾因為使用手機或線上遊戲而與家人不愉快也可見一斑。如何有自覺不讓遊戲時的負向情緒干擾，不讓遊戲降低個人生活品質或影響人際關係，也是需要留心之處，畢竟是你玩遊戲，不是遊戲在玩你。

　　不論是物質上癮或網路沉迷與成癮，都反應出使用者其實在現實生活遇到問題與困擾。以物質或虛擬世界作為逃避之所，雖

然一時為自己帶來快樂或解決情緒困擾，但這是一條不歸路，回到真實世界更會陷入孤寂，感到更茫然與空虛，此外亦危害身體健康，破壞親子與人際關係，大大影響生活品質。若不想如此，因應之道第一步：面對事實。對自己耽溺的行為保持警覺，能自我覺察是否過度依賴某些物質或網路，是不是正用著不健康的上癮方式滿足著自己的需求，逃避著問題？回到真實世界，其他可以做的處置如：求助他人或專業人士、拓展人際關係或從事多元休閒活動、做好時間管理及抒壓，才是長久且明智之舉。

專欄5-1　網路成癮量表

美國匹茲堡大學Kimberly S. Young（1996）的網路成癮評量表（IAT）可以作為自我檢測的工具，僅取部分題目如下供參考；國內另有台灣大學心理學系陳淑惠教授編製的網路成癮量表（CIAS）。

1.你會發現上網時間超過原先預計的時間嗎？

2.你會放下該完成或執行的事而將時間用來上網嗎？

3.你對上網的興奮感或期待遠勝於其他人際互動嗎？

4.你會在網路上結交新朋友嗎？

5.你會因為上網而被他人抱怨或指責嗎？

6.你會因為上網而上學或上班遲到早退或缺勤嗎？

7.你會不自主的檢查電子郵件信箱嗎？

8.你會因為上網而使工作表現失常或成績退步嗎？

9.當有人問你上網做些什麼時，會有所防衛或隱瞞嗎？

10.你會上網尋求情感支持或社交慰藉嗎？

11.你會迫不及待的提前上網或一有機會就上網嗎？

12.你會覺得少了網路，人生是黑白的嗎？

13.若有人在你上網時打擾你，你會憤怒嗎？

14.你會因為上網而犧牲晚上的睡眠嗎？

15.你會在離線時仍然對網路活動的內容念念不忘嗎？

16.當你上網時會一再延長自己上網的時間嗎？

17.你曾嘗試縮減上網時間或不上網卻失敗的經驗嗎？

18.你會試著隱瞞自己的上網時數嗎？

19.你會選擇把時間花在網路上而不想出門嗎？

20.你會因為沒上網而心情鬱悶、易怒或心神不寧嗎？

　　根據上述評量表，將每題分數相加（幾乎不會1分、偶爾
2分、常常3分、幾乎常常4分、總是如此5分），所得的總分
就是「網路偏好指數」。分數之結果分析如下：

1.正常級（20～49分）：屬於正常的上網行為，雖然有時
　候會花了些時間在網路上消磨，但還有自我控制的能
　力。

2.預警級（50～79分）：正遭遇到因網路而引起的問題，
　雖然並非到了積重難返的地步，還是應該正視網路帶來
　的人生衝擊。要有警覺，並改變上網習慣！

3.危險級（80～100分）：網路使用情形已成為嚴重的生活問題，應該評估網路帶來的影響，並且找出病態性網路使用的根源。或許已經成為成癮者，恐怕需要很強的自制力才能回覆常態。建議趕快找專家協助。

　　其他相關研究供參考：男大學生比女大學生更有網路成癮傾向（蕭銘均，1998；楊佳幸，2001；徐西森、連廷嘉，2001）；成癮高危險群平均年齡二十一歲，集中於大二至大三，高危險群每週使用網路時數的中位數落在二十至二十五小時（蕭銘均，1998）。另一以南部地區一千一百九十九名青少年學生的調查研究，發現網路沉迷高危險群在人格、生活適應及心理需求上和一般青少年明顯不同；男性比女性更容易網路沉迷；而心理需求的滿足是青少年上網的最大動機等結果（陳冠名，2004）。

三、情緒管理三部曲

　　你通常怎麼處理你的情緒呢？有些人在面對情緒時，是完全「跟著感覺走」，不想面對只求「爽」，影響層面小一點的包括個人心情的不愉快、生活功能受到限制；影響層面廣泛一點的包括人際關係出現問題，嚴重可能因一時衝動，做出不計後果的舉動，造成生命財產的損失而後悔莫及。另外，有些人則是對負面

情緒感到害怕、恐懼、擔心，於是極力壓抑、控制自己的情緒，假裝沒事；有的認為情緒是非理性的，所以一個理性、成熟的人不應該表現出自己的情緒，他們告訴自己「要理性」、「要控制情緒」、「我不應該焦慮」、「我不應該沮喪，沮喪只會侵蝕我的鬥志」、「我不能生氣，生氣代表我是一個不能把情緒管理好的人」。但是沒有表達出情緒，並不表示沒有情緒，所以原本被引發的情緒仍會間接地影響自己或者人際關係等。一味地否認、壓抑或控制負面情緒，我們將失去適當地反應真實情緒的能力，也將無法真實感受到快樂等正向情緒。

有效的情緒管理，提醒自己「先暫停」，這不是壓抑或控制，而是在當下給自己多些時間來感受及做出較好的選擇，接著透過覺察情緒，允許自己可以有情緒，然後透過適當的方法加以表達或抒解，或是暫停當時不宜的情緒再思考下一步怎麼做，請記住自己最終的目的或期望是什麼。管理情緒的方法彷彿一組三部曲，始於覺察，終於自我悅納及人我和諧。情緒管理三部曲：What-Why-How，亦即分為情緒覺察與接納、理解情緒、情緒抒發與管理，以下分別說明之：

(一)首部曲：WHAT？

情緒接納與覺察——我怎麼了？我現在有什麼情緒？並且接納它！

要成為情緒的主人，很重要的是對於情緒的態度必須是允許

它存在、接納它。這樣的接納和允許，其實就會讓我們釋放了一部分情緒，免於讓自己陷入受害者的角色或者漫無邊際的歸咎自己；因為接受真實的自己，反而可以用有效的方式來面對或忍受無法改變的事實，正如華盛頓大學著名的心理學教授Linehan，在其1993年創立的辯證行為治療（DBT）中強調「接納」可以促使改變，「接受，是地獄唯一的出口」。譬如：輪到要上台報告或演講，這常讓人感到緊張、焦慮，怕自己表現不好、忘詞。如果這時我們允許、接納自己在這種情況下可以緊張、焦慮，「這是正常的情形，多數人都有這樣的經驗」，因此不刻意去壓抑或否定它（我不能緊張），並能照顧到自己的緊張和焦慮情緒，做些深呼吸或暫時轉移注意力放鬆等等，情緒就會舒緩一些，甚至上台之後跟台下的聽眾自我揭露或調侃：「要上台報告，我感到蠻緊張的」。當我們接納了自己的情緒，別人也容易接納我們的情緒，彼此建立支持和信賴的關係之後，就會降低我們的焦慮，不再那麼緊張，此時，我們也比較能夠將注意力和能量放在報告或演講的內容上，才能吸引聽眾。

其次，我們應該對自己的情緒負責，面對它，和它好好相處。逃避情緒責任的人常好像事情與他無關，例如，脾氣暴躁的人常說：「我就是沒有辦法控制我的脾氣。」事實上，他真的想法是：「其實我不想控制我的脾氣。」一個神經兮兮的人常說：「我不能不戒慎恐懼。」而不會說：「我不想放棄戒慎恐懼。」是「不想」？還是「不能」？「偽裝」、「假裝沒事」則是逃避情緒，例如，好友凡事喜歡管你、指揮你，你心裡明明很生氣，

卻仍裝出一副和顏悅色的樣子，因為你害怕和他產生衝突，你想避免兩人間的關係衝突，因而忽略了情緒給你的訊號。

前面章節已說明情緒辨識的重要，也說明原始情緒、次級情緒、工具式情緒以及學習來的不適應情緒。不會辨識情緒當然就可能解讀錯誤或不會解讀，「白目」的狀況可能就會發生。情緒管理關鍵的第一步——就是辨識並覺察自己的情緒。情緒覺察是指當情緒產生時，個體能藉由身體反應、心理感受，或對感受的思考，來發覺自己產生了何種情緒。情緒沒有好壞之分，不論處在何種情緒，先暫停一下，把注意力從外在拉回，觀照內在，這是很重要的關鍵一步。捫心自問：我，怎麼了？我現在的感覺是……，有時也能從身體訊息協助辨識，如心跳、呼吸、胃痛等等，讓原本晦暗不清的情緒得以現出原形。例如你感受到別人對你的期望，很有壓力。你可以看看自己怎麼了？包含生理層面的覺察，如心跳加快，我覺得肩膀緊緊的、或我覺得很開心；行為層面的覺察，如想走開、想罵人、有點坐不住；情緒層面的覺察，籠統的描述如好煩、特定的描述如覺得緊張、覺得傷心。注意，焦點放在「我」怎麼了？才不會失焦，變成指責對方「你」怎樣怎樣、「他」如何又如何？雖說「我」的情緒可能是彼此互動的產物，但若還弄不清楚自己的狀況，又遑論弄清楚對方怎麼了呢？

心理學家榮格曾經說過：「你沒有覺察到的事，就會變成你的命運。」愈仔細的覺察與觀照愈佳，而經過覺察的情緒，才能

浮上檯面，得以進一步處理，當情緒不再如洪水猛獸率性妄為時，我們才有辦法為自己的情緒負責。覺察之後就接納自己的情緒，別變成自責或又衍生出羞愧等情緒。「我很生氣，我覺得自己被耍了」、「我很無力，不知道還可以怎麼做？我怎麼這麼沒用」，允許自己可以出現這些情緒及想法，沒有自責、沒有自我貶抑，就是與自己真實的感受同在，先接納情緒、安頓好個人的身心才有辦法處理事情。不是每一次都有人可以立即聲援或幫忙，自己要練習「接住」自己，接住那些脆弱、難過、悔恨……。

　　由於我們的教育方式過於強調智育的發展，我們一直把注意力集中在外在知識和資訊的追求上，使得情緒感受能力發展遲滯、受到忽略，許多人很少去觀照自己的感覺，也無法清楚說出自己的感覺，甚至當我們問：「你現在有什麼感覺？」很多人是用大腦在想：我現在「應該」有什麼感覺？並不是用感官與心去感受。另外，有時則是我們刻意要避免去覺察某些負向的情緒，或是想否定某些痛苦的、不想要的情緒，如此一來，我們的覺察力就會漸漸封閉，變得比較麻木、遲鈍。如果我們無法覺察自己內心的情緒，尤其是負向的情緒，通常會把注意力放在外在的人事物，因此易受外在環境的影響，常有直接或相當衝動的情緒化反應方式。譬如社會新聞中「夫妻因爭吵而殺人、自殺、同歸於盡」、「男生或女生因爭風吃醋而聚眾打架、械鬥」、「學生因不滿管教，離家出走、自殺等」、「朋友間口角而持刀」……這

些社會事件在在反映出無法覺察情緒的人，因為情緒沒有被照顧
到、沒有出口，常因一時的情緒衝動或情緒太滿，而做出無法預
測、無法挽回的行為。

　　情緒需要花一些時間覺察與分辨，有時不是只有表現情緒，
背後可能還有其他情緒也在影響我們，例如因為心中所期望的或
是想做的事是被禁止的，因而感到憤怒，生氣痛恨那些阻撓或是
反對的人，而這樣的感覺又令自己矛盾、痛苦，隨之而來的便是
因為瞭解自己違反某些父母的、社會的規則而產生的罪惡感。
Teyber和Teyber（2010）提出兩種常見的情緒組型，這個觀點也
可幫助我們進一步覺察與分辨我們內在的情緒感受。第一種情緒
組型是「生氣—悲傷—羞恥」，想像一座情緒的冰山，水面上露
出來的憤怒，底下有真的原始情緒——悲傷及羞恥。表面所見並
不是核心感受，不是原始情緒，而是一種次級情緒。如果只針對
憤怒去處理，安撫或勸告，經常事倍功半或是經常舊事演。被他
人背叛、覺得不公平，感到怒火中燒時，這樣的憤怒底下真正的
情緒是傷心、難堪的或是被羞辱的感覺，但因為這些原始的悲傷
或羞愧情緒常常無法很快被察覺，於是就轉換成憤怒這類的次級
情緒，表現出來可能是攻擊、暴跳如雷、報復、哭泣、鬱悶等，
常具有破壞性，但對問題解決無實質幫助。對個人而言，感受到
隱藏在「憤怒」底下原始的受傷感，意味著「我真的很脆弱、我
好沒用、對方真的傷到我了、對方贏了」等等，因而產生自我貶
抑、丟臉羞愧的感覺，或者會自責「我怎麼可以這樣就生氣、傷

心呢？我讓家人朋友失望了」而產生罪惡感。對有些人而言，這樣受傷脆弱的感覺還有另一層涵義，代表著「別人會看到真正的我，他們可能因為我的脆弱而離去，我會變得孤單空虛」，由於擔心被遺棄及孤立而引來內心無限焦慮，個人也就防衛地採取憤怒作為反應方式，甚至有暴力行為，以避免與自己真實的感受接觸。在這個組型中，悲傷或羞愧的感覺才是最需要被照顧到的部分。

　　還有另一種常見的情緒組型則是「悲傷—生氣—罪惡」。用悲傷、無助或沮喪的情緒替代氣憤，會這樣常常是為了避免人際衝突以及緊繃的關係，因而不願意經驗及表達真正的生氣情緒。一旦經驗到生氣或表達出憤怒時，悲傷還會再挑起令人不舒服的次級情緒，通常是羞恥、焦慮或是罪惡感。「我怎麼那麼自私？我會不會傷害到對方？」但由於悲傷的原始情緒具威脅性且令人痛苦，要去感受或是與他人分享這種內在的悲傷—受傷—脆弱（sadness-hurt-vulnerability）的情緒，實在非常具威脅性，會感到非常沒安全感，而且也很不容易。例如子女知道自己與父母意見相左，傷心覺得不被父母瞭解或接納，擔心一旦表達出來或堅持己見「是否傷了父母的心？」或有「我怎麼這麼不孝？」的罪惡感出現，因而壓抑心中的生氣，但也更沮喪消沉了。想一想在朋友之間、伴侶或上司及下屬之間，這樣的情緒組型何時出現？

　　對情緒不瞭解，需要進一步學會分化與辨識它；如果情緒中夾雜著兩種以上的複雜情緒時，更需要進一步加以釐清，將那些

糾葛、混和的情緒抽絲剝繭，一一加以檢視，才能滿足或照顧到自己真正的需要。過去的習慣，讓我們對情緒不瞭解或逃避它，然而要真正從這樣的傷痛走向自我療癒之路，真正去經驗原始情緒卻是必要，面對自己的脆弱其實是勇氣的展現，也是一種自我挑戰。

如何增加情緒覺察力，知道自己怎麼了，進而調整情緒呢？以下介紹幾種方法可以練習：

◆聽！身體在說話

練習覺察自己情緒伴隨的生理變化也可以瞭解情緒。生理變化發生很快，但也很明顯，只是平常我們不習慣去注意這樣的變化，錯失及早覺察自己情緒變化的機會。近年很夯的「正念」（mindfulness），指的不是正確的念頭或正向的心念，而是一種「保持留心的狀態」，以開放、接納、不評判的態度，客觀如實地體驗自己的身心狀態，然後更進一步覺察外在的世界。呼吸是我們每天自然發生的生存本能，但卻是讓我們忽略呼吸的存在與重要性。可以試著從注意自己的呼吸開始，把呼吸當作覺察的主要對象，透過呼吸可幫助我們進入當下，再擴及全身之覺察。練習呼吸，看似簡單，但是卻不容易，平日就需要累積的基本功，才有機會成為自動化回應之一。如果可以，你先練習將注意力放在呼吸上，讓自己輕輕地吸一口氣，再慢慢地吐出來。吸氣的時候，感覺一下這股氣流如何進入自己的身體，從鼻腔、氣管到肺部……甚至到身體的每一個細胞，想像一下這股氣流帶給身體每

個細胞新的活力，然後再慢慢地吐氣，吐的時候愈慢愈好，可以想像一下將心裡的壓力一絲絲地吐出去。

　　能覺察自己對情緒的身體反應，就較能以平穩的心情去面對與接納情緒，步調慢下來，常有助於後續的處理。例如親密朋友談及分手，你發現自己胃緊縮、呼吸急促、腦袋空白、口乾舌燥等等，當你覺知身體的反應，觀想這樣的變化，就有機會可讓你明白自己對於分手並沒有心理準備，錯愕、傷心、生氣等混亂的情緒交雜，過去與這件事不相干的未竟事務（unfinished business）也被勾出來攪局。若你不想大爆發，不想糊里糊塗結束，希望能夠好好地慢慢談或挽回，那麼當下就要調節情緒，如深呼吸、暫時離開一下，或乾脆另外約時間再談。假裝堅強灑脫並無法真心實意，一走了之只徒留遺憾，雖然該談還是要談，會發生的事還是免不了，但情緒覺察的功能就是協助你更能處於當下，可以有較多掌控權和選擇權。同理，如果我們能覺察對方的情緒變化，如臉色變了、感覺較緊繃，也可以免掉「掃到颱風尾」或撕破臉之類的破局出現。

專欄5-2　練習：覺察練習

　　請你放下手機或手邊的工作，將注意力收回來，先想一想此時此刻你心裡有什麼感覺？

　　輕輕閉上你眼睛，請你留意聽一下周遭的聲音，你聽見

什麼聲音呢？是人的聲音？還是有鳥鳴聲嗎？你也聞聞看四周的味道，有聞到什麼味道嗎？現在請將注意力拉回自己，留意身體的任何感受，像是疼痛、緊張、舒適或放鬆，不需要試圖改變，就讓這些感受保持原狀或慢慢消退。留意你出現的任何感覺，留意此時此刻的一切事物，可能是聲音、你的呼吸、你的身體接觸到椅子的感受或是你的腳接觸到地面的感受……接下來請你張開眼睛，仔細觀察你的四周，留意你看見的各種小細節，例如桌子的顏色或紋理？最後，再將注意力轉至你自己，觀察一下自己的感受或出現任何的想法。

◆以藝術等媒介作為瞭解自己的工具

透過媒介如書籍、電影、音樂、繪畫、牌卡等，來探索與覺察自己的情感，可以整理一下：是什麼樣的影片情節、什麼歌曲會讓你潸然淚下？會激勵你？當你記錄下這些，你能對引發自己情感的元素有愈來愈清楚的認識。例如，每回看到有關生命結束的片段，你總是潸然落淚，為什麼呢？有什麼特別的經驗嗎？死亡對你來說又代表著什麼呢？你的眼淚在告訴你什麼？目前國內有許多相關牌卡也可作為自我探索的敲門磚，也有專業人士帶領的藝術治療、舞蹈治療、音樂治療等團體，如果同學對一對一的諮商輔導有疑慮，也可先參加這類團體。對許多青少年來說，談

自己內在的感受有困難，這種表達內心深度情感的能力通常要到成人早期才會發展，青少年可以透過藝術，重演他們生命中重要的存在議題（許家綾譯，2006），進而增進自我瞭解。大專院校學輔中心也經常會舉辦由心理師帶領的自我探索相關團體與多元的課程（如讀書會、電影欣賞、各類探索相關團體），同學不妨把握機會善用資源，增進自我瞭解。

◆記錄整理每天的情緒

　　增加覺察力很有效的方法是記錄它，從撰寫個人的心情日記或者記錄自己每天的情緒狀態著手。在日記中具體地描述事件的發生及結果、覺察自己的情緒與想法對事件發展的影響，也可以與過去經驗做一些連結，看看是否受到過去經驗的影響？除了參考專欄5-3的情緒日記之外，也可以利用表5-1的格式，每天記錄自己的情緒狀態，並簡要描述原因及內在的想法，另外也可將當天的天氣或是當天發生的外在重要事件、個人的生理狀況（如女生的生理週期）及連帶的情緒記錄下來。這樣記錄一段時間以後，可以看出自己情緒的變化情形，瞭解容易誘發某些情緒的點是什麼（如有些女生在生理週期前較容易情緒起伏或是只要是跟同學有不同意見就容易生氣等），當然也就有機會可以更進一步瞭解自己，當瞭解之後就有機會選擇不同。關於情緒記錄表的使用方式，舉例說明如**表**5-1。

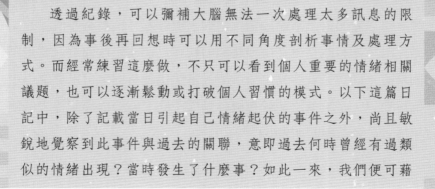

表5-1　每日情緒記錄表

12月	白天		晚上		當日重要事件	
	情緒	原因	情緒	原因	事件紀要	情緒
1 (日)	痛苦	必須從溫暖的被窩中爬出來	愉悅	看了一本好書	老師說要交一篇讀書心得	壓力很大
2 (一)	憂鬱	又變天了，又陰又冷	緊張	明天要考試	參加合唱比賽得獎	樂不可支
3 (二)	煩惱擔心	怕考不好	生氣懊惱	考不好，跟媽媽發生口角	太晚起床，被點到名	懊惱、挫折
4 (三)						
5 (四)						
6 (五)						
7 (六)						

專欄5-3　活動：撰寫個人情緒日記

透過紀錄，可以彌補大腦無法一次處理太多訊息的限制，因為事後再回想時可以用不同角度剖析事情及處理方式。而經常練習這麼做，不只可以看到個人重要的情緒相關議題，也可以逐漸鬆動或打破個人習慣的模式。以下這篇日記中，除了記載當日引起自己情緒起伏的事件之外，尚且敏銳地覺察到此事件與過去的關聯，意即過去何時曾經有過類似的情緒出現？當時發生了什麼事？如此一來，我們便可藉

由這篇心情日記，瞭解自己的情緒常常被什麼事所牽動。

小欣的心情日記

109年2月15日 天氣 冷

今天阿花不知道是哪根筋不對，講話那麼衝，我不過是叫她動作快一點，為什麼要發那麼大的脾氣？簡直就是莫名其妙！而且我已經那麼客氣地催她，又不是命令她，她憑什麼那麼凶對我，真是氣死人！不過，我自己也很沒用，每次遇到這種狀況就只會自己氣得要命，對方還不是沒怎樣。上次和大朱（小欣的男友）也是這樣，他講話大聲一點，自己就退縮回去，連道理都講不出口，還連聲道歉來安撫他，現在想想，真委屈、真不甘心。我怎麼會這樣呢？我怕「惡人」嗎？還是跟成長經驗有關呢？爸爸總是很凶，小時候他一出聲，我就自動閉嘴，什麼都不敢再說；後來遇到老師長輩，好像也會這樣……下次如果別人對我大聲說話、對我凶，我要怎樣應付呢？

◆從過去更認識自己

探索過去的回憶可以更清楚自己個人獨特的內在、反應模式及情緒反應的原因，簡言之，發掘過去可以讓自己更瞭解「內在小孩」。我們可以自由回想童年，或是找幾張小時候的照片作為輔助，把所回想到的任何事情，不做任何篩選地寫下來，例如當

時的年紀、穿著、和誰一起拍照、正在做什麼或發生什麼事、還有誰同在等等，藉由自由書寫的過程，幫助自己更瞭解過去的自己，澄清自己內心的感受，明白還有哪些委屈與傷痕有待撫平。或者可以問問父母、兄長，或其他幼時的舊識，談談關於自己童年的生活軼事，請他們說說小時候的你是怎樣的一個小孩子，如愛哭？調皮？害羞地躲在門後？探索過去，是為了更穩健的向前行；瞭解過去的自己重點在為了讓自己能放下，不「卡」住，邁開通往未來的步伐。

負面或不舒服的情緒不是一次清理乾淨就永不再來，我們在生活中的起伏與悲歡喜苦中，一次又一次的面對自己，療癒及學習，越來越成熟、自在。自我覺察需要一再練習，當我們對於自己的起心動念一次又一次覺察，覺察力就會越來越敏銳，而當覺察力提高時，也就越能瞭解內在、外在的實際情形，而能有效解決問題。隨著覺察力的增加，生活中選擇的機會也會跟著多元，也就是說，當我們能夠覺察出自己在什麼時候想要什麼，也能適當地反應自己的需求，不再受限於某些固有的表達或反應方式，選擇增加，面對生活的彈性也就更大了，將幫助我們有效處理情緒，生活得更自在。

(二)二部曲：WHY？

理解情緒——發生什麼事？怎麼了？我為什麼會有這種感覺？

　　覺察自身情緒之後，需要接納自己的情緒，瞭解情緒背後的原因。「我怎麼了？」、「是哪個點觸動了我？」、「為何卡在這樣的情緒中？」……從前面章節中對情緒內涵的說明，可以協助自己爬梳清楚與當下情緒狀態相關的想法，理分明當下的事件或是過去的生命故事與這個情緒的糾結。生活的不同事件本來就會引發不同的情緒，但若是情緒過於一般的強度（同學一句話，你就暴跳如雷；或是同學沒有回應，你就覺得被忽略……），或者出現過於頻繁（例如常常在人群中覺得孤單、經常憂鬱或經常生氣……），一方面可瞭解自己是否因這些情境牽動了過去尚未被處理的傷痛，所以需要進一步釐清情緒的來龍去脈；另一方面也要在這樣的過程中允許自己慢慢來、疼惜自己，撫慰過去的傷痕，情緒就不會再那麼容易被挑起或刺激，有助於管理情緒。鼓勵自己，勇於看到盲點，給自己機會改變。例如明明和前任分手了，卻總是想起對方，或者還追著他的朋友圈；或是明明已經長大成年了，卻經常為父母的幾句話惱怒；或是常常為爭取他人關愛的眼神覺得疲累……想瞭解情緒背後可能的生命故事或經驗，想要看清楚自身內在的感受，可以模仿蘇格拉底式問話，在內心自問自答，一直追問檢視下去，直到核心。可以找你信任的人一起練習。例如：

自問：我怎麼這麼生氣？

自答：因為我認為不公平！

→自問：發生什麼事讓你覺得不公平？

　　自答：為什麼小花可以直接先選她想要的！

→自問：為什麼先讓小花選就是不公平呢？

　　自答：因為我也應該有同樣的權利！

→自問：沒有給你相同的權利時，你會有不公平的感覺？

　　自答：對，怎麼可以這樣！為什麼要這樣對我？小時候父母親總是讓弟弟妹妹先選擇他們要的，我總是要等到他們選完、總是要忍讓。有一次……

→自問：想起這些事，你現在感覺如何？

　　自答：我覺得很受傷，我有這麼糟嗎？為什麼不能先給我？為什不照顧我？

→自問：你已經X歲，你還要再繼續等別人照顧你、給你嗎？要不要……

　　在這個例子中，當事人不斷抽絲剝繭，引導自己深入，發現對「不公平」的生氣底下埋藏著由來已久的受傷感覺，他感覺到不被重視、感受到自己渴望父母的愛。因此，他得以瞭解只要沾到「不公平」就很容易引爆他生氣的感覺，因為過去有關「不公平」的創傷經驗很深刻。長久之計，他可以選擇照顧自己、療癒這個傷口，尋求學輔中心或專業人士的協助，讓情緒得以完整的被感受與表達；若不，至少下次再有類似不公平的情境時，他會比較有心理準備去處理及駕馭自己的生氣，好好為自己據理力爭。

　　有哪些情境會觸動你哪些情緒，可能就是你的地雷區，瞭解
觸發自己該情緒的相關想法或生命故事對個人而言是非常重要
的，因為外在現實是客觀的存在，但有時是內心的小劇場發揮超
強想像力，影響了情緒與人我關係。雖然有時沒有時間深入瞭解
就要進入問題解決，或者有時也想逃避想留在舒適圈就好，但謹
記：瞭解愈多，愈能真誠面對自我，比較不會讓過去的傷痛經常
引發或主宰你的情緒；越認識自己，越能預測自己情緒的出現時
機或地雷引爆區，也將越能有彈性、理性及冷靜的面對。

(三)終曲：HOW？

　　情緒抒發與管理——我想要什麼？我可以怎麼做？

　　覺察與接納自己的情緒，瞭解被觸發的原因，接著更積極的
做法是抒發與管理。通常在某種情緒當下，會先調整情緒，營造
一個環境或機會，讓自己在這個安全的情境中抒解自己的情緒。
可能透過深呼吸、靜坐冥想等先讓心情平靜，也許是運動、聽音
樂、遊戲來轉移注意力宣洩一下，或者大哭一場、找人聊聊、塗
鴉、寫作抒情等方式來舒緩情緒。從事這些活動，可以讓高張的
情緒獲得冷卻，而劇烈的運動也和深呼吸、肌肉放鬆等方式有類
似的效果，可以使身體從高度警戒狀態回復到低度警戒狀態，達
到放鬆的效果。例如當你情緒高張時，你可以：(1)慢慢坐下；(2)
盡量看著一個點（或一個東西），嘗試做深而長的呼吸；(3)把注
意力放在放慢呼吸上，腦袋放空；(4)不要急著說話，用理智告訴

自己：深呼吸，我會平靜下來的；(5)盡量放慢放長呼吸至平靜。先穩住自己，至少不會讓情緒衝動而壞了關係或事情處理。此外，運動會分泌腦內啡等快樂傳導物質，剛開始運動時會覺得疲倦痠痛或不舒服，但是讓自己漸進式地養成運動的規律，甚至簡單的伸展，去感覺身體每一個部位用力的狀況和感覺，除了可以強化健身的效果，也是一種很好的正念運動。你願意開始每天養成運動的習慣嗎？不管是呼吸覺知放鬆或運動，若能成為生活中的微習慣，就能擴展心理可承接情緒的容量。道理很簡當，就是要實際去實踐才會有效！開始吧！

　　著名的美國演員金凱瑞（Jim Carrey）以誇張的表情與肢體表現聞名，有「喜劇之王」稱號的他曾演過多部膾炙人口的喜劇電影，包括《摩天大聖》（*The Mask*）、《王牌大騙子》（*Liar Liar*）等等。他的演出讓人印象深刻，帶給觀眾無窮的快樂。對藝術創作有著莫大興趣的他，曾在2011年開辦「Jim Carrey: Nothing To See Here個人畫展」。2014年後他就鮮少出現在螢光幕面前，因為他患了憂鬱症而遲遲無法推出新作品。在2017年，紀錄短片*Jim Carrey : I Needed Color*解釋了他藉由作畫讓自己暫時抽離痛苦的憂鬱症，畫畫成為了療癒他身心靈的最佳解藥，他在紀錄片中說，「我不太確定畫畫可以教會我什麼，但藝術解放了我，我的未來、過去、悔恨，和我的擔憂。」繪畫也是一種很好的抒發情緒的方式，不是要畫得美，畫得好，而是在繪畫當下也啟動內在的情感，讓受困的情緒有機會流動與表達，即使不知

道自己要畫什麼，就讓你的心與手帶領，隨著當下的感覺畫出來
就好。

專欄5-4　活動：彩繪╱拼貼心情

　　你現在的心情如何呢？請你準備一張白紙與一些色筆，
以不同的顏色、線條或圖案，將你的心情用一幅畫表現出
來，不管你畫圖的技巧如何，請為你自己畫一張圖吧（不管
是抽象、亂塗鴉或具體的圖案均可），不需要事先構圖，更
不需要仔細思考，讓手中的色筆跟著心中的感覺走，讓自己
很隨性地畫出心中的感受吧！

　　或者你不想用畫的也可以用拼貼的方式，找一些不要的
報章雜誌，剪下、撕下你有感覺的部分，然後貼在八開或四
開紙上。彩繪或拼貼混合使用亦可。

　　不論哪一種方式，當你完成你的畫之後，請你再用心看
看你的圖。你用了哪些顏色？那些顏色或圖片讓你有什麼樣
的感覺產生？整幅畫又讓你感覺如何？你的畫在對你訴說著
什麼？如果有味道，畫面傳達著什麼氣味？你可以動筆書寫
描述，或者你也可以找個同伴和他分享這幅畫。

　　有一項心理實驗將受試者分成A、B兩組，A組可以一邊打
針，一邊把「痛」表達出來；B組則是一句話都不能說，只能忍
耐。結束後，分別測量兩組的疼痛指數。結果發現，B組感覺到

的疼痛是A組的五倍，光是把「痛」表達出來，就可以舒緩疼痛造成的壓力。

學者曹中瑋（1997）認為說出來是最好的抒解方式，如果有人可以傾聽的話，效果會更好，柯永河（1997）也認為在情緒不穩定的時候，找人談一談，具有緩和、撫慰、穩定情緒的作用。因此，建立個人的支持網路，在你需要的時候，有家人、另一半、親戚或好友可以聽你傾訴、發發牢騷這是很重要的，不過方紫薇（1997）提醒我們，找熟人傾訴時，不要只有一味地批評、責怪他人，或是只有發洩自己的情緒，應該要試著說出自己真正的感受和想法，這樣才有助於我們釐清問題，進一步找出問題解決的方法。另外，也可以尋求諮商專業人員的協助，他們的專業能力能夠提供你支持、安全的環境，陪伴你走出困境。

傾訴的方式很多元，寫、畫或唱的方式也是一種表達。寫下你的心情感受，對心情的舒緩是有幫助的，但在實務工作中也發現有些學生把自己對他人憤怒的心情大辣辣地寫在部落格或Fb、IG上，結果原本只是單純抒發自我情緒，反而演變成人際衝突或者在網路上互罵，反而讓情緒風波愈演愈大。

若真的要得到想要的、朝向自己希望的方向走去，也可以從認知層面著手，從個人的思考模式來影響情緒，例如當老師說：「再加油！」，甲生聽到後可能感覺慚愧，認為自己不能符合老師的期望，所以更加自我要求；乙生認為老師很關心自己，覺得振奮受鼓舞；丙生心想「我已經夠努力了，還要怎麼樣！老師根

本就是找麻煩……」；丙生覺得被老師挑剔而生氣。三個人由於
過去的經驗不同，從大腦中所提取的關於「被加油」的訊息判斷
就不同，而這樣的判斷在毫無察覺的瞬間就已做出，幾乎是自動
化反應，但其實未必是正確的判讀。例如被按喇叭，究竟是後方
車輛示威、挑釁？或是好意提醒可能有危險狀況？或者只是對方
誤按？其結果可能是不一定，但若較僵化的每次都判斷為他人心
懷惡意、就是要挑釁要嗆聲，那麼每次都會理智斷線，結局也可
想而知；若全面來看，生活中他可能傾向負面解讀他人行為，內
心深處有個特定的信念，如「沒有人站在我這邊」、「我是輸
家」等。若要幫助甲生及丙生情緒管理，一些調整情緒、緩和情
緒的方法的確可以暫時幫一些忙，讓他的心情獲得舒緩，但是效
果可能不持久，需要將負面想法與信念調整為合理的想法才能真
正跳脫情緒之綑綁。

　　情緒調整的方法很多，只要是適合自己的、不傷害身體及生命
的方式都是好方式，透過這些方法先讓自己獲得身心平靜，再來處
理後續。有些人在情緒高張的當口選擇以身體的痛苦來釋放壓力，
可能自傷、暴食或厭食，多數都只有短暫的效果卻反而更傷心、後
續傷害更嚴重。我們需要找到對自己情緒真的有幫助的方式，因為
我們可能覺察情緒之後，卻仍然繼續使用很習慣但卻無效的方法，
如當父母的人繼續用叨唸的方式推開家人、員工繼續用可以過關就
好的態度來做事、對未來茫然時就繼續滑手機追劇，但一天一天過
去之後，產生的情緒當然不會改善，挫折、無奈、沒成就感……延

宕下去也消弭了自己內在的動力與溫度,所以可以增加一些抒解情緒的方式,讓情緒可有更多元的流動,也可有更豐富的心理資源,此外,好好面對自己情緒的緣由,建立不同的情緒管理習慣或方式,讓自己在不同情境中或不同情緒下都可以有個抒解或轉化之道是最佳策略,但這不是一蹴可就,而是需要透過不斷地練習與探索,方能更掌握情緒,成為情緒的主人。

專欄5-5 身體工作,抒解情緒

　　心理會影響生理,同樣也可從生理來帶動情緒的轉化,透過身體工作可以催化血清素之分泌,血清素是幸福荷爾蒙可以帶來精神的安定,如果血清素的濃度太低,我們可能會有沮喪、憂鬱、焦慮、頭痛等症狀。身體工作可以是簡單的做家事、做瑜伽、按摩,或從事打球、跑步、有氧運動等會流汗的劇烈運動等,從事運動時,可以讓高張的情緒獲得冷卻,將情緒轉移,或者多吃一些抒壓的食物,例如維生素B群、鈣、鎂、維生素C與富含纖維的食物等,也可釋放身體的壓力。此外,身心鬆弛法也可幫助人們集中與放鬆精神,使我們的心理處於一個平靜、舒適的境界,這樣有利於我們進一步覺察自己的情緒狀態和各種想法。身心鬆弛法是利用生理和心理彼此交互影響,使生理和心理兩方面同時達到鬆弛的效果。這些方法大致可分為以下三類(胡潔瑩,1993):

一、由身體至心理的放鬆方法

當我們在生理上能夠處於一個完全放鬆的狀態，亦即肌肉鬆弛、呼吸均勻而緩慢等狀態，心理或精神就會自然達到放鬆。此類方法是先以身體或生理各部位的鬆弛，作為練習時的目標，在達到這個目標的同時，我們的注意力便會集中，而達到心理鬆弛的效果，具體的方法包括「基本調節呼吸法」與「肌肉鬆弛法」等（詳細步驟見〈附錄〉）。

二、由心理至身體的放鬆方法

當我們的精神處於緊張的狀態，便會引發一組相對應的生理反應，反之，如果我們的精神處於鬆弛的狀態，身體也會產生鬆弛的現象。所以這個鬆弛法，就是把達到心理的鬆弛作為目標，透過練習的過程，讓身體產生放鬆的效果。這類方法包括「自律鬆弛法」及「意象鬆弛法」等（詳細步驟見〈附錄〉）。

三、身心連鎖的放鬆方法

這種方法是利用人的意念力，來指示身體做出鬆弛的反應，如「意念調節體溫法」，練習時是以生理的狀態作為目標，不過卻是透過心理的意念來達成此目標。

透過上述這些身心鬆弛法，可以幫助我們緩和、穩定情緒，也可以進一步幫助於我們將注意力集中於情緒的覺察和分化。現在流行的瑜伽、靜坐、芳香療法、按摩等應該也可以算是身心鬆弛法。

專欄5-6　解除焦慮，自我放鬆的10個步驟

1. 舒服的坐在椅子上，手腳輕放。

2. 閉上雙眼，深呼吸幾次，然後慢慢放鬆全身。

3. 接著想像自己在一幢大樓的大廳，你慢慢離開大廳和所有的聲音及活動，走進電梯內。

4. 這個電梯會帶你到地下10樓，電梯每降一層，你的肌肉一進入一種鬆弛狀態……，你會感到越來越放鬆……。

5. 你感覺到全身放鬆，這時電梯門一打開，你來到一個屬於你自己的秘密基地，一個完全可以讓你放鬆的地方，可以是一個世外桃源、沙灘、草地、湖畔、樹下……。

6. 你感受這四周的放鬆和舒適，在這個專屬你的祕密基地，你覺得很安心，可以讓自己盡情放鬆，並享受這場寧靜的感覺，讓自己好好休息一下。

7. 當你獲得充分休息後，請你記得剛剛放鬆的感覺，慢慢再走回電梯，搭乘電梯再回到大廳。

8. 當你回來的時候，也會帶著剛才的平靜、輕鬆和舒暢。

9. 完成後，用幾個呼吸讓自己感受一下輕鬆快樂的狀態，感覺自己重新充滿活力。

10. 慢慢睜開眼睛，讓自己回到所處的地方來。

問題與討論

1. 「做情緒的主人」與「跟著感覺走」，在你的生活中你比較傾向哪一種呢？説説你的看法。這麼做，曾經為你帶來什麼麻煩或是有何優點呢？

2. 一則新聞：爸爸騎摩托車載著太太和五歲小男孩去買飲料。抵達後，太太下來買，站在踏板上的小男孩不小心誤催機車的油門，連人帶車飛了出去。小孩跌坐在地上，爸爸氣沖沖地甩了小男孩兩巴掌，自己騎著摩托車頭也不回地揚長而去，留下一臉錯愕的太太以及坐在地上嚎啕大哭的小男孩。請以這幾章所學，試著分析三方各自的情緒和因應方式，以及如果你是其中一角色，你會是如何呢？

Chapter

6

改變想法，轉換情緒

　　如果把情緒當作是我們的資產，應該鮮少人希望自己是負債或虧空吧！既然如此，就要妥善管理與運用，這項情緒財也能累積更多資產，有助於親子、朋友、職場等人際互動，提升生活的幸福感。情緒管理分為三個步驟，覺察與接納自己真正的感受；瞭解引發情緒的事情與理由；找出適當的方法加以抒解或改變。情緒是複雜多變的，須學習分化與辨識出自己內心的原始感受，而不是單純由表面的、被勾出的感受來左右。接下來，我們要進一步釐清自己情緒背後的想法，透過想法的改變可有助於調適情緒，若能在感受之中也能加入理性客觀的元素，將更平衡。

　　你怎麼想就會影響你怎麼感覺，例如你被老師罵了，你會認為是「自己什麼都做不好……」，或者「老師今天心情很糟」，或是「也許先搞清楚老師對我哪裡不滿」，這三種不同的反應帶出不同的感覺與反應。或者你請朋友回電，可是對方卻沒有打來，你會覺得「朋友可能討厭你？」、「你總是被忽略？」或者「也許對方很忙？」，你是哪一種想法呢？當你把這些事情都歸咎是自己不好或自己被討厭，就極為容易掉入沮喪低落情緒中，但如果你可以換個角度有各種不同的可能想法，也許就不會困在某種情緒中。因此，本章將藉由改變認知來調整我們的情緒，或是學習有彈性與多元的思考觀點來轉換心情。

一、你通常怎樣想事情？

　　曾經聽人家說：有什麼樣的觀念，就會有什麼樣的行為，而有什麼樣的行為，就會有什麼樣的習慣，有什麼樣的習慣，就會有什麼樣的性格，而有什麼樣的性格，就會有什麼樣的命運，所以你抱持的觀念想法是影響深遠的，就如《聖經》上所說「一生的果效由心發出」，我們的心思意念影響甚遠甚廣。Seligman（1990）倡導樂觀思考之重要性。樂觀者對壞事厄運的解釋或思考方式比較是暫時性，例如「我累了」、「我如果沒有清理房間，你就變得囉嗦」、「你最近都沒空跟我說話」；而悲觀者常是永久性，例如「我完蛋了」、「你總是很囉唆」、「你都不理我」（洪蘭譯，1997）。樂觀思考並非等同於正向思考，而是一種解釋事情的方法。邱吉爾曾說：「悲觀主義者在每個機會中看到困難，樂觀主義者在每個困難中看到機會。」但是樂觀主義並非凡事都朝積極美好的事情去想，因為盲目的樂觀是更慘的自欺欺人。悲觀的人可能看到黑暗就覺得已經是絕境，無能為力，一切都很糟糕，堅信自己命運悲慘。相對的，樂觀的人很清楚黑暗之後依舊會有黎明，人生本來就有悲有喜，有高山有低谷，生生死死，所以挫折失敗或悲傷難過都是正常的，可說是樂天知命。因此，真正的樂觀並不是漠視或否認負面的存在，一定要把壞事情看做是好事情，也不是單純的喊喊說「我是最棒的！」、「事情會愈來愈好的」，這樣並不算是樂觀，而是可以看見與接受負

向事情與經驗，但是跳脫唯一的負向觀點，可以接納負面，認為所有困難只是短暫的，負面的事情終究會過去，也許不能改變事情，但是可以改變對事情的看法，依舊抱持盼望，從中找到不同觀點或意義，擁有可前進的力量。

記得有位電腦工程師朋友分享說幾年前他在工作上捅了一個大trouble（那時他真覺得像世界末日），當時他趕緊向主管報告說明並道歉，主管很快教他如何快速解決問題。後來，他又再次向主管道謝，但主管只是很簡單地說：「人生嘛！ 就這樣！」，然後繼續打他的電腦做自己的事，好像沒發生什麼事。這種把壞事情當作暫時性的，會將錯誤或疏忽當作糟糕的大事，即使出錯就是接納或抱持正面接受，那就是一種樂觀態度。相對的，悲觀的想法是容易將好事情當作暫時性的，如「成功我只是今天運氣好」，不覺得自己有什麼好，但遇到壞事情時，則當作是普遍性或個人化的，如跟某一個同學不合，就覺得「自己人緣超差的」，所以這些悲觀想法帶出更多負向情緒。

樂觀的人會覺得生命是美好的，期待未來，遇到困難時就會去面對，凡事會往好的方向想，把失敗當作是一種學習，對過去和現在都感到滿意。但要強調的是：樂觀不是相信自己什麼事情都會成功，或者什麼事情都有好的發展，其抱持的希望感與正面思維都是建立在現實的可能上，而不是天真地作白日夢。樂觀者可以誠實地自我評估、對成功抱有希望並有動機、願意投入時間與精力、瞭解自己的優點並能發揮、有勇氣面對並改變負向壓力、能有正向態度能提升自我學習（江雪齡，2008）。以下提供

一些方法可練習樂觀（湯國鈞、姚穎詩、邱敏儀，2010）：

1. 勾畫人生藍圖：想想未來五年、十年，或是二十年你想達到的境界。研究指出，光是每天花十分鐘寫下未來理想的自己會比那些每天記錄生活瑣事的人，感到更快樂，而且還能降低身體之不適。若能訂下具體可行的短期目標，也可累積信心。

2. 回想過去成功經驗：我們容易記得過去一些痛苦失敗的經驗，所以需要刻意去回想過去得意或者心滿意足的經驗，去回味那些美好經歷中涉及的正面因素，可成為對未來樂觀的最佳理由與動力。

3. 清除消極思想：找出自己對事情的負面思想，練習挑戰那些想法，找出正面的想法，也就是認知重整的ABCDE法，於下一小節再詳述之。

4. 模仿樂觀的對象：可多跟樂觀者互動或觀察學習之，多接觸一些樂觀的朋友，聽聽他們如何因應問題或面對困難，如何思考事情或計畫未來，都可以有所啟發與激勵。

5. 正確地看待結果：不要將結果好壞當作唯一的標準，更要重視過程中自己的態度是否正確，是否盡力，以及是否有所學習與成長，有研究指出，父母不該太稱讚孩子的聰明才智，而是要多讚賞孩子的努力、毅力、應付問題的能力，這樣有助於建立持久的自己與積極樂觀的思維。總之，正確看待成敗得失，就比較容易保持樂觀，不管環境如何，結果如何，都可以有所學習，就有理由可以樂觀。

專欄6-1　樂觀思維練習

一、試試看在下面的不如意事情中，寫下樂觀的思維：

事件一：原本計畫好要去泰國畢業旅行，但因為小組成員意見不合，最後取消，而感到失望。

_____

_____

_____

事件二：交往三年的男友／女友卻在畢業前夕提出分手，感到傷心。

_____

_____

_____

事件三：經濟不景氣，結果被公司裁員，感到挫敗。

_____

_____

_____

二、你回想一下過往你有無面對挑戰或困難，最後克服的成功經驗？

_____

_____

_____

三、請你自己列出三件不如意的事情，試著為每件事情找出兩個好處。

_____

_____

四、找出三個勵志名言佳句，細細思索其中之智慧。

_____

_____

五、想像一下你是一個樂觀開朗的人，你的生活會有哪些不同？你會如何安排你的生活？你會如何與人相處？請你嘗試去扮演這個角色一天或一星期，堅持一段時間，看看有何效果？

_____

_____

_____

二、改變非理性想法

　　艾理斯（Albert Ellis）1950年代創立理性情緒療法（REP），以認知的理論為基礎，揉合行為療法的某些技術，常被稱為ABC理論。情緒的ABC理論認為人的情緒是受到個人的想法、態度和價值觀所影響，造成我們產生某種情緒的並不是事件本身，而是我們對此事件的想法（We feel the way we think）。因此，改變想法，建立新的、合理的理性想法，連帶我們對事件所

產生的情緒也會不一樣，個人的生活適應狀況會較佳，且個人能達到最大的發展及自我實現。但是「想法」由來已久，可說是從小跟著我們到大，不是那麼容易改變，需要教導、經常的練習，才能替換成較理性、有效的想法。以下將ABC三者之間的關係加以圖示如下：

$$A \leftarrow B \rightarrow C$$

A（adversity）：引發事件，即存在的事實

B（belief）：信念體系，即對於A的內在語言，還有一些強烈的情緒和行為

C（consequence）：B所引發之情緒和行為的結果，即對A的情緒反應

接下來，讓我們透過實際的例子來分辨ABC各部分。

情境一：當公車過站不停的時候，我很生氣，因為坐不上公車
　　　　　　　（A）　　　　　　　　　（C）
　　　　會遲到。公車司機太可惡了，他怎麼可以不停車？
　　　　　　　　　　　　　（B）

情境二：這次期中考，某科的教授出題很難，我可能拿不到好
　　　　　　　　　　　　　（A）
　　　　成績，搞得我心情很緊張，無法專心做事。因為，我
　　　　　　　　　　　（C）
　　　　如果沒有好成績，可能就拿不到學位，像個大白癡。
　　　　　　　　　　　　　（B）

專欄6-2　活動：練習分辨ABC

請在下面三個例子中，找出事件（A）、想法（B）和情緒反應（C），找到後請在事件、想法和情緒反應三個部分畫出底線，並標示出來，如上述情境一、二。

1.阿非這次考試考得不理想，爸媽很不諒解，認為他平常一定都沒有認真在唸，他覺得很委屈，因為自己正在嘗試新的方法，卻都沒有人瞭解、支持他。

2.小翎很無奈，因為小組報告中，阿香常喜歡指揮別人，小翎覺得很不被尊重。

3.肉丸的弟弟常常不聲不響就把他的東西拿走，害他找不到，他實在很生氣，他覺得弟弟不經他的同意亂動他的東西，這是不禮貌的。

接下來，針對下面幾個情境，請試著找出自己的情緒和想法是什麼，你的做法又會如何。多試想幾種不同的「想法」，看看隨之而來的行為是否也有不同。

練習1：當家人（或重要的人）忘記你的生日時（A），你的情緒（C）和想法（B）是什麼？

C：＿＿＿＿＿＿＿＿＿＿＿＿＿＿＿＿＿＿

C：＿＿＿＿＿＿＿＿＿＿＿＿＿＿＿＿＿＿

B：＿＿＿＿＿＿＿＿＿＿＿＿＿＿＿＿＿＿

B：＿＿＿＿＿＿＿＿＿＿＿＿＿＿＿＿＿＿

練習2：下個禮拜分組報告時，你抽籤抽到要代表你們這一組上台報告（A），你的情緒（C）和想法（B）是什麼？

C：＿＿＿＿＿＿＿＿＿＿＿＿＿＿＿＿＿＿＿

C：＿＿＿＿＿＿＿＿＿＿＿＿＿＿＿＿＿＿＿

B：＿＿＿＿＿＿＿＿＿＿＿＿＿＿＿＿＿＿＿

B：＿＿＿＿＿＿＿＿＿＿＿＿＿＿＿＿＿＿＿

練習3：你跟好友產生了一些誤會，對方說要找你談談（A），你的情緒（C）和想法（B）是什麼？

C：＿＿＿＿＿＿＿＿＿＿＿＿＿＿＿＿＿＿＿

C：＿＿＿＿＿＿＿＿＿＿＿＿＿＿＿＿＿＿＿

B：＿＿＿＿＿＿＿＿＿＿＿＿＿＿＿＿＿＿＿

B：＿＿＿＿＿＿＿＿＿＿＿＿＿＿＿＿＿＿＿

由上面幾個例子和練習，可以發現：真正影響我們產生何種情緒的（C），並不是事件（A）本身，而是由於我們對於事件（A）所持的想法（B）和態度，換句話說，我們可以藉由改變我們的想法，來改變情緒。

三、分辨不合理或非理性的想法

改變想法或信念（上述中B，belief）可以改變我們的情緒和後續的行為反應。要管理情緒，我們確實需要重新看看已經自動化思考的信念，太嚴格而沒有彈性時將使我們自己受苦，例如「無論如何，我應該做好每件事」；而有些信念則是過去適用，

但需再想想對現在的你還適合嗎？吳麗娟（1989）將非理性想法歸納為兩種類型，一類是「誇大」，常出現的關鍵字是「受不了」、「糟透了」、「以偏概全」；另一類是「不切實際的要求」，此類信念的關鍵字則常是「應該」、「必須」、「一定」。這些關鍵字可以作為我們尋找非理性想法的線索。

常見的六種認知扭曲現象會造成我們不合理的思考方式，因而產生不必要的情緒困擾，簡要說明如下：

1. 擴大與誇張：即過度強調負向事件的重要性或影響力。譬如：「我這一次考試考得不理想，鐵定完蛋！」

2. 選擇性地推論：即忽視積極的一面，只以片段的事實來下結論，忽略了整體內容。譬如：「雖然這次和外校一起出遊真的很好玩，也交到朋友，但是那天無意開錯玩笑，會不會害他們不想再跟我們班出去玩？」

3. 個人化：就是使外在事件與自己產生關聯的一種傾向。譬如：「今天晚上去參加XX學校的畢業舞會，我不太會跳，動作難看死了，一定很多人看到我的蠢樣，暗自在嘲笑我！」

4. 極端化的思考：就是指在思考或解釋事情時，以一種「全有或全無」，或「不是……就是……」的想法，將經驗二分為兩類。譬如：「連這個工讀都應徵不到，一定是我很糟！」

5. 過度類化：即把某一事件的結果，推論到不相似的事件或

是環境中。譬如：「我籃球打得不夠好……我是個運動白痴！」、「討論報告時他遲到了，他一定是個慢吞吞或懶惰的人」。

6.獨斷地推論：就是指沒有充足或相關的證據，就妄下結論。譬如：「昨天他們幫小瑋慶生，她沒找我，一定是不喜歡我，不然就是我有什麼地方得罪他們？」

　　負向情緒背後常常隱含著非理性的想法，理性想法與非理性想法如何區分呢？從以下四個特點可以更瞭解：

(一)有彈性的vs.頑固而無法變通的

　　理性的想法是有彈性的，可以隨著外在情境的變動，而有所改變。例如：有人打翻了你的飯盒，害你午餐泡湯了，還弄髒了周圍的環境。你很希望你的飯盒沒被弄倒，你也希望周圍的環境沒被弄髒，但當你知道對方是因為重心不穩，怕他的熱湯燙到你，所以才撲向你的桌子，而且對方也願意幫你整理環境，賠償你一個便當，很有誠意解決問題。此時，理性的信念讓你較有彈性，挫折容忍力較高，也比較能夠接納對方的過失，進一步找出解決問題之道。而強迫性的信念（「我一定要拒絕我不想要的」）、低挫折容忍力的信念（「我無法接受這種事情的發生」）、可怕的信念（「我現在沒吃午餐，下午一定會餓得受不了」），這些信念可能會讓你情緒激動萬分，固著地卡在抱怨、指責對方，甚至大發雷霆、破口大罵：「我怎麼那麼倒楣？」、

「你這個冒失鬼怎麼這麼不小心？你的眼睛長到哪裡去了！」、
「你要負所有責任，不然你給我走著瞧！」，引發雙方激烈的衝
突幾乎是可預見的結局，於事亦無補。

(二)合乎邏輯的vs.不合邏輯的

合乎邏輯是指人們對事情的推論是合理、可以理解的。舉例
來說，完成作業或任務後，他人的讚賞可以帶給我們愉快的感
受，這是合乎邏輯的；反過來，如果認為有愉快的感受一定是要
得到別人的讚賞，因此當完成後別人沒有讚美或稱許，心情低落
不開心，這就屬於不合邏輯的信念影響到情緒。又如剛做新的工
作，經常在工作上被上司指責，於是完全失去信心，認為自己很
沒用，這是嚴重傷害自己的推論；較合乎邏輯的調整是：剛做這
個工作，還不上手，老闆對我有期望才會這樣，他是對事不對
人，我要避免被挑剔同樣的事，減少被指責的次數。

(三)與事實一致的vs.與事實不一致的

事實是可觀察、可驗證的，與事實一致則推論合理。舉例，
小美認為自己這次表演沒有得到多數人的肯定，可能是因為有些
小疏忽、做得不夠好，這是一個合理的、與事實一致的推論，因
為她確實有些細節落掉了；而小新遽下斷論，認為自己沒有得到
每一個人的肯定，自己是一個失敗者，這就是不合理的、與事實
不一致的推論，因為他並非沒有能力，也不代表他就是失敗者。

(四)幫助vs.阻礙人們達到健康的目標或目的

當小美有合理的理性的信念時，她接納自己的不完美，雖然已經盡力表現了，但未如願，遺憾和失望是免不了，但她不會放棄，這次的挫折還可以忍受，這樣的信念可以激勵她繼續自我充實、自我努力，繼續朝目標邁進。小新的非理性信念：「我應該得到周遭每一個人的肯定」，造成他自責、自貶的信念，「算了，我就是這樣的人，再怎麼努力也沒有用」、「我真糟、真沒用」，當這些想法出現必伴隨著沮喪、焦慮，甚至就放棄了。

專欄6-3　活動：造句練習

請你利用下面所給的提示字，寫出意思完整的句子：

1.我應該＿＿＿＿＿＿＿＿＿＿＿＿＿＿＿＿＿＿

2.我應該＿＿＿＿＿＿＿＿＿＿＿＿＿＿＿＿＿＿

3.我應該＿＿＿＿＿＿＿＿＿＿＿＿＿＿＿＿＿＿

4.我一定要＿＿＿＿＿＿＿＿＿＿＿＿＿＿＿＿＿

5.我必須＿＿＿＿＿＿＿＿＿＿＿＿＿＿＿＿＿＿

6.如果＿＿＿＿＿＿＿＿＿＿＿＿＿＿就完蛋了。

7.我一定要＿＿＿＿＿＿＿＿＿＿＿＿不然就很慘。

想想看，你還常常告訴自己什麼呢？寫出三個你最常有的想法吧？

1. _____

_____

_____

_____

2. _____

_____

_____

_____

3. _____

_____

_____

_____

　　現在再回頭檢視一下你的造句結果與常有的內在想法，哪些是非理性的呢？這些想法又對你造成什麼影響呢？

專欄6-4　壓力背後的非理性想法

　　下列的想法中，請勾選出你常有的想法，試著好好去思考這個想法帶給你哪些影響？有哪些壞處或者好處呢？

□1.要獨立自主，不要依賴

□2.請別人幫忙就是給別人添麻煩

□3.要努力達到家人或親友的期待；不要讓他人失望

□4.把自己的心情（「高興」、「悲傷」、「痛苦」）如
　　實表達出來的人是很脆弱的

□5.在他人面前不能展露自己陰暗的一面，所以大多時候
　　都表現得很開朗

□6.認為「軟弱很丟臉」或「絕不能示弱」

□7.認為哭很丟臉

□8.如果替自己著想就是很自私或任性

□9.自己要忍耐、要堅強

□10.認為賺很多錢就是成功人生的寫照

□11.經常要求完美，絕不能犯錯或失敗的想法很強烈

□12.事情不弄個清楚明白就不甘心

□13.對於「勝利」有所堅持或執著

請從上面挑出一個最影響你的想法，寫下他帶出哪些好
處或讓你付出什麼代價？

 四、駁斥非理性想法，建立理性想法

著名的理性情緒大師Albert Ellis提出對人們生活影響甚大
的十一種非理性信念，分述如下（吳麗娟，1989；侯智惠，
1996）：

1.一個人應該被周圍的人喜歡和稱讚，尤其是生活中重要的他人。

2.一個人必須能力十足，各方面都有成就，這樣才有價值。

3.邪惡可憎的人及壞人，都應該受到責罵與懲罰。

4.當事情不如意的時候，是很可怕也很悲慘的。

5.不幸福、不快樂是由於外在因素所造成的，個人無法控制。

6.我們必須非常關心危險可怕的事情，而且必須時時刻刻憂慮，並注意它可能再次發生。

7.面對困難和責任很不容易，倒不如用逃避較省事。

8.一個人應該要依靠別人，並且需要找一個比自己強的人來依靠。

9.過去的經驗，決定了現在，而且是永遠無法改變的。

10.我們應該要關心他人的問題，也要為他人的問題而感到悲傷難過。

11.人生中的每個問題，都有一個正確而完美的答案，一旦得不到答案就會痛苦。

在瞭解與能夠辨識理性與非理性想法之後，接下來我們需要藉著駁斥（D，dispute）、質問非理性想法的過程，進而調整這些會引起困擾的不合理想法。「A—B—C」理論可進一步擴展成「A—B—C—D—E—F」，這個模式意指：當我們產生強烈的負面情緒時，造成情緒結果（C）的不是引發的事件本身（A），而是我們對此事件的想法（B），所以若要去除這些引起困擾的

非理性想法，就需要不斷地駁斥想法（D），建立理性的想法。駁斥是質問，找出證據來反駁消極的、絕對性的、非理性的想法，駁斥時可以把握兩個原則：陳述這個想法對我們產生的影響、根據非理性想法的四種類型來進行質問。透過駁斥（D）將能導引出更理性、更具建設性的認知效果（E，the effect of disputing），若成功就能帶出來F，是指一種新的情緒型態，不再感受到嚴重的焦慮或消沉，而是能配合情境而有適當的感覺。「A—B—C—D—E—F」彼此的關係圖示如下：

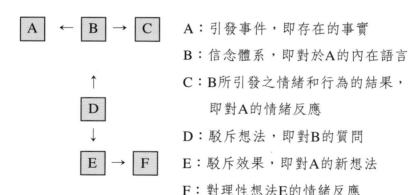

A：引發事件，即存在的事實
B：信念體系，即對於A的內在語言
C：B所引發之情緒和行為的結果，即對A的情緒反應
D：駁斥想法，即對B的質問
E：駁斥效果，即對A的新想法
F：對理性想法E的情緒反應

舉例說明：

事件A：小黑的女朋友提出分手。

情緒C：他很鬱卒、很沮喪。

步驟一：找到情緒背後的想法（B）

想法B1：「我覺得在同學面前很沒面子，他們一定會嘲

笑我。」（擴大、獨斷推論）

想法B2：「我怎麼那麼沒用？」（以偏概全）

想法B3：「她怎麼可以這樣對我，難道我不夠好？我真糟糕……」（自我懷疑）

步驟二：針對非理性想法駁斥（D）

駁斥D1：這個想法只是我主觀上這樣以為，並沒有證據證明同學一定會笑我。

駁斥D1：即使同學真的嘲笑我，我就真的無法忍受嗎？（「被嘲笑」有那麼糟、那麼可怕嗎？）

駁斥D2：她會想分手，可能彼此真的有不適合之處？並不代表我就是沒用的人。

駁斥D2：「我沒有用」不是事實，分手不代表我不好，應該就事論事，瞭解分手的原因。

駁斥D3：是不是有什麼誤會，不見得是我不夠好。

步驟三：建立理性想法（E），訣竅在於建立客觀的、有事實根據的、多面向的想法

理性E1：雖然我不喜歡同學嘲笑我，但是萬一發生了，我還能忍受，事情沒有到「糟透的地步」。

理性E1：他們不一定會嘲笑我，也會有人安慰我，跟我聊聊他們自己的經驗和建議。

理性E1：即使被嘲笑，也只是短暫的時間而已，很快就會過去的，我不妨放輕鬆點。

理性E2：我跟女朋友分手，那是因為我們不適合，可以

學習到與異性相處之道，地球還運轉。

理性E2：只要靜下來，加以瞭解造成我們分手的原因，設法改善缺點，這一次分手，不代表我以後交不成女朋友。如果是兩人個性不合，沒有緣分，那就隨緣吧！還有機會。

理性E3：即使分手的原因真的是因為我有些缺點，但我還有其他優點，我並非一無是處。

　　駁斥並不是找理由來安慰自己或過度樂觀，而是將我們詮釋事情的角度調整，重新解讀，才能賦予讓生命可以繼續運作的新意。人生不如意十之八九，這些情緒會影響日常生活時，藉由這種認知治療常用的方式來管理情緒，目的不是沒有情緒或去除負向情緒，而是希望產生合理、適當的情緒和情緒反應，維持生活的適應與品質。而駁斥非理性信念不是一次、兩次就可以奏效，需要不斷地練習，內化為生活習慣，才能漸漸以理性的想法來取代非理性的想法。曾有研究指出，對於新學會的一件事必須做二十一次之後，它才會成為我們的習慣。有合於客觀現實且彈性的想法，能以新的觀點解讀事件後，你會發現新的情緒感受自然產生，整個人會較輕鬆、更有自信，重新獲得對事件的控制感。怎麼想就會怎麼感覺，然後就會影響怎麼做，當然也在此過程激盪出後續不同的故事，誰知道一個轉彎（轉念）會遇到什麼呢？

　　英英因為國雄昨晚沒打電話來而不高興，英英愈想愈生氣，氣國雄不夠主動，氣國雄不把她放在心上，氣國

雄……更生氣的是當英英跟國雄抱怨時，國雄還一副沒啥大不了的樣子說：「我沒打，妳打來就好了嘛，而且沒打就算了嘛，幹嘛這麼生氣？」

英英也覺得好像不需要這麼生氣，可是她還是生氣呀，但是光是生氣又無濟於事，所以英英決定要來想想自己到底怎麼了？她安靜的在房中回想整個過程，將注意力放到內心，去感受自己的生氣，將心中生氣話通通說出來（或寫下來），沒想到說出心中的憤怒之後，眼淚竟流了出來，好生氣也好難過，好失望：國雄怎麼還是不瞭解她。再想一想，她發現自己生氣底下的想法是：國雄沒打電話來表示他不關心我、他不想我、我在他心中的分量還不夠重要等等，都是一些比較缺乏自信以及過度推論、災難化的非理性想法。

覺察並檢視出自己的非理性想法在作怪後，英英就比較能心平氣和來看這次的事情了。仔細想一想：國雄平常也算是蠻關心我的，也蠻體貼的，即使我抱怨他還是心平氣和的。也許他昨天真的太忙，才忘了說好要打電話給我，我怎麼可以以一件事情就完全否定他對我的真情呢？他似乎不習慣常常打電話，他以前說過從小家裡就規定電話不能拿來聊天，有事才可以用電話，所以要他每天打電話似乎是有點為難他了。

我心中確實有些期待：我期待他每天打電話來，我才能完全肯定他對我的愛、我期待他能主動地關心我、我期

待他經常能想到我，不過這些期待對他來講可能很難完成，所以我就常常失望生氣。也許我可以改變一下我的期待或是調整我的做法，例如，「我期待每天都可以跟他講話」，所以也不必一定要他打電話來，我想他時就打電話給他，照著我真正的感覺去做也不錯呀，我也可以試著調整！這些期待後面其實是「我渴望被瞭解、被愛」，所以我可以說出我心中的感受、想法或需求讓國雄瞭解，此外，我也需要珍惜國雄目前對我的關愛，我自己也要學習更愛自己，不要因為這樣就讓我自己整天難受。

專欄6-5　活動：自我挑戰

檢視有哪些影響你情緒的想法：

請勾選出你自己常有的二至三種非理性信念，加以駁斥，並以理性、彈性的信念取代之。相信愈來愈熟練之後，你可以創造出一個更有彈性的自我，生活也會更快樂、更有自信。

例如：

非理性信念：「我必須能力十足，各方面都有成就，這樣才有價值。」

駁斥：此種想法讓我覺得壓力好大，我不能片刻懈怠，

真的好累！其實你看很多成功的人也只在某一方面有成就，那樣就很有價值了。

取代以理性的想法：事實上我在體育、理科方面表現不錯，雖然音樂、美術或是在做一些細節的事情等方面不在行，但是我還是有能力的。

該你上場了！

一、勾選出你常有的不合理或非理性想法：

□1.必須表現得很好，否則就沒有價值

□2.堅強的人一定不會尋找別人幫忙

□3.我不可能出人頭地

□4.一定不可以讓人看笑話

□5.當事情不符合我的期望，就很糟糕

□6.家醜不可以外揚

□7.沒有人會真心愛我且接納我

□8.我是一個一無是處的人

□9.被別人討厭，是一件很可怕的事

□10.沒有人讚美欣賞，就是很糟糕

□11.我在乎的人，一定要愛我及讚許我

□12.絕對不可以讓家人擔心

□13.萬般皆下品，唯有讀書高

□14.不會有人喜歡我

□15.絕對不要被別人批評、嘲笑

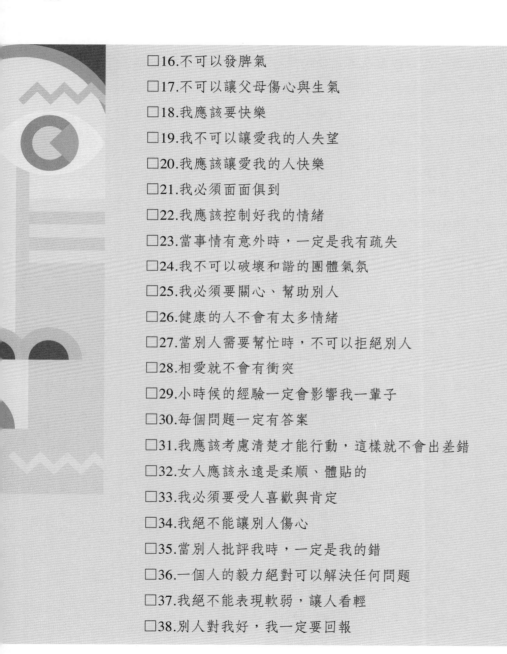

□16.不可以發脾氣

□17.不可以讓父母傷心與生氣

□18.我應該要快樂

□19.我不可以讓愛我的人失望

□20.我應該讓愛我的人快樂

□21.我必須面面俱到

□22.我應該控制好我的情緒

□23.當事情有意外時，一定是我有疏失

□24.我不可以破壞和諧的團體氣氛

□25.我必須要關心、幫助別人

□26.健康的人不會有太多情緒

□27.當別人需要幫忙時，不可以拒絕別人

□28.相愛就不會有衝突

□29.小時候的經驗一定會影響我一輩子

□30.每個問題一定有答案

□31.我應該考慮清楚才能行動，這樣就不會出差錯

□32.女人應該永遠是柔順、體貼的

□33.我必須要受人喜歡與肯定

□34.我絕不能讓別人傷心

□35.當別人批評我時，一定是我的錯

□36.一個人的毅力絕對可以解決任何問題

□37.我絕不能表現軟弱，讓人看輕

□38.別人對我好，我一定要回報

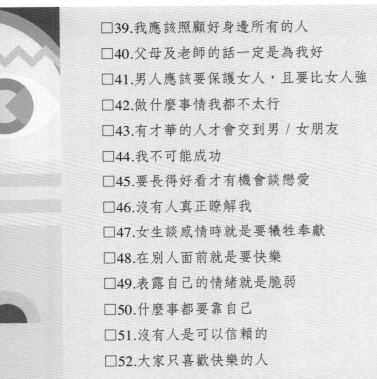

☐39.我應該照顧好身邊所有的人

☐40.父母及老師的話一定是為我好

☐41.男人應該要保護女人，且要比女人強

☐42.做什麼事情我都不太行

☐43.有才華的人才會交到男／女朋友

☐44.我不可能成功

☐45.要長得好看才有機會談戀愛

☐46.沒有人真正瞭解我

☐47.女生談感情時就是要犧牲奉獻

☐48.在別人面前就是要快樂

☐49.表露自己的情緒就是脆弱

☐50.什麼事都要靠自己

☐51.沒有人是可以信賴的

☐52.大家只喜歡快樂的人

二、請你將上面勾選的想法中，再選出最影響你的三個想
　　法，將這三個想法加以駁斥，並建立合理的、有效的信
　　念。

專欄6-6　對抗逆境的3D技術

一、分散（distract）

在困境中，容易有負面情緒，所以先讓腦袋放鬆一下，去做一些不相干的事情或你喜歡做的事情，讓自己先分散對挫折的注意力，無論是去運動、逛街、或者練習正念，隨時將注意力回到當下，什麼都不做，專注感受此時此刻你在所處的地方，你看到、聽到、嗅到什麼？也就是練習轉移心力，不要困在困境中，讓腦袋先放空。

二、抽離（distraction）

卡在困難中，常常是因為這件事情跟自己有密切關聯，所以容易不斷地反芻這件事情，所以抽離就是：想像一下，這件事情跟你無關，從第三者的角度來看事情，也許對事情就會有些不同的體會。

三、反駁（disputation）

情緒糾結時，非理性想法也會不停產出，產生更破壞性的情緒，所以可以練習駁斥：這個想法是適當合理的嗎？除此之外，有沒有其他方法可以……就算事情是這樣，有那麼糟糕嗎？……

資料來源：陶兆輝、劉遠章（2016）。

五、練習彈性思考

(一)不要被反芻思考困住

遇到不順利的事情，可能期待受挫、失落、人際衝突等，我們難免會想一想到底是怎麼回事？這樣的釐清事情對於我們面對問題是有好處的，也可在這個思考過程中有所學習。然而若只是重播發生的事情，一直圍繞在事情本身，懊悔這件事情的發生，並且變成批鬥大會，將錯誤歸咎於自己（不斷質問自己怎麼這麼笨），覺得都是自己不好，或者歸咎他人，認為是對方或這個世界對不起自己，這樣的反芻思考反而帶來的是負面影響。李介文（2018）提到緩解反芻思考的小技巧，例如分心再聚焦，亦即當反芻思考已經占據自己的心思，可以先去做別的事情轉移注意，或者環顧四周，說出自己看到的東西，但這不是要逃避反芻思考，而是找時間與機會好好跟反芻思考聊一聊。

其實我們需要的是好好「反思」，除了將事件釐清，瞭解問題癥結，想想問題可以如何解決之外，有時也可將引發的情緒當作一個理解自己的入口，去理解自己內心真實的狀況，知道自己在意的是什麼？無法接受的是什麼？有何渴望？有何失望？將心裡的脆弱、信念或者需求可以好好沉澱整理，或者也可藉機去理解這個事件對自己的影響是什麼？這件事可以帶來的意義為何？我可以從中學到什麼功課呢？

　　反芻涉及重複關注各種消極的想法和各種記憶，而這些思考方式或想法很容易變成習慣，並導致發生憂鬱症的風險提高。打破反芻的關鍵是養成完全不帶批判的思考方式，藉此抵銷負面思考的拉力，這些技巧中最有效和最成功的就是正念冥想。近年來正念受到廣泛的研究，亦即把注意力集中在我們當下的體驗上，而不是去回顧過去或是擔心未來，這樣的做法已經被證實具有顯著的心理效益，例如減輕壓力、注意力分散、反芻和強迫性思考等等。正念大師卡巴金（Jon Kabat-Zinn）將正念定義為「無時無刻、聚精會神培養不帶批判的覺察……盡可能敞開心胸，而非出於反射或批判動作」。卡巴金（1990）認為人們通常生活在一種盲目慣性的「自動化傾向」模式，所以人們對於自己的行為模式，以及腦中連續出現和過去或未來相關的想法和反芻思考常常毫無知覺，而處在這種「無心（mindlessness）的狀況可能會導致健康和心理問題（例如焦慮、抑鬱、情緒失調和消極情緒）。然而，透過正念練習可以有效地發展有意識的覺察，讓我們停留在當下，此外，正念不只是一種冥想的形式，是一種思考和存在的方式，我們選擇專注於我們的當下體驗——當我們在公園漫步時，不同花朵的氣味；當我們在椅子上休息時，聽見鳥兒的歌聲；或是當我們走路上班時，聆聽繁忙街道上的各種聲音。正念引導我們覺察身心當下的經驗，不被既有現象和個人經驗的框架影響而產生偏見，讓我們練習以開放的態度接受事實的本來面貌，換個角度看事情，不帶評價地專注與接納（胡君梅、黃小萍譯，2013）。

專欄6-7　正念練習

　　你可從以下練習方法中選擇一種來練習正念，時間可以短短的三分鐘，每天逐步增加三十秒都好，最主要是要能持續，一點一滴累積，漸漸就能體會到成效：

1. 專注於呼吸時身體的感受。躺下來，將手放在腹部，感受腹部隨著你的吸氣上升，並於呼氣時下降。吸氣的時候數1，接著吐氣，再吸氣的時候數2，接著吐氣，接續練習，數息時，心思是否靜下來了？是否覺得放鬆？心思保持靜止，當你發現心思又忙碌起來，原本專注的心思又飄移了，只要提醒自己再將專注力移往呼吸，將專注力保持在呼吸上，飄移了，就再回來就好，不用批判自己。

2. 在生活中進食的時刻，先觀察食物的外型、質地，開始用五官來探索食物的原貌，放入口中後，試著去體會從咀嚼到唾液分泌再到慢慢吞嚥，進行單純的觀察及感受。

3. 外出散步，花個三分鐘留意所見的人事物，或是並留意空氣接觸到皮膚的感受。或是留意身體移動的感覺。在走路的同時，刻意地注意行走時的身體經驗，清楚地去感受腳板從接觸地面到離開地面的動作，以及腿部與身體移動的感覺，注意自己身體的動作，若有其他念頭升起時，溫和地帶回走路的覺察，這就是正念的行走。

4.無論做什麼事情就是專注當下,不對自己情緒、想法、身體感覺等現象,作好壞的價值判斷,只是純粹的覺察,而且保持好奇與開放,以赤子之心面對每一個現象,接納所有事情的如其所是,也接納自己的種種。

(二)練習從不同角度去思考

我們很容易從單一角度去看事情,尤其是在壓力很大時,很自然就會有非黑即白的極端思維:不是輸就是贏、不是好就是壞、不快樂就是痛苦、不是愛就是恨……,若這樣的極端對立思考一直不知不覺也會讓我們更有壓迫感,所以我們需練習多元思考或彈性思考,李介文(2018)提到要改變對事件的詮釋,擺脫受害者觀點,可以透過三種新的鏡頭來觀照:

1.反轉鏡頭(reverse lens):如涉及這件事件或衝突的其他人會怎麼解讀與詮釋?他們可能會有的觀點或說法為何?其中有沒有一些道理呢?

2.長焦鏡頭(long lens):如果過了六個月或一年後,我會如何看待現在這樣的狀況或處境呢?

3.廣角鏡頭(wide lens):先不管最後結果為何,這件事情是否讓我成長?我可以從中有何學習或體悟呢?

另外,後現代主義的心理治療觀點也可幫助我們練習不同角

度思考，例如焦點解決取向治療（Solution-Focus Brief Therapy）的常用問句也可刺激我們不再困在問題中，而能開始有正向、朝向未來的思考，你可以先想一件最近讓你困擾的事情，試著用下面的問題，自問自答，看看會有哪些不同想法呢？

正向開場：思考一下自己對這件事情的最大期待。
你希望事情能有什麼不同？
如果情況有些改善，你想那會和過去有什麼不同？
例外問句：想想曾經有過的成功經驗，可讓我們找到一些方法或重新看待自己。
以前有無面對類似的狀況，有無怎樣的成功經驗？
什麼時候問題曾經好轉過一下子？那一次有什麼不一樣？
在過去幾個星期以來，是否曾有問題不存在，或情況比較沒有那麼嚴重的時候？
因應問句：想想自己面對困境時的力量，可以跳脫無力感。
在這件事情中，最令你感到困難的是什麼？你是如何度過的？
在這樣的情況下，你是如何____（走／撐／熬／……）過來的？
評量問句：藉由十分量尺的評估，讓我們不要只有陷於一團情緒中，而能分清楚自己現況的相對所在位置與想要達成的位置。
如果以1到10來看，10表示你想要自己可以變成的樣子，1表示自己處於最糟的情況，你現在是幾分？
1.前進一分的你會和現在的你有什麼不同？ 2.你可以做些什麼就可以往前進一分？
關係問句：嘗試由第三者的角度，來給予建設性的觀點。
誰會注意到你的努力？他會怎麼欣賞你的努力？他會給你什麼建議？
如果有個智慧老人出現，他會怎樣看待這件事情？或是給你什麼建議？

　　再者，我們也可以利用書寫表達，書寫後能將煩躁和負面的情緒「外化」，使受到情緒的干擾和影響減低，而且在書寫過程中可以讓自己不斷地找尋和釐清自身感受與想法，進而產生新的想法或是找到新的意義。書寫的方式可以包括自傳、詩詞、雜記、日記、故事、回憶錄、信件、部落格等方式，例如每天可以寫日記、可以寫一封信給自己，或是不管邏輯或標點，想到什麼就寫什麼，不能停筆、不回頭修改或刪除字句，將腦海當下浮現的念頭都用筆寫下來的「自由書寫」（余欣蓮、陳易芬，2009）。此外，也可以是較有結構的心理位移書寫（Psychological Displacement Paradigm in Diary-writing, PDPD）。

　　心理位移日記書寫法是由金樹人（2005, 2010）所創建，簡單來說，是書寫者依序運用「我、你、他」不同人稱位格來書寫同一經驗，讓我們可以在不同心理位置，進行自我對話，透過多重視野與多重觀點，來增加對自我與經驗的理解和認識，而能產生不同的意義或可能的行動（金樹人，2005；李素芬，2009）。金樹人的質性分析顯示，當在我位格書寫時，主要會有「情緒起伏、交代細膩」的特色。到你位格時，會經歷第一次的心理位移，因而產生觀點的位移，此時可能經歷到「關懷同理」與「批評指責」這兩種感受。隨後書寫到他位格時，拉到較遠的心理距離，所以可以有種「理性客觀、綜觀全場」、「他人故事」的旁觀視野。

　　從各研究對於書寫後的影響與效益中可發現，「情緒抒解」

為心理位移書寫後的主要效益之一，書寫者在書寫過後，情緒多半會趨向緩和平靜，甚至可以提升正向情緒；此外，書寫者也有機會從書寫的過程中對於書寫的事件，給予新的解釋（張元祐，2014）。透過體驗陷入情緒的「我」、辯證（關懷支持或批判指責）的「你」、超脫的「他」，達到在思想上產生頓悟性的理解，心靈回到平穩安適的狀態。

主要是針對同一事件依序使用「我」、「你」、「他」不同人稱來敘述，之後再轉回「我」進行書寫。張仁和、黃金蘭與林以正（2010）邀請一百位參與者對經驗到之負向事件，進行每週三次、為期六週之心理位移書寫，研究結果顯示，低生活狀態與心理適應較差者，其情緒與生活正向指標經心理位移書寫後有提升，情緒趨於平和，且書寫後的止觀改變量能有效預測個體心理適應的改變量。

參考以下流程，你也來試試吧！更鼓勵你可以長期運用這個方法，提升整體心理適應。金樹人教授（2005）的方法是邀請參與者以電腦輸入或文字書寫等個人習慣的方式，進行每日的記事。書寫步驟主要分成五個部分：

1. 以第一人稱「我」來書寫當日或最近發生的事。
2. 完成後空一行，將主詞換成第二人稱「你」來書寫同樣的事件。
3. 完成後空一行，將主詞換成第三人稱「他」來進行書寫同一事件。

4.完成後參與者需將主詞換回「我」來描述當下的心情與感受，而非針對該書寫事件。

5.最後再請參與者針對「我」、「你」與「他」三種不同狀態進行比較，分享在「我」、「你」與「他」三種不同位格上，所經驗到的轉換感受與想法。

六、培養正向情緒，有助於擴展視野、思維與行動力

正向心理學學者費德瑞克森（B. L. Fredrickson）（2001）提出正向情緒擴建理論（broaden-and-build theory of positive emotions），指出她曾做過一個實驗：受試者分為五組，分別觀看引起不同情緒的短片，這五種情緒包括歡樂、滿足、憤怒、驚慌和中立的情緒，看完影片後，請受試者列出想做的事情，發現經驗歡樂與滿足情緒的兩組可以列舉出更多想做的事情，負面情緒的那組則列得最少，所以研究結果支持正向情緒讓人更有動力。費德瑞克森指出，正向情緒可擴展我們的視野、思想與行動，解決問題的能力與因應技巧較好，對人際互動也較開放，促進社會能力，也較有創造力，豐富個人的心理資源。正向情緒較高的人顯示出較具建設性與彈性的因應能力，思考較抽象與長遠，經歷高壓負向事件後較能拉開情緒距離，而且在艱困時刻經驗到正向情緒能幫助人們因應苦難，較易在苦難中找到意義，更可因應未

來。可見，要練習轉念，先練習增加正向情緒也是一種方式。

Lyubomirsky、Sheldon和Schkade（2005）的研究指出，快樂＝天生因素50%＋環境因素10%＋自主活動40%，亦即有40%是屬於個人能控制的範圍。個人可以選擇去做令自己開心或不開心的事情，以及選擇面對所發生事件的態度與想法，所以在思想方面，我們可以建立積極的信念，改變對事情的解釋或者抱持的心態，意志方面，則可決定投身於有價值與意義的目標，而行動方面則包括一切所做的事情都是可以選擇的，這些向度可以決定快樂的程度。可見，快樂是我們的選擇，快樂是可以培養的。

Seligman（2002）發現「快樂」可區分為三個要素，包括正面的情緒（愉悅的生活；pleasant life）、目標（有目標的生活；engaged life）和意義（有意義的生活；meaningful life）。愉悅的生活強調生活要有樂趣，活在當下的每時每刻，增加令人開懷的經驗，放大美好的回憶等；有目標的生活意指在工作、親密關係和休閒中，尋求目標、參與和投入。另外，尋找有意義的生活，就是要發揮自己的長處，服務大我，並產生歸屬感，大我可包括宗教、家庭、社群、國家等（Seligman, 2005; Seligman & Csikszentmihalyi, 2000）。

所有好的習慣要建立都需要時間與一個過程，就像健身訓練肌肉，對於沒有運動習慣的人，一開始要運動就是一大進步了，雖說每天都要運動，但是就是會常找不到時間或找不到動力，滑滑手機之後又到了睡覺時間，所以一天一天過去，還是沒開始運動，即使享受運動流汗的開心，但是要成為自己生活的一部分，

一定要每天持續，正向心理的肌肉也是如此，需要一點一滴慢慢累積。以下提供幾個方法，先挑一個，每天練習，看看感受是否有些不同？並且慢慢找出哪些方式對你來說是奏效的，讓其成為你的快樂習慣。但要注意的是：不要把快樂當做唯一的目標，人生若只是單單追求快樂，逃避面對和拒絕接受人生本來就有的苦痛，反會適得其反。

正向心理活動——愉悅的生活		
主題	活動內容	做到的請打勾
好事日記	寫出三件發生在自己身上的好事	
寬恕的信	你曾經對誰感到生氣，覺得他害了你？你想要寬恕誰呢？寫一封寬恕信吧！	
感恩信件	想想曾經遇過哪些人是你很感恩他們對你的付出或曾經幫忙你。請挑一個對象，寫下你對他的感恩。	
樂觀和希望	這扇窗關閉，必有另一扇門開啟。請想想你曾經遇過怎樣的負面經驗或者挫折，但是也同時得到一些祝福或者擁有不同的機會與可能性？	
愛與關懷	1.安排一天發揮長處去對別人付出吧！ 2.要求家人彼此寫下三個長處，辦個聚會，共同分享討論。	
享受	找到你的小確幸，增加愉悅感。	

引自：Seligman-Rashid & Parks (2006).

專欄6-8　練習：快樂生活提案（The Happiness Project）

　　常聽人說：「只要我有了……（很多錢、房子、車子、工作……），我就會快樂！」。「快樂」應該是現在式，我們得學習「活在當下」，練習放慢腳步，細細品味生活中出現的不同經驗，用美好的眼光專注於這些平凡中的樂趣：

1. 走到大自然，享受大自然的奇妙。
2. 慢慢吃一頓飯，享受每一口食物帶來的美味。
3. 抽空與朋友好好地聚聚聊聊（不要跟朋友在一起，卻又拿手機當低頭族或是跟遠端的人聊個不停，忽略此時此刻在你旁邊的這位朋友）。
4. 安靜自己的心，專注於自己正在做的事情，任何事都可以變得很享受。
5. 讓自己開心玩耍，完全投入活動中。
6. 靜坐冥想。

　　請在回憶中搜尋曾經讓你自己感到快樂或心情振作的方法，或是以你的創造力或想像力，繼續開發不同的、新奇的讓自己快樂的提案，更重要的是在生活中實踐這些快樂提案。如同《過得還不錯的一年：我的快樂生活提案》一書的作者，在失業後認真地花一年的時間讓自己快樂，投入許多有趣的快樂生活實驗。現在就找一張紙，開始動筆寫，然後每天挑一個Project來實驗，享受當下的樂趣吧！

Project 1：＿＿＿＿＿＿＿＿＿＿＿＿＿＿＿＿＿＿＿＿

Project 2：＿＿＿＿＿＿＿＿＿＿＿＿＿＿＿＿＿＿＿＿

Project 3：＿＿＿＿＿＿＿＿＿＿＿＿＿＿＿＿＿＿＿＿

Project 4：＿＿＿＿＿＿＿＿＿＿＿＿＿＿＿＿＿＿＿＿

……

結　語

　　史丹佛大學的婷・希莉格教授（Tina Seeling, 2009）在她的書中曾舉一例，大意是有個年輕女孩想要搬家，苦惱於沒車時，發現竟然有一箱啤酒。如果當作是一個負擔，鐵定心情更煩，或者索性就喝掉了。她想到連上社區的網路公布欄，計畫用這箱啤酒換一次搭便車的機會，最後她竟成功用一箱啤酒完成搬家！

　　有一家製鞋公司，老闆想將業務拓展到太平洋上的一個小島，他便派了兩個業務人員阿陶和小朱到小島進行市場調查，以瞭解業務拓展的可行性。後來阿陶回國後，沮喪地告訴老闆：「我看在那裡我們沒生意做了，因為島上的居民根本都不穿鞋。」另一個業務小朱則像發現新大陸一般，他興奮地告訴老闆：「哇，大筆生意來了！那裡前景一片看好！島上人民都沒有鞋穿。」從這個熟悉的故事，我們可以看出相同的事件，結果兩人卻有不同的情緒及行為反應，因為兩人對於事情的看法不同所

造成。注意一下你常有的想法為何？這些想法帶出怎樣的影響？
練習本章提供的不同方法，開始培養樂觀且多元的觀點吧！

問題與討論

1.你認為想法會怎樣影響情緒呢？請就你生活中經歷到的事
　情，舉例說明想法改變，情緒就改變的事件。
2.請網路搜尋相關文章，找找有哪些名人如何面對挫折，他
　們都是如何看待挫折與因應的呢？
3.寫下最能激勵你的一句話或座右銘，跟同學分享。

Chapter

7

壓力管理與調適

　　小美最近常常心不在焉，變得沉默寡言，看起來似乎有些心事，但問她怎麼了，又說沒事，一天，班上同學聊天聊得很高興，說說笑笑，愈聊愈大聲，突然小美大吼一聲「不要吵了」、「拜託你們不要吵了，好不好，吵死了」，頓時，班上一片死寂，只聽到志明回了一句「幹嘛，講話都不行呀！」，只見小美突然趴在桌上哭了起來，大家都覺得莫名其妙，一時不知所措。這時小芬跑到小美身旁，輕輕拍拍她的背說：「對不起，我們太大聲吵到妳了。」，「沒有啦，是我自己最近壓力實在太大了！」小美說完又哭了起來。

　　壓力似乎已經成為現代人的特色，「我的壓力好大喔」、「請你不要再給我壓力好不好！」、「最近功課壓力很大」、「我沒有辦法再承擔任何壓力了」、「看到他就讓我覺得好有壓力喔」、「上數學課最有壓力了」……「壓力」的確已經成為日常生活中常聽到的話語，你知道壓力是什麼嗎？你有沒有壓力呢？什麼事情帶來你的壓力？

　　每個人都有大大小小不同的壓力，時間的壓力、課業的壓力、工作的壓力、同儕的壓力、家裡的壓力……有時真的都快被壓得喘不過氣來了！當我們有壓力時，常常會衍生出許多不同的情緒，例如，焦躁不安、易怒、心煩意亂、沮喪……，因此，在我們瞭解有效情緒管理方法的同時，如何在壓力情境下調適自己，減少負向情緒對我們的影響似乎也是一個重要的課題，所以

在此章中我們將探討壓力的定義、壓力的來源，以及如何有效調
適壓力。由於壓力已經普遍存在，而且有其必要性，例如：學生
如果沒有考試的壓力，就不會加倍認真地去讀書；業務員如果沒
有業績壓力，公司就會出現赤字等，所以適當的壓力是必要的，
但是問題就出在壓力超過了我們所能負荷的範疇，就會影響身心
的健康。因此，壓力調適的方法並不是教導大家如何去除所有的
壓力（因為那也是不可能的），主要是希望讓大家學習如何減少
不必要的壓力，如何減輕壓力造成的傷害。

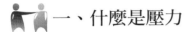 一、什麼是壓力

　　壓力（stress）常常掛在嘴邊，但是對於壓力的定義，卻仍
無一致的結論，張春興（1991）認為壓力是個人在面對威脅性刺
激情境中，一時無法消除威脅、脫離困境時的一種被壓迫的感
受。根據研究壓力的專家Hans Selye認為，所謂壓力就是當一個
事件（或是外界的一種刺激）使一個人產生不同於平常的行為反
應，這時這個人會覺得自己的生命似乎受到威脅，因此這個人
必須決定面對這樣的刺激（事件）的方式──攻擊或逃跑（fight
or flight），而這事件或刺激對這個人就帶來了一種壓力。Rice
（1992）則認為壓力指的是因環境、情境或個人壓力（pressure）
與要求，造成的一種生理、心理或情緒上的緊張狀態或負擔。歸
納諸多學者的看法，我們可以從三種不同的觀點來定義壓力：

(一)「刺激」取向

　　以刺激為基礎的觀點，是把壓力源（stressor）的變化視為壓力，強調內在事件（如飢餓、冷熱）以及外在事件（如離婚、爭吵、車禍）等心理與環境變化對人的影響，所以環境中客觀存在的生活事件就是壓力，生活事件的變動就是壓力的指標。然而，僅將壓力視為生活事件的總和而忽略事件性質似乎不夠周延，Lazarus與Folkman（1984）就提到本取向把焦點放在環境中的事件，僅以事件代表壓力，卻忽略了個人對這些事件的不同看法。因此，只以生活事件數作為壓力指標並不足以代表個人實際感受到的壓力，因其忽略了個人的主觀認知因素。

(二)「反應」取向

　　此一觀點把壓力反應（stress response）當作壓力，強調個體在環境刺激下所引發的反應。此取向較強調個人對事件的反應。當個體對環境中刺激產生適應性反應時，即稱個體處於壓力狀態下。Selye（1956）認為個人面臨有害的刺激時，其身體各器官會出現抵抗這些刺激的反應，以便達到回復正常狀態的需求。當這種反應出現時，便可以說個體是處於壓力下的（引自Lazarus & Folkman, 1984）。這樣的觀點較常應用在醫學界及生物界，其較偏重整體性的反應，但卻不考慮壓力來源及個人的認知層面。

(三)刺激與反應交互作用取向

　　此取向認為壓力不應只是刺激，也不該只考慮反應，較強調壓力是個人與環境間一種特殊的動態關係，彼此互相影響。Lazarus與Folkman（1984）認為：「壓力是個人與環境間的特殊關係，個人評估此一關係是對他造成負荷的或超出他的資源所能應付的，而且危及個人的福祉及身心健康。」因此，個人一旦知覺到環境的要求與個人的能力無法平衡而有威脅的感受時，壓力便會產生。此一取向的定義兼顧刺激與反應，並提出二者交互作用時「認知評估」的重要性，故可說是較為周延的觀點。

　　目前大多數的學者都採用「壓力是刺激與反應的交互作用」的觀點，因為即使某些事件確實具有威脅性，但是個體並沒有認知到此事的威脅性，那麼他就不會感受到壓力，或者由於個體有信心可以處理此事，那麼對個體也不會產生太大的壓力。

專欄7-1　檢視自己所承受的壓力

　　以下有一份小小的壓力指數測驗，可幫助你更瞭解自己目前的身心狀況，請勾選你目前所感受到的情況（也可上網填寫，https://health99.hpa.gov.tw/OnlinkHealth/Quiz_pressure.aspx）：

壓力指數測量表

編號	是	否	題目
1			您最近是否經常感到緊張,覺得工作總是做不完?
2			您最近是否老是睡不好,常常失眠或睡眠品質不佳?
3			您最近是否經常有情緒低落、焦慮、煩躁的情況?
4			您最近是否經常忘東忘西、變得很健忘?
5			您最近是否經常覺得胃口不好?或胃口特別好?
6			您最近六個月內是否生病不只一次了?
7			您最近是否經常覺得很累,假日都在睡覺?
8			您最近是否經常覺得頭痛、腰痠背痛?
9			您最近是否經常意見和別人不同?
10			您最近是否注意力經常難以集中?
11			您最近是否經常覺得未來充滿不確定感?恐懼感?
12			有人說您最近氣色不太好嗎?

壓力指數解析

回答3個「是」:恭喜你!顯然到目前為止你所感受到的壓力程度並不影響你的生活。

回答4~5個「是」:壓力滿困擾你,雖能勉強應付,但必須認真學習壓力管理了,同時多與良師益友聊一聊。

回答6~8個「是」:你承受的壓力已快到飽和點,需要給自己放鬆一下,調劑調劑,放心地出去走一走、跑一跑吧!總之,你該休息一下了。

回答9個以上「是」:你的壓力已經很大,不知道你是怎麼撐過來的,找個人談談吧!你需要改變現況,才不會得內傷哦!

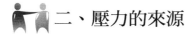二、壓力的來源

　　我們每天可能都面臨不同的壓力，例如擠公車而車內擠滿人時、開車結果陷在車陣中、上課快遲到了、面對考試、參加面試時、工作量過重時⋯⋯，都讓我們倍感壓力，當然還有一些壓力事件是更為嚴重的，例如親人長時間生病、父母離婚、親人過世或者失戀、失業等等。此外，外在環境（如高溫、噪音、擁擠）或者生活的變遷（如搬家、就業、結婚、失親或者不明確、未知等），也是壓力來源之一。畢業時對未來的未知常會引發自我懷疑，也會造成莫名的壓力，另外，擔心被評價或者表現不好，所以怕考試、上台報告等等。總之，讓個體內在或外在感受到威脅的狀況都可以是壓力來源，而且在壓力狀況下，也常常會造成「一根稻草壓死駱駝」的情形，例如在高壓力下，可能車子被輕輕刮了一下，就暴跳如雷，或者別人多看一眼就和對方打起架來。

　　壓力的來源除了外在生活事件的改變，也來自於個人的內在因素或內在感受，因此可以將壓力源歸為五類：

(一)生活變遷

　　生活中充滿了各種變化，個人成長的身心變化、換學校、搬家、換工作等外在環境的改變；與同學、朋友與家人等關係的改變；或者財務、健康等的改變，都會帶來一些壓力。根據研究發現，壓力指數較高的生活改變事件為配偶亡故、離婚、分居、親

人亡故、個人生病受傷、新婚、失業、退休、家中有人生病、懷孕等。除了個人生活之外，整個大環境也急速改變，例如經濟不景氣、電腦資訊日新月異等等，對某些人而言，無法跟上或因應時代的變遷也會成為壓力之一。

(二)挫折

當事情沒有照我們的意思去做的時候，或者無法滿足我們的需求或欲望等，都會讓我們感受到壓力，例如趕時間卻又塞車誤點、考試考不好、參加比賽卻輸了、自己計畫好的事情被父母反對、股票被套牢損失慘重、找不到喜歡的工作、被喜歡的女孩拒絕等等。

(三)內心衝突

當我們同時有兩個動機卻無法兼顧時，心中就有衝突產生，這些衝突又可分為：

◆雙趨衝突

指的是同時有兩個以上的目標是自己所追求的，但是卻只能選其一，不知如何取捨而產生的衝突，就像是魚與熊掌不能兼得，例如很想和同學去唱KTV，但是又想跟社團的人去吃大餐，兩個都很想要，但是只能有一個選擇；或者同時遇到兩個心儀的對象，不知道該如何取捨。

◆雙避衝突

是在兩個都不喜歡的選擇中一定要做一個選擇，陷入左右兩難的困境，例如要在一個沒有愛情的婚姻以及痛苦的離婚兩者之間做抉擇。

◆趨避衝突

是一種進退兩難的困境，對於同一件事情有喜歡的部分，但同時又有讓你想逃避的部分，例如你很想主動打電話邀約喜歡的人，可是又怕被人家拒絕，因此猶豫不決；或者你很想要談戀愛，但是又擔心被綁得死死的，失去自己的空間，所以不敢「輕舉妄動」。

(四)壓迫感

又可分為時間、空間與關係的壓迫感，例如在一段時間內，同時要處理多件事情，同時有五通電話要回，又有人等著和你討論事情，還有一堆資料報告要閱讀，這時就會產生壓力；或者到了學期末才發現有一大堆報告要交，這時也會有壓迫感。此外，在一個擁擠的空間裡，比如說桌上堆滿的書本資料、房間散了一地的東西、電梯裡／公車上／街道上擠滿的人，都會讓人感到壓迫。還有就是在人際關係、親子關係、團體關係中，許多人對你的期待與要求等。

(五)自我引發的壓力

可能是人格特質或者自己的信念、價值觀等，都會增加壓力，例如A型人格的人由於強調速度、競爭、積極，常很急促地說話，走路、吃飯速度都很快，就是很難放鬆；或者完美主義者希望每件事情都要做到100分，所以隨時都有壓力；或者是喜歡照顧別人的人，一天到晚幫人家做事，為別人擔心，把別人的事情擺第一，凡事有求必應，結果就是犧牲自我，帶來很多的壓力；還有一種勞碌命型，喜歡攬很多事情在肩上，不放心把事情交代給別人，事事都要自己一手負責，結果攬了一堆壓力把自己累死；還有一種則是杞人憂天型，常常擔心這擔心那，每天提心吊膽不能放心，心理壓力也大得不得了，以上種種人格特質是讓壓力持續存在的原因。另外，我們的一些非理性想法，例如「我應該要表現更好」、「我必須得到大家的喜好」、「我一定要成功」、「如果事情沒有這樣就完蛋了」……，或是習慣以負面觀點來看事情，都會引發我們的壓力。

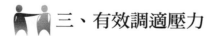 三、有效調適壓力

「怎麼辦？考試快到了，要念的書那麼多，都念不完了耶，怎麼辦呢？」、「完蛋了，老師今天又交代一大堆作業，社團又要忙著辦活動，答應室友要幫他還書，然

後同學又說要去唱KTV，這麼多事情，煩死了」、「平常都已經習慣爸爸媽媽吵吵鬧鬧，這回他們竟然真的要辦離婚，家裡氣氛更為緊繃，搞得我壓力也好大」、「我天生就是個急性子，沒辦法，事情那麼多，每次看我匆匆忙忙，連上課快遲到也緊張兮兮，我也覺得生活步調這麼快，壓力好大，可是我也不知道該怎麼辦呀？」、「每天我忙著上班，老闆期待我業績要更好，回家後忙著家事，先生期待我天天回家煮飯，小孩期待我多陪他們玩，我不想辜負他們的期待，可是卻讓我每天都繃得好緊，好累喔！」、「整天在外為家人打拚，可是現在經濟這麼不景氣，股票又被套牢，可是小孩要尿布錢，老大念私立學校學費貴得要死，唉～經濟壓力真的好大，我真是苦命的男人啊！」

壓力看不見也聞不到，可是它就是存在每個人的生活中，平常我們有一種熟悉的生活步調，每件事情都維持均衡狀態，因此可以安然度日，可是一旦多了一些事情，外在環境有了改變，或者自己的承受力或功能減低，那麼原有的均衡被破壞就會產生壓力了。

壓力對人的影響程度主要取決於壓力情境、個人特性、因應方式與社會資源等四方面，所謂壓力情境包括壓力事件多寡、急迫性、嚴重性與持續性，例如同時面臨很多壓力事件，壓力指數就會比較高，考試前一天壓力也會比較高，若是迫在眉睫急著處

理的事情也會帶來比較大的壓力，對於重感情的人來說失戀絕對比考差壓力大，每天都吵架比偶爾小吵的情侶壓力也會比較大；至於個人特性則包括對壓力的認知、自我效能的高低、個人過去的經驗等；因應方式也可分為有效因應與無效因應；最後，社會資源指的是個人可獲得的外在協助與情感支持等。因此有效調適壓力也可從這幾個方面著手。簡言之，就是從壓力事件本身，以及從個人本身著手，包括減少不必要的壓力源、提高自我效能、學習有效因應方式、學習放鬆技巧，抒解身心緊張、改變認知方式，選擇正向觀點、做好有效的時間管理，還有建立社會支持網絡等，協助個體建立內外在資源以順利處理壓力。

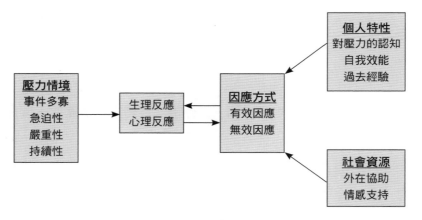

圖7-1　壓力的因應

(一)減少不必要的壓力源

> 筱雯昨天又熬夜趕報告，幾乎一夜沒睡，心裡想說今天
> 下午沒課剛好可以補眠，也乘機聽聽音樂放鬆一下，結
> 果中午遇到品涵時，品涵拜託她下午一起去做實驗，她
> 不好意思拒絕，所以就答應陪她去做實驗，但心裡卻非
> 常懊悔。筱雯覺得自己常常無法拒絕別人，怕拒絕會傷
> 害別人，所以同學每次請她幫忙她很少說不，所以一會
> 兒幫同學還書，一會兒幫同學占位子，一會借同學筆
> 記，一會兒幫同學買東西或是陪同學逛街，一會兒又是
> 幫忙畫海報或籌辦活動……筱雯隨和又難拒絕他人的個
> 性徒增她許多事情，漸漸地她也變得厭煩，答應人家的
> 事情不是做得心不甘情不願，就是拖延很久才完成，變
> 成一種消極性的攻擊。

我們需要「量力而為」，還要懂得不要讓自己繃得太緊，不
要凡事都攬在身上，又不好意思拒絕別人，結果事情愈做愈多，
難怪壓力也愈來愈大。其實很多事情是可以有所取捨的，我們必
須懂得照顧自己，學會說「不」，才有機會減少一些壓力事件。
因此，也要學習肯定自我，自我肯定的人可以適度表達與滿足自
己的需求，比較懂得調適壓力，也比較清楚自己的限度，不會承
擔過多的壓力。反之，無法自我肯定的人，由於自我價值低，常
常需要別人肯定，而且也比較容易受別人左右，又怕麻煩別人，

因此，遭遇困難時也常是一個人承擔，比較不會求助，導致壓力無處抒解。

此外，外在環境的壓力也是我們可以避免的，例如減少噪音、盡量不到擁擠的地方、盡量做好時間管理，不讓自己受限於時間壓力。此外，營養不均衡也比較會讓我們感受到壓力，因此，保持營養均衡，限量咖啡、糖，補充維他命B、C等，都可減少不必要的壓力。

壓力與做事效率並非成正比，而是成曲線狀，在壓力適度時效率最高，壓力太小或太大效率都會變差，因為壓力太小讓人怠惰，壓力太大令人喘不過氣，所以適度的壓力最好，記得隨時檢視自己正在承受的壓力指數，減少不必要的壓力源，讓自己維持適度的壓力，生活更滿意。

(二)提高自我效能

相同的情境下，因為個人所持的看法信念不同，而產生的行為結果也將不同，自我效能就是個人對自己獲致成功所具有的信念，亦即對個人能力的判斷，對自己的信心程度。自我效能是由心理學家Albert Bandura所提出，自我效能高的個人擁有相信自己具有充分能力可以完成某件事的信念，跟自己具備的特定技能無關，而是與他自己對自己的判斷與信心，自我效能可以影響個人在特定情境中的行為、思維方式以及情緒反應。一個高自我效能的人在面對壓力時並不會對自我產生太大的威脅，相信自己能夠

有效因應，即使在挫折失敗的情境下，也會歸因於情境因素，如自己的努力不夠或者策略不當，而不會歸因於自己的能力不好，因此仍有信心可以面對壓力。

高自我效能的人傾向相信自己擁有資源可以應付所需，當遇到有壓力的事件時，會將其視為「挑戰」，而不是「威脅」，相對地，低自我效能的人可能會視為威脅而驚慌失措，所以自我效能會左右我們努力、毅力及挫折接受力的程度。對自己能力有信心者，面臨壓力時，不會被壓力打倒，能堅定自己的能力去克服之，反之，對自己的能力沒信心者，很容易因為一些負面的經驗而影響自己對壓力的因應，有時候「相信什麼」勝於「會什麼」，信念就是一股力量，所以要解開壓力所帶來的枷鎖，就是要相信自己能夠妥善因應，因此，有必要建立個人信心，提升自我效能。

從蘇彙珺（1997）的研究結果也確實發現，壓力因應歷程中的認知評估及因應策略，皆受到個人自我效能高低的影響，可見自我效能在個人壓力因應歷程中扮演非常重要的角色。從蘇彙珺（1997）研究結果中，具體得知當學生愈「自我詆毀」時，其愈傾向對壓力做「傷害評估」、「威脅評估」及較消極的「次級評估」，亦即，當學生愈覺得自己不好，愈不能自我肯定時，其愈傾向認為壓力是一種傷害或威脅，愈覺得自己無法控制壓力情境。另外，也可得知對壓力較持「傷害評估」的學生較易使用逃避的因應策略，較缺乏直接面對壓力解決問題的勇氣。因此，在考量如何提升學生壓力因應能力及壓力管理能力時，可從自我效

能著手,藉由提升學生的自我效能而增加其壓力因應能力。

自我效能的形成跟自己的經驗與所接受的教導或觀察學習等都有關聯,我們多半只看見自己的短處、缺點,常忽略自己仍有許多長處、優點。我們常拿一件事或一項行為來評定自己的好壞,然而沒有一個人是全好或全壞,一個行為或缺點並不代表整個人的價值,所以我們應該學習欣賞自己,接納自己不能改變的部分。此外,多增加自己的正向經驗,將可建築自己的信心,隨時自我肯定、自我激勵,也可提高自我效能,如果能對事情抱持樂觀態度,也會更願意努力。

近年來隨著正向心理學的興起,許多心理學研究都證明,如果想要事業有所成就,你對待自己的方式,自己跟自己的關係其實也是相當重要的,如果在失敗後對自己態度苛刻,只會讓自己再次失敗;如果你能善待自己,下次就會做得更好,亦即要對自己有更多的「自我慈悲」來減少無止盡的自責,而能打從內心去接納與跟自己和好。其中,訓練自我慈悲的簡單方法就是:「像對待失敗的同事或朋友一樣,善待自己。」與其訓斥、批判,讓自己感到無助與絕望,不如帶著同理心去傾聽,並接受犯錯是正常的,對自己多點同理,少些責難,能避免陷入恐懼、孤立、消極的破壞性模式中,也可降低內在的情緒壓力負荷。

專欄7-3　提高自我效能

　　自我效能受到四個因素影響：個人經歷成敗經驗、替代性經驗、言語說服、情緒與生理的影響。個人親身經歷的成敗經驗對自我效能感的形成影響最大，成功的經驗可以提高自我效能感，使個人對自己的能力充滿信心。替代性經驗則是透過觀察他人的行為和結果，獲得成功可能性的判斷，此外，他人的鼓勵、積極評價也較容易增強其自我效能，最後，一個人的情緒狀態與生理狀態有時也會影響自我效能感。簡單歸納如下圖：

提高自我效能的四大要素

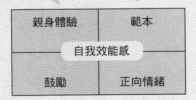

親身體驗	範本
自我效能感	
鼓勵	正向情緒

親身達成目標的經驗
曾經成功的經驗
具有成效的方法

替代性經驗、範本
觀察仿效他人或見習

鼓勵或支持的話語
激勵的言行

振奮鬥志
正向情緒感受

練習：請思考下面各題，擬出提高自我效能感的行動，並實踐之。

1.想要達成的目標是什麼？
2.親身體驗：過往曾經有哪些成功經驗？範本：可以以誰為楷模或是向誰學習所需要的能力？
3.鼓勵：需要得到誰的鼓勵？怎樣的鼓勵話語會是有幫助的呢？
4.正向情緒：為了提升自信與正向心情，可以做些什麼？

(三)學習有效因應方式

對於壓力的因應策略可分為（李坤崇、歐慧敏，1996）：

1.解決問題：在面對生活壓力時，直接採取行動以解決問題，包括評估壓力情境、找出不同的行動方案，並且採取行動。
2.暫時擱置：接納壓力，但暫時擱置稍做調整以增強解決問題的能力。
3.改變：正向重估自己的認知與情緒狀態，藉由自我增強和調整認知、情緒狀態以解決問題。
4.尋求支持：個人會尋求他人支持，藉由他人以增強解決問題的能力。

5.逃避：以逃避問題、責怪他人或聽天由命等方式來逃避。
例如去做些無關緊要的事就是逃避該做的事情；或者找一
些理由回絕人際活動，避開該見的人；明明有很多事情要
處理，可是還是天天看電視，躲在家裡，啥事也不做；或
者家庭失和為了避開壓力於是一天到晚往外跑，或者更努
力加班。

前四種策略都是屬於有效的因應策略，可以帶來正向結果，
逃避的方式雖然可以暫時躲開壓力的威脅，不過壓力仍在，遲早
還是得面對。

此外，我們面對壓力時的反應可以簡單分為問題焦點取向與
情緒焦點取向，問題焦點取向是將重點放在問題本身，先評估壓
力情境並採取適當措施來改變或避開壓力，採取有效、建設性的
行為直接解決威脅的壓力情境。而情緒焦點取向則是控制個人在
壓力下的情緒，個人努力減少焦慮，不直接處理產生壓力的情
境，先改變自己的感覺、想法，而非問題的解決，專注在減少壓
力對情緒的衝擊，主要在使人覺得舒服一些，但壓力源並沒有改
變。

總之，一是問題取向，重在改變壓力本身，一是情緒取向，
重在調節情緒。至於何者對個人最有效，則需評估整體情形，如
果一個人處在激動情緒狀態下，那麼根本也沒有辦法思考解決之
道，所以可能需要先採取情緒焦點因應方式，先緩和情緒再說，
然而如果一味地固著在情緒調整方面，那麼問題也有可能更加惡

化,或者非但沒有真正面對問題,反而陷在情緒中加深自己的痛苦。因此,我們必須辨認出自己習慣的反應或因應策略,學習有效的因應策略,讓我們可以更彈性地針對問題,使用有效的因應方式,而真正地減低壓力。

(四)學習放鬆技巧,抒解身心緊張

你現在有沒有壓力呢?「還好」、「不知道」、「有吧」、「壓力好大喔」,如果你不是很清楚自己的狀況,也許你可以來做個實驗,現在當你看到「暫停」這個詞時讓你自己定在那邊,不要移動你的身體,像個雕像一樣停在那邊,好,現在你注意一下你身體的感覺與姿勢。

你可以放下你的肩膀嗎?

你可以放鬆你的前額嗎?

你可以放鬆你臉部的表情嗎?

還有哪一部位是你覺得可以再放鬆的,大腿、小腿、臀部、腹部、背部……

好了,你現在是不是讓自己的身體調整到一個最舒適的位置,是的,剛剛我們的肌肉都是過度支撐緊繃著,我們常常不知不覺就將我們的肌肉繃緊,讓自己身體處在一種壓力狀態下而不自覺,結果產生許多無謂的壓力,常讓自己處在一種緊繃的狀態,心情也會跟著緊繃,所以容易疲累或頭痛、腰痠背痛,所以

放鬆一下自己，將可抒解身心的緊張。以後你隨時都可以注意一下你整個身體是不是非常緊繃，肩膀不自覺地就往上聳呢？那時別忘了告訴自己「輕鬆一點」。

平常生活如何自覺是否處在壓力的狀況呢？早期的壓力警訊是頸部和肩膀的拉緊，或是雙手緊握成拳，這時就應該放鬆身體，其中以運動是最為有效的方式，它能消除所累積起來多餘的體力和緊張，同時又能強壯體魄，可說是一舉兩得的事。當壓力一來時，可以利用放鬆訓練、伸展運動、深呼吸等來暫緩。身體的放鬆可以減低焦慮，避免過度緊張帶來的困擾，也讓我們有較多的能量去面對問題。

(五)改變認知方式，選擇正向觀點

事情搞砸時，我們常常去批評而不是支持，只注意壞的一面，而看不到好的一面，而且我們很容易將一件事情的成敗或某件行為當作是個人的價值，所以失敗的同時就全然否定，例如很努力準備期中考，結果成績單下來時發現並不理想，結果就自責自己實在太笨了，還有就覺得自己比人家差，或者覺得自己很不好，所以除了讓自己心裡沮喪難過外，每次面對考試時就倍感壓力，因為把每次考試都當作是自我價值的考驗，難怪壓力會那麼大。

學習從不同角度看事情，比如說在塞車很嚴重車子無法動彈時，你可以讓自己處於壓力下，不停看錶、按喇叭、破口大罵，

或者努力鑽空隙、超車，拿自己生命開玩笑，然而你也可以換個角度想，讓自己輕鬆聆聽音樂或者規劃一下週末計畫等，或者練習明天的口頭報告等，如實承受，如此壓力就輕鬆解除了。

我們怎麼想就會怎麼感覺，然後就會怎麼做，影響我們的常常不是事件本身，而是我們對事件的看法，所以我們也要學習改變內在的自我對話。

有位老師進了教室，在白板上點了一個黑點。他問班上的學生說：「這是什麼？」大家都異口同聲說：「一個黑點。」老師故作驚訝的說：「只有一個黑點嗎？這麼大的白板大家都沒有看見？」

*　　　　　　　*　　　　　　　*

皮鞋公司為了拓展客源，派了A、B兩位員工去調查某地市場開發的可能性。調查結束後，員工A說：「不行啊！老闆，那裡是個未開化的地方，根本沒人穿鞋，在那裡是做不成生意的。」員工B卻說：「太好了！那裡的人沒有鞋穿，正等著我們過去賣鞋呢！」

同樣一件事情，若能從正面、樂觀的方向來思考，就會使自己充滿喜悅與希望。也許可以檢視一下你自己，是不是常常有一些不合理的想法或者常常抱持悲觀的態度呢？你是不是常常告訴自己「遭透了」、「完蛋了」、「我是不好的」、「我每件事都做不好」……有時，讓我們心情不好的，不是別人，也不是不順

遂的環境，而是我們自己，有時候是我們內在負面的自我對話讓
我們陷入愁雲慘霧中，所以培養積極樂觀的想法可以讓我們經常
擁有燦爛的陽光。賽利格曼（Seligman, 2002）是樂觀理論的權
威，他認為樂觀感有三個向度，關乎人如何理解自己的處境。例
如一個人失業了，他如何理解這處境：

1. 對個人衝擊幅度的理解。這次是一個全盤的失敗，自己變
   得一無是處，還是將衝擊局限於某一方面，如只是工作上
   出現困難，其他層面如家庭不受影響。亦即普遍性或特定
   性的歸因，普遍性歸因會將事情過度類化與推論；特定性
   歸因則將事情視為單一事件。

2. 責任歸屬或有關歸因的問題。樂觀的人不會將問題只歸到
   自己的頭上，他會看到外在因素及個人責任交錯而成的情
   況，看得比較合乎實際。悲觀者則容易做內在歸因，尤其
   習慣認為都是自己搞砸的，樂觀者則會考量外在與脈絡等
   相關因素。

3. 逆境要持續多久？樂觀的人看困境是短暫的，很快就會過
   去；悲觀的人卻看困境是很難解決的，或是認為困境會持
   續不斷地發生，自己只能處在痛苦中。

總之，樂觀者會將負向事件解釋為外在、暫時性與特定的原
因，因而對未來抱持著自信與希望感，此外，面對正向事件時則
歸因於內在、永久、普遍的原因，因而積極看待自己的過去、現
在與未來的美好一面。而這些歸因方式或解釋風格是絕對可以改

變的，所以若自己容易困在悲觀想法中，更要走出自己的象牙塔，多聽聽別人不同的樂觀想法！

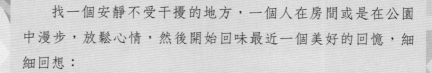

專欄7-4　回味美好經歷

　　找一個安靜不受干擾的地方，一個人在房間或是在公園中漫步，放鬆心情，然後開始回味最近一個美好的回憶，細細回想：

1.事件相關的人、事、時、地、物。
2.在事件中看到和聽到什麼？
3.在事件中所經驗到的正面感受或想法？
4.仔細回味那愉快感覺是：興奮？恬靜？暢快？幸福？滿足？驚喜？愉悅？
5.從心中記住這次愉快經歷。
6.你可有方法去重新經歷類似的愉快事情？你可以安排哪些行動再去經驗，或使它經常出現呢？

　　做完這個練習後，請檢視一下自己此刻的感覺，與做這練習之前有無不同？

(六)做好有效的時間管理

　　有些人總是覺得時間不夠用，常窮於應付他人的要求，而沒有多餘的時間從事自己喜歡的活動、私人交際或是享受充分的休息，而有些人則是虛度光陰，導致該完成的事情沒法如期完成，也增加了一些原本可以避免的壓力，究其原因可能就是缺乏有效的時間管理。每個人同樣都是一天二十四小時，但是有些人就是沒時間或時間不夠用，有人則是忙歸忙，還是有充裕的時間喝杯咖啡、聽聽音樂與朋友聚聚餐，常可忙裡偷閒，但是也同時高效率地完成很多事情，為何會有如此大的差別？其實就在於是否會善用時間。此外，一個人能持續集中注意力的時間，其實不超過九十分鐘。所以在工作時，盡量避免工作單一化，並交替進行不同類型的工作，譬如在全神貫注進行需要耗費大量腦力的工作後，撥出一小段時間做做輸入資料等簡單的文書工作，透過這樣的「微專注」，也可提升工作效率，減緩事件的壓力。

　　要做好時間管理，首先想想看你一天通常是怎麼度過的？先將你一天中每一小時所做之事詳細列出成為一張「生活紀錄」，回顧一下從起床到睡覺做了哪些事情？所從事的每件事情花了多少時間？例如也許你花了六個小時上課、三個小時與朋友聊天、四個小時上BBS、兩個小時看電視、一個小時講電話，再扣掉吃飯、睡覺、洗澡……，似乎也沒啥時間可以看書了，從這張生活紀錄中將可以清楚看出自己的生活內容與時間運用情形，當我們清楚自己的時間之使用情形，才能進一步做好時間管理。接下

來，也許要再評估一下這樣的分配與使用恰當嗎？仔細回顧一下自己的生活，也許你會發現常常花太多時間在一些瑣事，結果正事就來不及完成，或者花太多時間做白日夢、閒晃，或花時間在無需操心的事情上，還是你每天就花了許多的時間在計畫有效率的一天，結果計畫歸計畫，到頭來還是沒有辦法確實執行。這是你要的生活嗎？如果不是，那麼就要做些改變與調整囉！

其次，想一想，你清楚自己的生活目標嗎？生活目標是實際生活的指南，所以你得先將自己的目標釐清，而訂定目標的原則是：完整、具體、合理、可行，先澄清自己的期待與需要，釐清自己的主要目標，再擬出長期計畫與短期計畫，訂出適當的完成期限，如此生活將變得充實有次序。

目標在人生占極重要的位置，研究指出，現代人的空虛和抑鬱，都與他們不懂得為自己制訂合理的目標有關。訂目標的原則為SMARTER，好的目標有以下特點：

1.Specific（具體明確）。

2.Measurable / Observable（可測量／可觀察的）。

3.Achievable（可達到的）。

4.Relevant to your situation（與個人處境相關）。

5.Time-bound（有時間限制）。

6.Evaluate（可以評估檢討）。

7.Reward（要獎勵自己）。

　　此外，目標的選擇最好是自己想做到的事情，而不是別人要你做的，而且訂下具有挑戰性的目標，讓自己可以發揮潛能，在各方面，如工作、人際關係、友誼、健康、靈性等方面都可以設定目標，因此，也需要將目標排序，由最重要到最不重要，先選擇最重要的目標來實行，聚焦專注也是很重要的喔！

　　確定自己的目標或計畫之後，將要完成的事情排定優先順序，把重心擺在最重要的、需要優先處理的事情上，然後擬定確實的行程，再將一些無關緊要的小事排在時間空檔中，讓時間充分被利用，此外，每天也要預留一些彈性時間可因應一些突發狀況。

　　另外還有一些要點需要提醒：

1. 善用瑣碎時間也是有效時間管理的妙方，例如等車時看看一些小品文或是背背英文單字等。

2. 時間是有限的，所以在有限的時間內不要設定太多目標，不要讓自己盲與忙。

3. 時間安排也可以有彈性，但最主要的是「這樣的生活我喜歡嗎？」，如果不滿意就要馬上調整，一個小改變可以帶來大改變，當你的生活越來越充實時，別忘了鼓勵肯定一下自己。

4. 即使你不習慣詳細列出要做什麼事情，但是在一天開始之前先想過今天需要完成的事情，分配一下所需花費時間、稍微排一下時間順序，除了不會浪費時間外，也將可以讓時間更流暢地被運用。

(七)建立社會支持網絡

　　Petersen與Ebata（1987）認為，青少年面臨挑戰或者生活中的壓力事件（如上大學、結束關係、考試）的態度可由內在與外在資源決定（Kenny & Rice, 1995）。內在資源包括個人的因應技巧或自我效能等；外在資源包括人際間的支持與引導，如依附關係、社會支持等。內、外在資源可以緩衝壓力與威脅，適應困難常是因外在資源或內在資源的不足所致，所以強化內在資源（因應技巧、問題解決技巧）與外在資源（關係增強策略、社會技巧訓練）有其必要。此外，建立同儕依附關係，提供社會支持與鼓勵亦是調適壓力的重點之一。社會支持是個人可用的環境資源，許多的研究皆證實社會支持可幫助個人抵抗壓力（Bailey, Wolfe, & Wolfe, 1994; Cohen & Wills, 1985; Liang & Bogat, 1994; McFarlane, Bellissimo, & Norman, 1995），我們可以將社會支持分為以下幾種（蘇彙珺，1997）：

1. 情緒支持：在壓力期間向他人尋求安慰、安全感的能力，使得個人覺得自己是被他人照顧的。
2. 社會整合或網絡支持：個人覺得自己是屬於團體中的一份子，團體中的成員有共同興趣，故使得個人得以參加各種不同形式的社交或休閒活動。
3. 尊重支持：藉由他人的援助，使個人產生有能力或自我尊重的感覺。

4.實質幫助：具體或工具協助，給予壓力情境中的個人必需的資源。

5.資訊（訊息）支持：給予個人有關可能解決問題方案的建議或指導。

　　不同的壓力情境需要不同的支持來源，例如生病時需要情緒支持與訊息支持，社會支持的內容符合個體的需要才有助益。至於如何建立社會支持呢？開放自己，自我坦露，才可建立親密關係，否則常常都是泛泛之交，真的遇到事情時，才發現竟然沒有人可以訴苦，其實也讓自己難過。朋友關係本來就是互相的，遇到喜歡的朋友，不妨把握機會讓他們知道你對他們的關懷，如此當自己需要別人關心時，自然有朋友願意幫忙。無論對男生或女生而言都需要有同儕的支持，而且有安全信任的同儕關係將可讓個體有正向的自我與他人看法，對自己更為接納、讚許與自信等，此都將是發展與適應良好的前提。

專欄7-5　享樂型抒壓與付出型抒壓

　　享樂型抒壓是直接從感官中獲得，不用太費力氣，可以悠哉地享受快樂，例如享受美食大餐、喝下午茶、按摩spa、看電影、性愛歡愉等，這類型抒壓方式不需太多努力就能獲得，但不持久，活動結束快樂很快消逝，持續享受一陣子之後，這類型的快樂常常因為邊際效應遞減，而漸漸失去了滿

足與快樂。就像吃慣了高級美食的人，有了品味美食的能力，卻失去了單純的享受與快樂。

另一類型抒壓是付出型的，亦即有努力、有投入的進行某些活動，可以是單純地對自己或家人付出，如露營、打網球、爬山、做菜給家人或朋友吃……這樣努力付出以獲得的快樂，在過程中也許有時會問自己：幹嘛那麼累？然而，努力之後獲得的快樂反而會有一份特別的喜悅。在休閒生活裡，有一份投入，有一份付出與參與，如果還可以加入與人的互動，那就可獲得更多的滿足了，而且若有機會欣賞與回味自己完成的成果，得到的心中滿足也較持久。近年來，年輕人熱衷的打工遊學或服務學習，都是屬於付出型的抒壓之道，你是否也開始採取行動，有許多偏鄉地區、弱勢族群都需要你的付出，開始行動吧！

結　語

我們可以從三種取向來看壓力：(1)視壓力為外在的刺激變項；(2)視壓力為有機體體內的反應狀態；(3)視壓力為刺激與反應的交互作用結果。壓力的來源可能由外也可能由內所致，簡單地可區分為生活變遷、挫折、內心衝突、壓迫感與自我引發的壓力等，壓力對我們的生理健康、情緒狀態、認知能力與行為表現都有影響，當我們長期處於壓力之下，可能會衍生出各類身心症、

憂鬱症或其他心理症狀。然而壓力也有其正向的力量，良性的壓力將可以促發我們的潛能，讓我們有更好的表現，因此，如何有效調適壓力，減少壓力帶來的負向結果就更顯重要，我們可以從以下幾點著手：減少不必要的壓力源、提高自我效能、學習有效的因應方式、學習身心放鬆技巧、改變認知方式、建立正向思考的習慣、做好有效的時間管理、建立社會支持網絡等，若能同時從內在與外在增加我們面對壓力的資源，將可以讓我們化壓力為助力，追求個人的成長。

問題與討論

1. 請根據生活變遷、挫折、內心衝突、壓迫感與自我引發壓力五類，分別列出生活中可能面臨的壓力來源？
2. 你最近面臨哪些壓力呢？有沒有哪些壓力源是可以減少的？
3. 你曾經感受到壓力最大的事情是什麼？當時你如何因應？結果如何呢？

Chapter

8

越挫越勇——挫折復原力

台灣超馬選手陳彥博2011年罹患咽喉癌，年底治癒後即成功挑戰南非喀拉哈里沙漠250公里超馬賽，並於2013年5月完成澳洲520公里內陸橫越賽後，成為完成世界七大洲、八大站極地超級馬拉松賽事的首位亞洲人，也創下最年輕紀錄。在他2013年的極地700公里比賽紀錄片中可以看到賽程中的孤獨，雪白世界中近40度的溫差，一天中只能看見七小時的陽光，以及沒有別人陪伴。漫漫長夜中，孤獨與恐懼突襲心理與生理，在瀕臨崩潰的邊緣中，他選擇勇敢面對，超越自我的極限。在高度、距離、溫度與時間的壓力下，以及面臨腳趾凍傷，面臨被迫退賽的危機，終究以驚人毅力與意志力，撐過這漫長十一天的比賽。抵達終點後，全身瞬間湧起的疼痛感，以及與黑夜交戰多日的情緒也瞬間潰堤，哭泣得不能自已。

*　　　　　　　　*　　　　　　　　*

2019年一名將近五十歲的男子趁父母熟睡時，結束了生命。他初出社會時因為遇到挫折，起初咬牙撐過一段時間，但最後仍被現實打敗而選擇辭職。宅在家中的他，再也沒有投過任何一份履歷。即便快五十歲，仍沒有辦法跨出，不願意再次進入職場。每天無所事事，男子漸漸地對於自己的行為感到羞恥，甚至萌生若是結束生命，父母就可以少一個重擔的想法。不幸的是，他真的這麼做了，再也沒有其他可能。

*　　　　　　　　*　　　　　　　　*

德國橄欖球國家代表隊隊長穆斯塔法・鈞格分享逆轉困

局最關鍵的心理素質時，說到該隊在2010年歐洲國家盃分組競賽時，因戰績不佳而極可能淪落到第二級聯賽的位置。後來接受曾踢過橄欖球的心理諮詢師丹尼斯·穆藍納的輔導，當次雖然有大幅進步，但還是以些微差距降到第二級聯賽。沒想到，2011年橄欖球隊就逆轉勝重新晉級回到第一級聯賽，在2012年更站穩第一級聯賽中。他們沒有做什麼改變，就只是加強了球員們的心理韌性而已。比賽時的心理狀態，或更明確說是心理韌度，是決定勝負的關鍵！在艱困、承受高壓力時，仍能相信自己的能力從容應戰，進而得分或逆轉勝。

＊　　　　　　　　　　＊　　　　　　　　　　＊

　　大學男學生花了五年時間，從高中到大學努力不懈追求學妹，甚至做出種種跟蹤或被認為是騷擾的行為，只為能與女學生接近。女生在長期不堪其擾的情況下，在臉書發出警告，希望能嚇阻男大生的騷擾行為，但卻惹來殺身之禍，傷重住院，男大生則因此入獄。

　　生活中時時刻刻我們都面臨著「挫折」對我們的衝擊，如前面這些例子，每個人面對挫折的方式及所能承受的也不同。情感的挫折、失去健康甚至是生命的挫折。學生要面對考試成績不理想、同學朋友不理他的挫折感；老師要面對學生越來越難教所引發的挫折感；老闆要面對經營困境難突破的困境；員工要面對裁員威脅的挫折感、認真工作竟被客訴、付出與收入不成比例的挫折感等；想減重的人對於節食及運動後卻瘦不下來的挫折，即使

是小嬰兒，也要面對想喝奶時媽媽無法馬上提供、想要被人抱卻未能都如意的挫折。可見不論男女老少、各行各業，我們經常都得面對與處理大大小小的挫折，每個人努力突破這些大小不一的困境，使得生活盡量能夠繼續依著自己希望或喜歡的步調前進。本章從挫折切入，看看面對挫折時的情緒變化，以及不同的因應方式有何影響？並且談談挫折容忍力及如何提升挫折復原力，使得生活更優質。

一、什麼是挫折

挫折（frustration）有兩種涵義：其一，指對個體動機性行為（motivated behavior）造成障礙或干擾的外在刺激情境，在此情境中，阻礙個體行為的可能是人、物或環境；其二，指個體在挫折情境下所產生的煩惱、困惑、焦慮、憤怒等各種負面情緒所交織而成的心理感受，此種複雜的心理感受可稱之為「挫折感」。兩種涵義合在一起看，前者是刺激，後者則是反應（張春興，1990）。簡言之，挫折是如何產生呢？挫折起因於需求或欲望無法滿足，而生活中我們隨時都有可能遇到挫折情境，因而產生挫折感。從學者陳皎眉（1986）、黃立賢（1996）、莊文玲（2006）等人的研究和調查，可歸納青少年最感到挫折的事情有三類：(1)學校的課業及升學壓力，大學生則包含對未來就業的擔心；(2)人際關係上的挫折；(3)家庭關係中所造成的挫折，如親子

溝通。詳細來說，造成學生感到挫折的因素有很多，可以分為客觀因素與主觀因素，茲說明如下（張振成，2003）：

(一)客觀因素

1. 自然因素：由非人為的力量所造成的時間或空間限制，以及個體無法預測的天災地變。影響較小，通常會隨著時間流逝而減少挫折感。
2. 社會因素：指個體在社會生活中遭遇到各種人為所造成的限制和阻礙，其影響層面極廣，包括政治、經濟、種族、道德、宗教、風俗習慣等。
3. 家庭因素：家庭是塑造個人情感、性格、品德的重要場所，許多心理挫折追溯本源皆可發現家庭的影響。
4. 學校因素：學校是學生在家庭之外的另一個重要活動場所，但目前智育掛帥的結果，常造成孩子心理上的挫折。
5. 人際因素：在人際交往的過程中，有時過於疏離，有時則過於密切而產生摩擦，致使人際關係的挫折產生。

(二)主觀因素

1. 自身生理缺陷：容貌或生理上的缺陷，若使個體不能隨心所欲，則容易產生自卑心態，而這樣的挫折往往會內化成人格的一部分，除非個體能接納其缺陷，才得以超脫。正

如心理學家阿德勒提出的「超越自卑」，與阿德勒個人身體狀況及成長經驗有絕對關係；而愛迪生耳聾、貝多芬眼盲，除非走出這樣的挫折，否則他們如何實現自我呢？

2. 個人動機衝突：當一個人同時存在著一個或多個所嚮往的目標（如魚與熊掌），或存在兩個或兩個以上互相排斥的動機（如前有狼，後有虎），使得個體處於相互矛盾的狀態時，難以取捨，致使行動猶豫不決，這種相互衝擊的心理狀態，使個人因而感覺挫折。

3. 自我期望與實際行為不匹配：當個人的能力與實際行為不相當時，期望越高，挫折感越大，所謂「眼高手低」正是如此；而期望愈符合能力時，目標越容易達成，挫折感也較小，可見訂定適當的目標之重要。

4. 人格挫折：佛洛依德認為本我與超我之間產生的衝突，也是挫折的成因之一。

5. 存在的挫折：在青年時期，許多學生會思考存在的本質和意義，不斷地嘗試及找尋，但通常還不會有定見，因此也會產生挫折感。或許說「少年不識愁滋味，為賦新詞強說愁」，但是對處於追尋與探索階段的青少年來講，無法克服「我為什麼活著？人生有什麼意義？」等這類存在問題的不確定感，還是蠻挫折的。

專欄8-1　名人挫折錄

　　美國總統亞伯拉罕・林肯可以說是美國史上最偉大的總統之一，原因是他克服各種挫敗才入主白宮，他並不是含著金湯匙出生或是一路平步青雲，因而更加讓人佩服。他出生時一貧如洗，八次選舉八次落敗，兩次經商失敗，甚至還精神崩潰過一次，如果換成是你遭遇這樣的挑戰、生命的風暴，你能夠繼續往前、堅持理想嗎？是什麼樣的內在力量讓他能超越這些困境？

林肯進駐白宮的歷程簡述

1816　他的家人被趕出居住的地方，他必須工作以撫養他們。

1818　母親去逝。

1831　經商失敗。

1832　競選州議員，但落選了。

1832　工作丟了；想就讀法學院，但進不去。

1833　向朋友借錢經商，但年底就破產了，接下來他花十七
　　　年才把債還清。

1834　再次競選州議員，贏了。

1835　快結婚時，未婚妻卻死了，因此他的心也碎了。

1836　完全精神崩潰，臥病在床六個月。

1838　爭取成為州議員發言人，但沒有成功。

1840　爭取成為選舉人，失敗了。

1843　參加國會大選，落選了。

1846	再次參加國會大選,當選了!前往華盛頓特區,表現可圈可點。
1848	尋求國會議員連任,失敗。
1849	想在自己的州內擔任土地局長的工作,被拒絕了。
1854	競選參議員,落選了。
1856	在黨的全國代表大會上爭取副總統的提名,結果得票不到一百張。
1858	再度競選參議員,再度落選。
1860	當選美國總統。

資料來源:修改自楊淳茵譯(1995)。傑克・坎斐爾、馬克・韓森著。《心靈雞湯》。台中:晨星。

活動:看完之後,邀請你回想一下,生命中經歷過哪些較低潮、深感挫折的時期?可能是在家庭、學習、個人健康、人際、愛情等方面。你認為當時是什麼樣的內在力量讓你克服了這些困難或挑戰?試著寫下來,整理自己的經驗,而這也是未來面對挫折時可用的寶貴資源;你也可以反向思考是否有當時未發揮出的能力,開始有意識的練習使用這些能力,培養挫折容忍力,提升心理韌度。

當你整理之後,重新以不同的角度解讀當時的困境,相信會述說出不同版本的人生故事。心理醫生鮑赫斯・西呂尼克(謝幸芬、林德佑譯,2016)所稱「美妙的不幸」相同,透過重述故事、創造意義,逐漸鍛鍊出心理韌性(本書稱挫折復原力)。

二、挫折復原力——你的韌性有多強？

(一)定義

　　有兄弟二人，雖然都成長於遭逢困境的家庭，但是命運卻大不同！哥哥國中中輟之後就走上江湖路，成為黑幫一員，在一次案件中被捕入獄；弟弟半工半讀、安安穩穩的讀到高職夜間部畢業，現在自己做小生意。情節或許簡略，類似這樣的例子卻屢見不鮮，但是，為什麼有這麼大的不同呢？除了感嘆造化弄人，其中一個很重要的因素就是「挫折容忍力」（tolerance for frustration），尤其社會變遷至今，挫折容忍力更是成為大家愈來愈重視的軟實力。想像一個面試的情境便可得知，你是主考官或是部門主管，除了應變、溝通、與人合作、資訊能力之外，你還會再評估哪個能力來選才呢？

　　根據國內知名心理學者張春興（2004）在《張氏心理學辭典》的定義，「挫折容忍力是指人們在遭遇挫折情形時，免於行為失常的能力，即使行動受阻或受到威脅，個體仍然堅持繼續努力」。挫折容忍力越強的人，越能忍受重大的挫折。換言之，挫折容忍力就是個體對挫折的一種適應能力，使個體能夠承受打擊和壓力。若更積極來說，挫折容忍力還要具備從挫折創傷中復原的能力，此即「挫折復原力」（resilience）或恢復力、心理韌性，也有強調逆境中抗壓的心理素質。不論是挫折復原力或是心

理韌性，恰如台灣俗諺「打斷胳臂反而勇」是最佳寫照，不只胳臂復原了，心理素質也更強大，也學到了不再使胳臂被打斷的方法。

挫折復原力高的人，有較高的逆境商數（Adversity Quotient, AQ）。面對惡劣的環境，挫折復原力較佳的人能發揮自己的優勢，克服困難，撐下去，尋求資源，解決問題，即使跌跌撞撞，也較能忍受痛苦，所謂「英雄氣長」。如同前述超馬選手陳彥博的故事，歷經罹癌、找不到贊助、家人擔憂等諸多挫折不順時，如何化解以找到機會實現參賽夢想；相對地，挫折容忍力低、復原力不佳的人，可能個人特質無法承受環境的挑戰，沒有自信，早早就放棄了；有些可能囿於家庭或環境的外在支持系統而半途而廢，或是將力氣浪費在自己不能掌控的面向上，衝動妄為或怨天尤人，與目標漸行漸遠，有些嚴重者甚至自傷或傷人。還有一個例子也能貼切說明挫折容忍與挫折復原力：之前風靡全台的NBA籃球員林書豪，他在高中畢業時申請最想進的史丹佛大學未被錄取，後來進了哈佛；雖然在哈佛校隊期間表現優異，但2010年畢業時卻在NBA選秀落選；2010年7月雖簽進勇士隊，2011年12月又被釋出；後來火箭隊簽下他，因故旋即在球季開打前一天2011年12月24日將他釋出；隔幾天被尼克隊定位為「替補後衛」簽下，2012年2月因主力球員受傷，林書豪才有機會替補上場三十六分鐘，得到全場最高的二十五分，開始之後的「林來瘋」傳奇。在他這一路走來，懷疑、挫折、沮喪、失望必定有過，但是因為他有靈性的支持，對生命懷抱著希望，以及良好的挫折復

原力陪伴他通過一次又一次的低潮，終於能夠站穩腳步。

「挫折復原力」早期常用不同的術語來代表，如適應良好（invulnerability）、抗壓力（stress resistance）、勝任能力（competence）和適應行為（adaptive behavior）（Kinard, 1998）。早期研究此領域的學者將復原力視為個人的能力，如「復原力乃個人具有的某些特質或能力，使個人處於危機或壓力情境中，能發展出健康的因應策略」（蕭文，2000）。國內學者蕭文（2001）研究921震災災民的心理復健，歸納出有復原力的災民出現的正向復原力包括：

1.發現自己的優點與長處，覺得自己存在是有意義的。

2.能夠關心他人，具有同理能力。

3.能從正向、積極的角度看待過去的人際關係。

4.對自己的未來有方向感。

5.能疼惜自己和親密的家人。

6.能以幽默的方式面對生命中的負面事件。

7.從生命無常的感受中學會對生命意義的積極態度。

後來則因生態系統理論的觀點，在討論復原力時應涵蓋個人、家庭、學校、社會等層面之保護因子與危險因子，故挫折復原力為一種個人特質與環境互動的歷程與結果。近幾年則著重探究什麼因素可以促進學生復原力，以及如何發展此因素（王琡棻，2011）。綜合言之，許多研究對復原力的定義有一致的觀點：「復原力」是抗拒困境而能恢復正常適應的能力，這是一

種在每一發展階段能以不同的行為表現出促進或修補健康的能力（Howard, 1996; Luthar & Zigler, 1991）。陳雅鈴（2007）訪談九位總統教育獎得主，發現他們在不同成長階段所遇到的新的危機，會發展出新的應對能力，而這些新的能力又再次成為復原力的重要元素，使得他們即使貧窮卻仍夠能對抗逆境、表現優異。沒有人喜歡災難意外，但是既然發生了，「現在，我要如何對待我的傷口？」即是眼下最迫切的生存議題。如同沙子等異物或寄生蟲等進入牡蠣入侵牠時，牡蠣為了自我防禦，不斷分泌碳酸鈣和貝殼硬蛋白，將異物包裹起來，變成自己身體的一部分。從異物帶來的痛苦與折磨，在經過時間的淬鍊後，成就一顆價值不斐、璀璨堅實的珍珠（在自然界中一顆珍珠的形成約需要三年）。所有經歷挫折困頓的人，在痛苦之外，努力健全自我、保護自己，找尋資源來支持之外，也試圖在過程中找到生命的美好。

不論是挫折容忍力或挫折復原力，皆包含以下幾種能力（Brooks & Goldstein，引自馮克芸、陳世欽譯，2003）：

1.有效處理緊張及壓力。
2.適應日常挑戰。
3.從失望、困境及創傷中復原。
4.發展出明確且切合實際的目標。
5.解決問題。
6.與他人自在相處。

7.尊重自己及他人。

　　讀者不妨逐一問問自己下列題目，一方面可以確認你對哪些層面的挫折較能從容以對、輕鬆過關，另一方面則是協助你找到死穴或盲點，瞭解如何處理，進而提升你的挫折容忍力。每一種能力就如同一個法碼，當你擁有它，就如同能在天秤的左端放上更多的法碼，相對地，天秤的右端也就能夠負載更重，如同能夠解決更大的困難、克服更具挑戰的逆境。你的挫折容忍力有幾斤幾兩重呢？請你來秤一秤吧！

專欄8-2　活動：挫折容忍力自我檢測

　　請依直覺判斷，下列各描述「適合」或「不適合」用來形容你。若適合形容你，畫○；不適合形容你，畫×；若無法判斷則空白：

1.在壓力下，我能夠保持冷靜。

2.我容易覺得恐慌。

3.我能夠處理許多複雜的問題。

4.我常感到快要被事情給淹沒。

5.我知道如何克服挫折。

6.我常無法下定決心去做一件事。

7.我能夠很快地因應困境。

8.我容易情緒崩潰。

9.在緊急情況下,我還能保持冷靜。

10.我覺得自己無法有效處理事情。

計分方法:

奇數題答「適合」得1分,答「不適合」得-1分,無法判斷不計分。偶數題答「不適合」得1分,答「適合」得-1分,無法判斷不計分。總分越高,代表你的挫折容忍力越高。

資料來源:104心理網,www.104heart.com.tw。

測驗:挫折復原力──你的韌性有多強?

以韌性專家列普特為首,德國耶拿大學醫院的學者們設計出這套RS-13韌性量表,提供民眾自我進行測試,結果相當可靠。請分別針對以下每個陳述給予1到7分的評分。如果陳述與你的現況愈相符,描述的內容與你平常的思想及行為愈接近,請給予愈高分。1分=「我完全不同意」,7分=「我完全同意」。

1.當我有了計畫,我會去遵循它。

2.一般來說,我會設法辦到所有的事情。

3.我不會讓自己很快就出局。

4.我喜歡我自己。

5.我可以同時解決多件事情。

6.我是果斷的。

7.我實事求是。

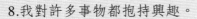
8.我對許多事物都抱持興趣。

9.一般來說,我可以從多個角度觀察某個狀況。

10.我也可以強迫自己去做那些自己根本不想做的事。

11.每當我處於困境,我通常能找到一條出路。

12.我身上充滿能量,可以去做所有我必須去做的事。

13.我可以接受不是人人都喜歡我的這項事實。

請將所有分數加總起來,你會得出一個介於13與91之間的分數。分數愈高代表韌性愈強,愈低則代表心理抵抗力愈低。

如果你的分數高於72分:沒有什麼事情能很快將你擊倒。你可以應付大多數挑戰,滿足你人生遇到的大多數要求。某些情況在你看來絕對是困難的,不過你有能力靈活地對厄運做出反應,進而找出一個適合你,並且能夠讓你進步的解答。

如果你的分數介於67與72分:你具有中等的抵抗力。多數時候,你能夠為自己遭遇到的問題找到解答,縱使有時得花不少力氣。一般來說,即使在沒有外援的情況下,你也能夠重新找到生存的勇氣。

如果你的分數低於67分:你不太能夠承受困境。你遇到的問題往往會給你的人生帶來危機。你的韌性並不是很高。為了降低罹患憂鬱症和身體方面疾病的危險,以及提高對自己人生的滿意度,你應當積極做好壓力管理。若有必要,請

務必尋求心理方面的協助。

資料來源：王榮輝譯（2015）。克莉絲蒂娜‧伯恩特著。《韌性：挺過挫折壓力，走出低潮的神秘力量》。台北：時報文化。

(二)影響挫折復原力的因素

　　尼采：「那些不能毀滅我的，都能磨練我，使我變得更堅強。」你同意嗎？你對這句話有什麼看法或是經驗呢？心理學家馬丁‧塞利格曼（Martin Seligman）花了數十年時間研究人們如何面對挫折，結果發現有三個P會阻礙復原：(1)把問題個人化（personalization），認為是自己的錯；(2)普遍性（pervasiveness），認為生活各個層面都會受到影響；(3)永久性（permanence），認為事情造成的衝擊將永久持續。這三個P一再重複：「都是我的錯，太糟了，我的一生都毀了，以後一直都會糟透了！」（齊若蘭譯，2017）。事實並非如此！如果我們能看清楚挫折只是暫時，重新找回生活的目標或長遠的目的，多數人都能順利從挫折中逐步復原，心理韌性也會更加強大。

　　影響個人挫折復原力的因素很多，包括個人、家庭教養、學校、社會等，在此舉出三個因素提供讀者自我評估。

◆個人所擁有的社會支持夠嗎？

　　挫折復原力的「危險因子」指生活重大事件、特定壓力源，

以及多重危險的匯集。父母、師長、朋友以及社會資源（如社福機構）等，如果能在我們陷入困境時給予支持，並且適時提出因應策略，協助我們積極地面對困難，則個人的復原力會較高。Werner和Smith（1982, 1992）在長期研究中發現，具有復原力的學童在其需要時常能找到協助他們的人或資源；在訪談具復原力的成人時，他們多歸因於幼年階段支持他們度過困難的成人（如父母、師長、教練、社區中其他成人等）。例如，失戀時，如果能跟朋友說說，或是找輔導中心的老師談談，通常能夠抒發情緒，因為被接納而能找到較多的力量與勇氣面對，也能較快復原，比起一個人悶悶不樂或胡思亂想，要來得健康及有建設性。想一想，感到挫折時，誰是你的生命貴人？誰是黑夜空中的那顆星星照亮你的黑夜？誰會給你支持並且適時推你一把跨出去？評估你個人的社會支持，衡量是否需要增加能夠適時支持的資源，並設法建立這樣的關係與蒐集訊息。

◆個人在面對事件時的歸因方式是外控或是內控？

如果我們相信事情成功或失敗是取決於個人內在因素，是個人可以掌控的，我們就會積極地因應挫折，挫折復原力較佳；反之，如果成敗取決於外在不可控制的因素，譬如運氣，那麼就會用比較被動的方式因應挫折。例如，求職失敗，若認為是自己可以掌控，就會積極檢討並改進，如改善應對技巧或是服裝造型，在下一次面試時有更充分的準備及保有企圖心和熱情；反之，若認為一切都是命中注定或是他人的影響，通常顯得消極，準備也

較不周全,造成繼續失敗,惡性循環的機率增加,只會讓個人更加挫折罷了。

德國研究心理韌性專家列普特認為,具有韌性的兒童較能掌控自己身處的環境,凸顯出個人的主控性。思考你個人對事件的歸因方式,並決定是否要調整,可藉著製造成功的經驗提升自我效能感、自信心,鼓勵自己調整為「內控」的歸因方式;而對那些你已經盡力卻無法改變的事不妨就放下,坦然接受。人生免不了要與挫折共存,結局也未必令人滿意,俗諺「戲棚下站久就是你的」也未必都成立,如果逆境與挫折不斷啃咬騷擾著你,總要設法讓自己過得去,不是嗎?

◆個人對生活的投入程度高嗎?

你想在你的人生中創造什麼呢?如果我們越投入目前的生活,越有參與感,通常會較清楚「我要什麼?」、「我可以怎麼做?」,因為有了清楚的目標,也會更願意去達成,即使遇到挫折,也會以更負責任的方式來面對,局勢當然就較容易跟著改變。而隨著處理挫折的經驗愈多,自然就愈能容忍挫折、處理挫折了!NBA職籃明星Michael Jordan曾說過,在他的職籃生涯中,有超過九千球失手,輸了三百多場球,不斷經歷失敗就是他成功的秘訣。生活是要實踐,當你越投入真實的生活,行動力越高,逆境成為墊腳石;反之,蜻蜓點水、浮光掠影般的度日子,遇到挫折時通常也就想著「能免就免」、「管他的」,激發不出責任感來解決,面貌也就越來越模糊,生活益發找不到重心。

專欄8-3　從挫折到繭居，期待破繭重生

　　因為生活中反覆的挫折與不如意，又缺乏家人或朋友系統的支持，有些人會選擇自我封閉、窩在家裡不出門或晝伏夜出，成為所謂的「繭居族」。Hikikomori「繭居族」一詞最早由日本開始出現，2010年西方學者翻譯為「社會退縮症」（social withdrawal），也是指同樣的情形，即持續性社交退縮症候群，通常以青少年或年輕成人為主。學界的定義是，大部分時間都待在家裡，對上學或工作毫無興趣，沒有維持人際互動，這種狀態持續六個月以上，沒有思覺失調症及情感疾患等精神疾病。日本全國繭居族家庭協會聯合會2018年最新資料顯示，繭居族平均初發年齡為19.6歲，繭居七年以上比例最高，現在平均年齡為34歲。研究此現象的日本教授田村毅（林詠純譯，2015）認為繭居族是心理層面有問題，在發展過程中自我認同無法形成，但不能算是心理疾病；曾有已中年的「資深」日本繭居族接受訪問時亦稱比較像是心理狀態，而不是疾病的名稱。

　　北市聯醫松德院區兒童青少年精神科主治醫師黃彥勳受訪時指出，在成為繭居族之前，個案可能會出現如拒絕上學或進入職場後難以適應社會，成因包括因遭遇生活挫折，如考試不理想、工作不順心、感情不如意等，讓他們選擇獨處，漸漸退縮回自己的小空間（李書璇，2016）。繭居族危險因子相當多元，像是都市化、全球化、網路數位技術出

現、偏好網路互動、缺乏社會凝聚力，或孩童時期曾有創傷經驗、遭霸凌或同儕排擠、父母拒絕或過度保護、成績欠佳、過高自我期待等都是可能原因，但也不是遭遇這些就會走上繭居一途。筆者在學校現場也發現有越來越多這樣的孩子，因外在環境轉換（從國小升上國中、從國中上高中、從高中考上大學），又遇到人際挫折或是學業挫敗等，失去信心之後就更害怕改變，一直停滯或卡住，後來退縮回到家裡甚至是只在自己的房間裡，久而久之變成習慣，加上外界期待等各種壓力，就更難出來，有時就發展成拒學、中輟或休學了，若國高中畢業後仍長久如此，亦形同繭居。

前台大醫院張立人醫師分享門診案例，一名男大生高中沉迷於電玩，大學時兩次遭退學。外出打工也被嫌做不好，長期的挫折讓他深受打擊，於是躲在家裡足不出戶，也不願意和父母互動，不出房門，吃飯、小便全在電腦前，甚至用寶特瓶收集尿液，兩、三天再拿到廁所清理（楊雅棠，2019）。2011年，東日本一位「繭居族」在地震發生之後，雖然知道海嘯要來了，卻因為看到家門外有人，而不願跟著大家一起疏散，他留下了最後一句話：「人的眼神比海嘯可怕」，選擇在自己的房間裡而不逃跑。最後海嘯把他的「繭」摧毀，也把躲在「繭」裡面的他一起捲走（盧德昕，2018），他人的目光究竟帶給他多大壓力？恐怕不是我們能感受萬一。

日本研究社會退縮行為與治療繭居患者的第一人——齋

藤環醫師（2016）認為繭居絕非流行病，也非生理引起的精神疾病，更非單純個人病理，而是具有社會結構的成因，必須從家族治療下手。台大醫學院精神科高淑芬教授建議，如果孩子有拒學、繭居的情形，必須趁早尋求醫生或專家協助，因為當繭居時間愈拉愈久，他們會習慣於這種生活方式，變得愈來愈難處理（葉修宏，2018），也可以說繭居越久，彼此壓力也越大，對家庭來說是很大的問題。齊藤環醫師的經驗顯示，個案要邁向復原短則半年，長則兩、三年。父母要能放下家醜不可外揚的面子主義，才能求助、獲得支援，父母能安頓好自己的身心，孩子也比較有安全感；父母也必須花費時間陪伴困境中的孩子，扮演好關心及進步時給予認同的角色，和他們一起成長；家長與學校雙方的溝通和配合，瞭解孩子的困擾並找到解決方法。培養挫折復原力，或者說加強心理韌性是很關鍵的方法，因為它是相當正面的心理特質，能讓個人在艱困和高度壓力的情況下，繼續相信自己與自己的能力，保持從容鎮定的態度。父母可以尋求專業人員的幫助，習得增進心理韌性的技巧和方法來協助繭居子女重生。

三、提升挫折復原力

　　克莉絲蒂娜‧伯恩特（王榮輝譯，2015）表示韌力（挫折復原力）是一種動態的現象，它可能會消失並再度浮現，最重要的是它可以經由學習而獲得，協助自己在惡劣的處境中也能存在改變的機會。每天花一點時間練習並有意識地覺察以培養挫折容忍力，這會有助於加強或維持你的挫折復原力。吃苦當作吃補、面對壓力能化為動力，好像草原上的小草遇到大風狂襲時能夠彎下頭來，度過摧拉蹂躪，韌性是那麼的強，這對你的身心健康也會有大大的幫助！黃芷筠（2016）的研究也認為可以透過學習而發展出挫折復原力，減少憂鬱的狀況，並加強生活的適應度。換言之，提升挫折復原力、加強心理韌性，讓你可以好好過生活！

　　美國心理學會以正向心理學之父塞利格曼的計畫為基礎，發展出一項名為「通往韌性之路」的計畫，並透過網路提供給民眾利用。這十種增加心理抵抗力的方法如下：

1. 與社會接觸。與家人、朋友及其他人保持良好關係是很重要的。
2. 別把危機視為無法解決的難題。
3. 接受「改變是人生的一部分」。
4. 嘗試達成目標。
5. 果斷地行為。
6. 找尋自己。請期待各種可以認識自己的機會。

7.以正面的觀點看待自己。

8.關注未來。

9.抱持最好的期待。

10.照顧自己。

張老師中心在2019針對中部地區民眾進行個人復原力培育——自我效能簡易量表施測，調查結果發現：生命遇到挫折，甚至被劈腿情傷的復原力，女性較能自控，男性較有自信，中高年、研究所學歷、已婚者復原力較高，以職業而言，待業中的比就業中的人，在自信心與計畫力偏低。張老師中心也提出提高復原力PROTECT七口訣：Permit（允許）、Release（釋放）、Observe（觀察）、Think（思考）、Enhance（提升）、Contact（連結）、Try（嘗試），希望民眾獲得啟發，以利在逆境中長出勇氣（盧金足，2019）。

用以培養挫折容忍力及提升挫折復原力的方法，除了前面章節介紹過的調整情緒的小方法，教你挑戰信念、擺脫非理性想法帶來的負面或毀滅性情緒之外，以下提供幾個在平時就可以做的方法，讓你在停滯不前時、灰心喪志之後，還能振奮，更勇於迎向挑戰、突破困境。

(一)培養正向思考的習慣

女兒對父親說：「老師不喜歡我！」父親問她為什麼這麼說，小女孩回答：「他給我這個報告F，你看看上面改的地

方。」父親看了報告之後，說：「我想她一定很喜歡妳，她知道妳可以寫得比這篇更好，她甚至不怕麻煩地告訴妳如何去改進。」如父親所言，若小女孩把握這次機會，接受老師的建議去修改，就會一次比一次更進步，這就是提升挫折容忍力所帶來的益處。有時候紛紛擾擾的生活無法改變，就要練習從不同的眼光看世界、從不同的角度詮釋事情，比較能看見正向或令人期待的部分。因為現實生活中事情有時會糟一陣子或甚至變得更糟，換個角度想：還好現在的情況還在你可接受的範圍，不是嗎？如同半杯水究竟是半空還是半滿，不同的思考就帶來不同的感受。培養正向思考的習慣，不然容易惡性循環，負向思考接著產生負向情緒，因而妨礙事情順利發展與實現。

(二)提升自己的抗壓力

心理學家寇芭莎（Suzanne C. Kobasa）博士及其同仁研究後認為，擁有「高抗壓個性」（stress hardy personality）特質的人，比較能夠適應及有效處理壓力的情境。拍攝《少年Pi的奇幻漂流》過程中，協助製造電影中滔天巨浪畫面的造浪團隊負責人表示，在仔細研究後，花了五個月訂做十二台可調出七段強弱速度的真空造浪機，以為可以過關，沒想到驗收時李安導演卻說：「這完全不是我要的浪！」。當時只剩兩個星期的時間，若做不出浪來，李安導演兩年的心血、花了幾千萬美元、動員上千人來拍片，一切努力就毀了。於是造浪團隊全員二十四小時輪班加

工，全面改寫程式、反覆測試，拚到最後，才達到導演基本要求，也才有這部榮獲多項大獎的電影問世。如果不是有著高抗壓力，恐怕難以完成任務。寇芭莎博士提出三個抗壓元素：投入、挑戰及掌控力，讀者不妨自問：我在生活中是否實踐了這三點？要怎麼做才能使這三個元素融入日常生活中？

◆投入

　　指的是投入生活。變動的世界，我們需要為自己做的事情賦予意義。能夠積極投入，不再是疏離或空想，也可以避免總是想著事情有多糟多沒希望，更何況缺乏目的的生活將找不到生活重心與意義，容易受壓力所左右，也不可能擁有挫折復原力。納粹大屠殺的生還者，也是著名的精神科醫師法蘭可（Dr. Viktor Frankl）博士就是最好的例子，他被關在集中營時也曾想放棄生命，後來他發現，如果真的想活下去，即使被關起來也要找出生命的意義，才能支撐下去，而他採用的方式就是想像自己在戰爭結束後可以到處演講關於集中營的一切，幫助其他人瞭解他與數萬人所受的苦難，這些「未來的演講」幫助他找到力量。親子天下在2013年訪問美國史丹佛大學教育研究所教授威廉‧戴蒙（William Damon），他是當今世界研究青少年發展和品格教育最傑出的學者之一。他對於這一代年輕人普遍面臨漂浮不安、不想做任何承諾的現象，透過長期大規模的研究訪談，發現他們生命缺乏的是動機的來源，目的感。目的，是驅動我們每天大部分行為背後的一個動機。「為什麼我正在做這件事？」、「為

什麼這件事很重要？」、「為什麼它對我和我以外的世界都很重要？」，釐清這些目的之後，個人會更有動機去學習相關知識與技能，願意承諾並付出行動完成它，即使多數人都是平凡的目的，但是因為這樣的投入而達成目標，就能產生超過個人的影響與貢獻。

◆挑戰

　　將改變視為生活的必然。將所遇到的問題或困難轉換為「挑戰」，如果可以做這樣的轉換時，將更能夠面對問題，也比較有創意、有勇氣去解決問題，這也正是中國人所說的「危機就是轉機」。或有一說：發生在你身上的事都是有意義的，生命既是一連串的學習，何不將遇到的困難當作是插曲，將遇到的挫折當作是暫停休息的機會呢？譬如爬山，以為過了下個轉彎就到峰頂，誰知竟是另一個轉彎或上坡！苦不堪言的你是打道回府，下次再來？還是稍作休息、欣賞風景？或者另闢蹊徑？或者……，沒有絕對的答案，而且無論選擇哪一種做法都不會影響你這個人的價值。俗諺說：「山不轉，路轉；路不轉，人轉；人不轉，念轉。」正是「轉念」讓自己能再奮起，讓自己保有足夠的能量以採取下一步行動，你會發現只要願意，一轉身將是「山窮水盡疑無路，柳暗花明又一村」。

◆掌控力

　　「掌控力」指的是瞭解自己能夠控制的是什麼，並且付諸行

動，才不至於為自己能力無法控制或影響的事情感到挫折。個人
掌控力越高，壓力就越小，也越不會推諉責任或怪罪別人。回想
生活中，當抱怨著「都是某某某，不然我也不會……」，其實是
將掌控權交給別人，等著別人改變他才要改變，這樣壓力其實反
而一直存在，不知道要延宕至何時，挫折的感受更是揮之不去。
人生沒有奇蹟只有累積，在自己能掌握的範圍內，慢慢累積，懷
抱著希望，熬過眼前的挑戰，就有機會看到轉機與一點一滴的成
績。

專欄8-4　活動：面對挫折有一套

透過這個活動，一方面可以練習從不同角度看事情，一
方面也練習同理不同角色。

活動方式：

準備許多標明「角色」的籤條，例如，父親、母親、即
將大學畢業的子女、打工族、本系系主任、演藝人員、總統
等。接著由甲同學抽籤，依籤上的角色說出或表演出可能遇
到的問題及挫折，並由乙同學練習將這些角色可能的挫折或
經驗以正向積極的解讀方式，重新訴說。

例如：

甲（「母親」可能遇到的挫折）：我的孩子非常活潑好

動，雖然可愛，但是也導致家裡經常亂七八糟，整理不完，我下了班還要做這些，久而久之真的身心疲憊。

乙（轉為正向的表述）：你的孩子身體健康，你把他照顧得很好；而且孩子喜歡在家裡玩，表示他在這個環境感到安全，家中非常有朝氣！妳是認真的媽媽，除了工作也希望給家人更舒適的環境，真的不容易。妳可以花些時間，在孩子玩完之後陪他將物品歸位，或者請家裡其他人陪他收拾，給他一些獎勵來養成習慣，可能就不會這麼累了。

(三)培養同理心

有同理心意味著能夠設身處地為他人著想，或者是可以從別人的觀點看世界。同理心對生活影響很大，可以使彼此溝通更順暢之外，也能在互相尊重的基礎下建立合作的關係。我們可以回想一個狀況，當你在氣頭上時，你說出來的話與做出來的舉動，是否通常是「於事無補」甚至「火上加油」呢？因為在當下，我們的同理心被「困住」了。我們可能心存憤怒，或是對別人的動機妄加揣測，只要是心中對別人越感到不滿時，同理心就會減少，而越沒有同理心，對他人的假設就越負面，情況就會更惡化。看清楚這樣的障礙，提醒自己「踩煞車」，同理心才能夠發揮出來，挫折感才可能減少或降低程度。

現代人壓力大，更難換個立場、同理別人，且更容易陷入「非輸即贏」的局面，好像一定得爭個高下，才能證明自己的能力。這樣的意念就阻礙了彼此相互理解的溝通之路！例如，先生認為愛就是要有個人空間，所以他認為妻子的黏膩是錯的；而太太認為愛就是要常伴左右，所以先生錯了。其實兩個人都對，卻讓婚姻陷入對立，如果可以站在對方的角度去體諒時，檢查一下究竟發生了什麼事，兩人的相處才會改善。

(四)有效溝通並積極聆聽

人際間的挫折，經常源自於期待落空又溝通不良，惡性循環之下，累積沉重的挫折感，甚至造成拒絕溝通或對關係絕望。

台安醫院心身醫學科暨精神科主任許正典根據多年看診經驗，對父母建議：要孩子學習挫折容忍力，要讓孩子先學會表達和分享。溝通技巧好，除了可以清楚表達自己之外，也能夠仔細聽懂他人所要表達的，增進人際互動之餘，自然也排除紛爭。然而，知易行難，在「天不予時，地不便利，人也不和」的狀況下，我們常忘了溝通的目標是什麼，胡亂說說，反而助長紛爭，製造許多大大小小的挫折。如何加強溝通技巧呢？第一步就是多練習，不斷地嘗試、反省及改進，必要時可與他人討論，只要有心，溝通的技巧也會越來越好。第二步則是訓練自己成為積極的聆聽者，不要輕易打斷別人的話，耐心地靜下來聽聽別人真正要說的是什麼，除了口語訊息，也要瞭解非語言的訊息，真正聽懂

對方要說的。第三步是確認別人知道你聽進去他說的話。第四步則要避免全盤肯定或否定的言論，拿掉「總是」、「從不」等這些誇大的字眼。最後，如果可以的話，可以增加一些幽默感，成為溝通的潤滑劑。

(五)接納自己並設定合理的目標

每個人從出生下來就有著不同的先天氣質與能力，如果沒有學會欣賞與接納這些不同，父母或許會對子女抱持過度的期望，而子女個人也可能在「理想我」與「現實我」之間產生極大的落差。鼓勵多方探索，嘗試不同的活動，幫助自己更認識自己，如此一來會更能接受自己的樣子，做不到時也不至於壓力太大而被挫折擊倒。此外，有時目標若含糊不清，或主控權在別人，也會讓人覺得心有餘而力不足，更加挫折，因此，設定目標必須是具體的、可執行、可觀察，操之在己更能提升自我效能、降低挫折感。例如「我想改掉我的壞脾氣」，接納自己確實脾氣有時管理不佳，會傷人傷己，想調整成：「我要控制自己的脾氣，適當的表達情緒，每當生氣或有不舒服的情緒時，不要馬上發作，停頓幾秒想一下，再盡量冷靜地說出來」。這樣就是一個能接納自己的情緒，而且兼顧合理的目標了。再如學習或專業上的表現平平，先為自己設定合理可行的目標，也許是從及格邊緣進步到及格，而不是一下子就希望自己要得書卷獎或是前幾名。為自己設定合理、切合實際的目標，也意味著瞭解自己的優缺點，尊重自

己、接納自己。

　　一個能接納自我的人，在人格上具有以下幾點特色（鄭清清譯，1994）：

1. 能分辨人我價值的界線：肯定自我價值的存在，並不嫉妒或畏懼他人的優越表現。
2. 不浪費生命能量：將所有的能量充分利用於自我成長方面，而非專注於超越他人。
3. 量力而為：凡事均以妥為衡量自我能力而行，不盲目追求完美主義，亦不自卑於己身的弱點。

　　遠離好高騖遠，自然不會眼高手低，遇到挫折比較能面對；假若對現狀不滿，也能設下目標，擬訂計畫，逐步改變。

(六)從錯誤中學習

　　誰沒有犯過錯呢？沒有這樣的人！除非你什麼都不做。既然如此，我們是不是可以鼓勵自己試著將錯誤視為學習的機會呢？抱持著史丹佛大學心理學家卡蘿·杜維克教授（Carol S. Dweck）提出的「成長心態」（growth mindset）（李芳齡譯，2017），而不要一犯錯就苛責、貶抑自己，「笨得跟豬一樣」、「我就是這樣，沒救了」、「XX家的臉都被你丟光了」等毀損自尊心，這些話語不僅無法發揮鼓舞的力量，反而使人更加退縮、無助，恨不得可以像寄居蟹般躲到殼裡。當然，不貶抑自己，但是也不

將錯誤歸咎他人，「都是你害我的」、「要不是你……，我也不會……」，這類諉過的話既無法保住自尊，也於事無補。還有一種情形是不能從失敗中學到任何教訓，一再失敗。有個小故事是這樣的：一位員工抱怨他沒有升遷，「我在這裡做二十年了，我比你提拔的那個人多了二十年的經驗。」老闆回答：「不對，查理，你只有二十次一年的經驗，你從你犯的錯誤中沒學到任何教訓，你仍在犯你第一年剛做時的錯誤。」好悲哀，不是嗎？

「多做多錯，少做少錯，不做不錯」這句玩笑話大家都聽過，但是，仔細想想，你真的願意為了「不犯錯」而什麼都不做嗎？那麼，代價未免太大！我們都瞭解挫折與犯錯是生命中的常態，重點在於心態，意即我們能否記取教訓，能否深切反省並改進？如果確認挫折是必然，就能不那麼害怕失敗而願意承擔風險，像一隻願意探出頭的寄居蟹，才能夠往前走，品嘗生命的各種滋味。「此處不留爺，自有留爺處」、「天生我才必有用」等自我安慰與自我肯定的方式，可以幫助我們在面對錯誤時仍保有正向的看法，比較能夠有效處理錯誤，而不會輕易被錯誤擊潰。如果能夠坦然接受挫敗，我們可以繼續冒險、學習，同時以既振奮又滿足的態度勇往直前。

想一想，當你犯錯時，當你沮喪挫折時，你通常對自己說哪些話？這些話當中，哪些是可以給你力量的？哪些卻是讓你更加挫折、沮喪的？請分別寫下來。從今天開始，你要多對自己說那些給予你力量的話。

打擊自我的話：

如：你沒救了！

_____

_____

給予你力量的話：

如：知道為何而活的人，他可以忍受任何生活上的痛
　　苦。（尼采）

　　最困難之時，就是離成功不遠之日。（拿破崙）

_____

_____

(七)培養自制力

　　回想一下，你是否曾逞一時口舌之快，「脫口而出」，然後後悔不已呢？你是否曾不知輕重，然後誤傷他人呢？自制力像是韁繩，掌控情緒這一匹馬，一旦沒有韁繩，你想，會變成什麼局面呢？

　　「忍一時風平浪靜，退一步海闊天空」，這句話為自制力做了最佳的詮釋。有自制力，代表著你能夠自我管理，是一個高EQ的人，即使遇到困難或挑戰的人或事，都能展現出耐心、自律及彈性，願意負責任地逐步解決問題。相反地，如果缺乏自制力，通常會過於衝動，不事先計畫、不顧後果、不管三七二十一

的「豁出去」，通常結果就是「事與願違」，這也使得沒效果的行為一再重複出現。不要被情緒牽著走，這是自制力的特色。所以當別人的行為或言語撩撥起你的情緒時，你要先能覺察，暫停一下，接下來才能有較充分的思考，選擇做出較適合的反應。當然，過與不及都不好，過度自制也是不必要，因為那將使你很難下決定、優柔寡斷，無法發揮力量，必定也會限制你的成功及樂趣。

專欄8-5　活動：深刻理解你的挫折，不再卡卡

透過以下這個練習，你可以分析自己的挫折經驗，從裡到外來個挫折經驗總體檢，不只是讓你清楚自己的感受，更知道自己對這件事的想法，期望藉此幫助你更能付諸積極的行動，以解決問題，擺脫過去遇到挫折後，彷若身陷泥淖的舊模式。

一、請寫下一件最近讓你覺得挫折的事（例如：重大疾病或意外、被誤解、被挑剔、與情人分手、忘了帶重要文件等）

時間：

經過：

地點：

人物：

當時的心情：

二、若挫折指數最高為100來看,這件事讓你感受到的挫
　　折指數有多高?請標示在線上。

三、面對這麼挫折的經驗及感覺,你的反應是什麼?你
　　做了什麼?(例如:哭、報復、大吃大喝、自我封
　　閉、找人商量等)

四、請將上列的反應,依你的經驗,歸入下面的座標中,
　　並將你最常用的方式圈起來,給自己一些提醒。

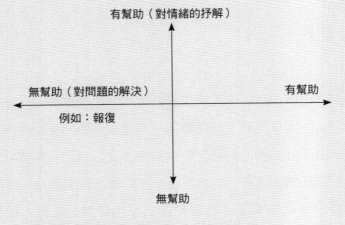

五、目前這件事的發展或結果是怎樣呢?

六、如果這件事發生在別人身上，你會給他什麼建議
呢？還有沒有其他可用的資源呢？查一查或問一
問。

七、如果這個「問題」或「挫折」是潛在的老師或是有
智慧的人，你想從這件事學習到什麼？

結　語

　　挫折復原力是人生能夠安身立命相當重要的能力，強調的不
只是忍耐，不只是為了應付難關或者逃離困難所採取的壓力因應
方式，而是能積極地面對挫折與痛苦，從自我修復與自我成長過
程中迎向危機與挑戰。7-11熬過七年虧損，沒有放棄，才有今日
五千多家分店的榮景；你要相信自己也能熬過挫折，堅韌地復
原。有一些方法可以做做看：我們可以培養正向思考習慣、提升
抗壓力、培養同理心、學習有效溝通與積極聆聽、接納自己與設
定合理目標、從錯誤中學習、培養自制力，提升我們的逆境商
數，不再將挫折當作世界末日般的恐怖，而是將其改變為生命的

墊腳石或轉機。如同奇美集團創辦人許文龍先生說：「跌倒的時候，不必急著爬起來，先看看地上有沒有什麼寶貝可以撿！」別急著只是抱怨或放棄，而要設法吸收挫折所帶來的養分，設法在逆境中先蹲後跳，蓄勢而發（當然這些要在個人能量夠的時候，若當時很脆弱，還是需要先接納並照顧好當下）。當J曲線走過拐點，當撐住且真實的走過每一個過程，想來你對生命的感受自是別有滋味，而不知不覺間表現也可能屢創新高。

問題與討論

1. 你覺得現在的年輕人（或是你本人）是折復原力低的草莓族嗎？請說明你的理由。
2. 在你過去遭遇挫折的經驗中，有哪些外在資源或你個人能力幫助你克服困難與低潮？
3. 請同學利用各種網路資源、書刊雜誌或人物傳記，進行生命故事的閱讀。從他人的生命故事中，發現他們如何去面對自己生命中的轉變或者挫折，如何將危機化為轉機呢？試著將故事中你認為最核心的價值簡化為一句話，或者找出這位生命鬥士的座右銘，也可做成有形的小語卡片。

Chapter

9

情緒障礙

　　阿華對自己有很高的期待,希望每件事情都能做到最好,又覺得自己的能力比不上任何人。雖然在班上的排名都很前面,但因為沒有考上自己的第一志願,也不認為第一名有什麼,而且覺得自己在其他方面似乎沒有什麼過人之處,看到班上同學那麼有才華,在社團活動、人際關係中都很活躍,他心裡既羨慕又忌妒,他也很努力地要讓自己成為眾人稱羨的主角,但似乎再怎麼努力,還是比不上別人。有時在晚上想東想西睡不著,滑手機看到其他同學的動態,對比自己什麼都不是的樣態,更覺得自己爛到一種地步,覺得這個世界少了自己也沒什麼差別,根本不會有人在乎自己。即使有同學注意到他,關心鼓勵他,他也覺得那只是同學好心而已,不是真的覺得他很好很棒。慢慢地阿華越來越覺得人生沒什麼意思,什麼事情都不想做,每天病厭厭地躺在床上滑手機,不想吃飯,睡眠品質也不好,長期失眠的他更顯憔悴,一想到自己不再像從前一樣,造成大家的負擔,他就更加自責,覺得自己對不起爸媽,沮喪無助的他經常浮現想死的念頭,渴望脫離這痛苦的憂鬱深淵。

　　每個人都會因為各種原因產生不同類型與不同程度的情緒,而分辨情緒狀態健康或異常的方式之一就是判斷其被抑制或表現出來的程度與頻率。舉例來說,在某些情境下,我們可能會覺得很焦慮,如大考前,或是面對重要抉擇時,但通常當這些情

境過去後，我們的焦慮就會降低，這樣的情緒反應就算是正常的。然而如果焦慮變成經常性的，即使情境過去依舊處在焦慮的狀態中，甚至日常生活作息也因此受到影響，那可能就偏離了健康正常的情緒反應狀態；或是有些人無法在情緒產生時合宜地表達感受，如因權益受損而生氣是正常的，可是因此導致毀滅自己或傷害他人，這樣的情緒表達就出了問題。總之，適宜的情緒起伏是健康的，然而情緒不合宜的表現，如過多或過少的情緒表現，或是情緒表達與情境不相干等，則可能出現了情緒困擾的問題。當一個人情緒困擾的狀態達到一個嚴重的程度，很可能出現了「情緒障礙」。「情緒障礙」是一個概略的名稱，目前在國內依據不同的考量有兩種使用與定義。在教育體系中，考量未成年學生身心尚在發展中，避免給予較明確的精神疾病診斷，因此採用「情緒行為障礙」（Emotional or Behavioral Disorders，簡稱EBD）作為學生嚴重情緒或行為困擾的鑑定統稱。根據身心障礙及資賦優異學生鑑定辦法第三條第八款：「所稱情緒行為障礙，指長期情緒或行為表現顯著異常，嚴重影響學校適應者；其障礙非因智能、感官或健康等因素直接造成之結果。前項情緒行為障礙之症狀，包括精神性疾患、情感性疾患、畏懼性疾患、焦慮性疾患、注意力缺陷過動症、或有其他持續性之情緒或行為問題者。」而在台灣精神醫學界，「情緒障礙」（mood/affective disorder）指的是上述定義中的「情感性疾患」。本章礙於篇幅，選擇介紹常見的兩種情緒障礙：「情感性疾患」與

「焦慮性疾患」。情感性疾患包括憂鬱症（depressive disorders）和雙相情緒障礙症（bipolar disorders，俗稱躁鬱症），而焦慮性疾患（anxiety disorders）則包含了如廣泛性焦慮（generalized anxiety disorder）、恐慌症（panic disorder）和強迫症（obsessive-compulsive disorder）等。然而在閱讀本章之前，先要記住一個重要的概念──某些現象可能和你的經驗與感受一樣，但並不表示你就是罹患了此項情緒障礙，仍需仔細檢視你的症狀持續時間、是否影響正常生活功能與情感本質等相關因素。根據統計，每五個人中就有一個人在人生的某個時刻曾經感受到情感性疾患中的某些症狀。所以當某人沮喪、心情低潮、整天悶悶不樂時，並非表示他就是患了憂鬱症，頂多只是他最近比較憂鬱而已，診斷需由專業的醫生來進行，所以也不需到處給人亂貼標籤。如果你確實發現或者擔心自己有一些情緒問題，那麼也不妨尋求專業輔導人員的協助。

一、情感性疾患

爸媽發現原本就個性文靜的芸芸在期中考之後個性有些改變，變得更加沉默，不想和家裡的人多說幾句話，一點小事便會暴怒，不但功課退步，以前喜歡的休閒娛樂，像是追劇、逛街、聽音樂等，現在也都興趣缺缺，經常把自己關在房間裡，爸媽也發現她越來越自卑，老

是覺得自己不好，常常認為家人、同學在說她的不是。
這種情況持續一陣子之後，某天，芸芸竟然在房內企圖
割腕自殺，幸好發現得早，及時送醫才救回小命一條，
經過精神科醫師診斷後，發現她得了憂鬱症。

情感性疾患係指一組情感活動過度低落或過度高張為基本症
狀的心理疾病，當我們的情緒強度過高時稱為躁，過低時為鬱，
而情感性疾患的分類就是以異常的躁或鬱為基礎。一般人的情緒
起伏，其程度及持續時間都在一定範圍內，但若起伏的程度與時
間超過一般人的標準太多，就有可能是躁症發作或鬱症發作。

情感活動過度低落如同上述的芸芸，對於許多事情失去興
趣，自尊和自信減少，覺得自己沒有價值，對生活感到無望，同
時又對這樣的自己感到氣餒，對周遭關心她的人感到愧疚。此
外，也有些人會因為睡眠障礙而經常感到疲倦，而食慾減低、話
量變少、行動緩慢、注意力減低、猶豫不決等，也都會是常見的
症狀，如果持續的時間與強度比一般人高，如全天都有這樣的症
狀長達兩週以上，甚至有自殺的意念或行為，可能就是鬱症的發
作。而所謂情感活動過度高張則是另一個極端，表現的症狀像是
情緒升高，如興奮或易怒、食慾或性慾增強、睡眠需求減少、思
考變快（聯想多、意念飛躍）、話變多了（好與人爭辯、滔滔不
絕）、容易分心、自信大增、對人慷慨、興趣增加（很想要做很
多事，但都沒什麼現實的周全計畫）、無節制的網購或在網路上

留言批評他人等現象，嚴重者易有衝動暴力攻擊之行為，或有幻聽、妄想現象。這樣的情況若持續一週以上，影響到日常的工作和社交活動，可能就是「躁症」發作。

如上述，情感性疾患分類以異常的躁或鬱為基礎，因此依著躁症和鬱症的不同組合，會形成不同的分類。憂鬱症係指單純只有鬱症發作，而若有躁症與鬱症之混合症狀或兩者症狀迅速交替為特徵者，稱為雙相情緒障礙症，即俗稱之躁鬱症（黃宗正、黃偉烈，2010）。

依據台灣衛生福利部的統計資料，2018年台灣診斷為情感性疾患者共有649,543人，其中男性人數240,147人，占總人數的三成七左右，而女性人數較多，409,396人，占總人數之六成三（見圖9-1）。

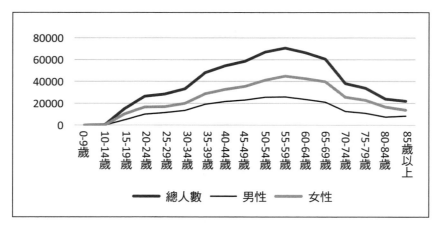

圖9-1　2018台灣情緒障礙（情感性疾患）診斷人數
資料來源：2019衛生福利部統計，https://dep.mohw.gov.tw/DOS/cp-1720-7337-113.html

　　從圖9-1可以看出，女性不論在哪個年齡層，罹患情感性疾患的比例都高過於男性。此現象與性別刻板印象有高度的關聯，本書的第三章曾詳細說明，此處不再贅述。此外，圖9-1有兩個與年齡有關的現象值得深思，第一是發病階段，多半是從青春期開始；第二是高峰期，不論男女出現均在55-59歲這個階段達到最高峰。從身心發展的角度來思考，青春期起開始面對身心的改變，許多的情緒波動與生理發展相關，當然也跟社會壓力有關。狂飆的青春期不只針對青少年本身，整個家庭都可能必須因應家中有青少年的發展階段，試圖調整家庭規則與結構，在個體獨立與依賴需求間，為孩子、也為這個家庭找到一個最佳的平衡點。此外，相較於上一個世代，年輕世代的營養攝取較好，身體發育的時間點提早，生理與性徵的成熟較認知與情感的成熟快速，加上網路時代社交軟體的興起，開始尋求獨立自主的年輕孩子在面對複雜社會壓力時恐怕需要更大的心理強度，而網路時代的人我關係也較上一個世代更具挑戰性。台灣青少年最大的心理壓力通常來自於人際關係與課業壓力，在這樣的情況下如果周遭的師長無法理解接納其壓力的狀態，極有可能因為沒有良好的支持系統，加上本身因應能力尚未成熟，心理負荷過大而罹患了情感性疾患。

　　至於55-59歲罹患情感性疾患的人數最多，這恐怕與個人生涯及整個社會發展的結構有關。55-59歲者對於自己要開始步入60歲所謂的老年階段需要有心態上的調整，面對65歲即將退休的自己，若是此刻的事業尚未達到原本自我期許的狀態，難免會心情煩躁憂鬱。此外，這個生命階段也可能是處於「三明治」世代

的階段。社會進步醫療水準日漸提升，現代人的生命餘年提高，代表著中年世代需照顧長輩的時間拉長，而台灣社會對教育需求的提高也導致許多五十幾歲的家長，有可能還需要負擔照顧二、三十歲還在就學的孩子。如此多重的壓力均有可能導致這個年紀的人口群身心俱疲，造成情感性疾患的產生。

　　不過，有些情感性疾患之病程與季節有關，最有名的是「季節情感障礙症」。通常在秋冬時，鬱症會發作，而在春夏恢復，部分人在春夏季有輕躁或躁症表現。這似乎也與一般人對於四季的感受類似，蕭瑟的秋天與寒冷的冬天總帶給人惆悵或淒涼的感覺，寒冷的冬天過去迎接新芽生命的春天與充滿陽光的夏天，又帶來許多的溫暖與希望。研究也顯示，照光療法可改善憂鬱情緒，外出曬曬太陽，流點汗，對生理與心理都是最自然的療癒方式。

專欄9-1　完美主義與憂鬱

　　根據心理學家阿德勒（A. Adler）的觀點，每個人天生或多或少都有一點自卑感，每個人都想要追求超越，所以追求成就、追求更好原本是健康的，但是如果變得沒有彈性，變成一種強迫的限制，就有可能會衍生出其他心理疾病。完美主義與健康的調適功能和心理困擾有密切的關聯，根據研究發現，完美主義在憂鬱與自殺問題中扮演一個重要

的角色。我們可以將完美主義區分為「正常的完美主義」（normal perfectionism）與「神經質的完美主義」（neurotic perfectionism）兩種類型（Blatt, 1995）。正常的完美主義是指積極追求成就，能從辛苦的代價中獲得成功的滿足感，能面對個人與環境的限制，設定合理的目標，較能接受自己的所作所為，具有成就感，同時能面對失敗。神經質的完美主義者強烈地害怕失敗，似乎沒有任何事情好到足夠令他滿意，即使已經表現很好，他還是沒有辦法感到滿足，努力永遠嫌不夠。深刻的自卑感與脆弱感讓他陷入一種永無止盡的自我打擊中，不斷追求他人的贊同與接納，極力避免錯誤與失敗，對於自己任何的表現，無論好壞都會產生負面的自我批評，過度的追求完美與自我批評，也增加更多的挫敗與憂鬱，陷入一種惡性循環中，但是又再要求自己要表現完美，所以不容許自己表現脆弱，因此累積更多的壓力與情緒，一直到無法承擔崩潰時，常變成憂鬱症或者直接以自殺來解決。

完美主義的來源可分為自我導向型的完美主義（self-oriented perfectionism）與社會規範型完美主義（social-prescribed perfectionism），自我導向型的完美主義對自己設定高標準，並嚴厲的評價，容易苛責自己的行為，具有極高的抱負水準，透過自己的努力來達成完美，並有避免失敗的強烈動機，容易自我責備，所以不良適應的指標是焦慮與憂鬱。社會規範型完美主義的人常覺得重要他人對自己有很高

的期望，而自己則必須符合這些標準，以搏得別人的讚賞，於是努力符合社會的期望，避免遭到別人拒絕。當知覺到這些標準過高、不可控制而失敗時，就會產生像生氣、焦慮、憂鬱等負向情緒（引自Blatt, 1995）。

完美主義者會經驗到憂鬱的狀態就是因為一再地批評、攻擊、貶抑自己，而經驗到羞恥、罪惡、失敗、無價值感等，所以也許檢視一下自己是否過度追求完美，一直看不到自己的努力與優點呢？放下完美主義，放下對自己的不合理要求與期待，懂得欣賞自己的努力，訂定適當的目標，才能健康地生活並且真正自我實現喔！

其實憂鬱的心情是普遍易有的，但是心情低落並不等於憂鬱症，患了憂鬱症的時候，不只是情緒會低落、感到不快樂及對任何事情都會失去興趣，思想也會變得非常負面，無論是過去、現在及未來的事物，都以否定、悲觀的觀點看待，覺得每件事都不好。其次，記憶力衰退，思考能力、注意力減低，變得猶豫不決，還有失眠或整天嗜睡的現象，言語變得遲緩，表情呆滯，食慾減低，體重減輕，整天無精打采，疲憊不堪。此外，跟死亡有關的意念經常在腦中徘徊，常常無緣無故感到傷心而哭泣，經常感到愧疚，覺得自己一無是處而有輕生的念頭，有時也會很焦慮、坐立不安，變得很激動，最主要的日常工作及處理人際關係的能力完全退化。

　　由於情緒對個人的思考與想法會有重大的影響，因此，在憂鬱期間的患者常常會陷入失落或是失敗的回憶中，經常會被負面的想法所捆綁，常有的典型想法就是認為「自己沒有價值」、「沒有人真正關心我」、「世界是可怕的」、「我的父母討厭我」，會經常自責已經發生的事情，覺得非常無助，認為無法改變處境，也不認為未來會有任何改善，不抱任何希望，而且由於憂鬱的情形可能會延續數月或更久，因此會嚴重影響個人的自我價值，甚至冒出死亡的念頭或者想要自殺了結。

　　總之，我們歸納出憂鬱症的症狀至少有以下幾種特徵：

1.持續性的悲傷、焦慮或空虛的情緒。

2.悲觀與絕望的感覺。

3.過分或不合宜的罪惡感、無價值感和無助感。

4.每天疲累、失去活力。

5.對曾經享有的嗜好和活動失去興趣。

6.失眠、早醒或睡眠過度。

7.食慾不振以致體重減輕，或飲食過度以致體重增加。

8.活動量減少、疲倦、動作變遲鈍。

9.有死亡或自殺的念頭，有企圖自殺的舉動。

10.坐立不安、容易激動。

11.注意力難以集中、記憶力減弱、難以做決定。

　　不過並非所有憂鬱症的人都有以上的所有症狀，我們將呈現出來的症狀輕重，還可以將憂鬱症分為兩種類型，亦即「輕鬱

症」（dysthymia）與「重鬱症」（major depression）。

　　輕鬱症是一種慢性憂鬱，會經常感到憂鬱或者心情低落、感覺無望，而這種情形至少持續兩年，即使有幾天或幾週心情好轉，但是大多數的日子仍由憂鬱主控。通常患者不會失去功能，但是無法精神飽滿或精神愉快地從事日常活動，心情沮喪，覺得做什麼事都提不起精神來，或自覺是機器人，被迫做一些事情，至少會呈現以下幾個問題：飲食失調（沒胃口或暴飲暴食）、睡眠失調（失眠或睡太多）、常覺得疲累、沒辦法專心、無法做決定、無助感，這種現象若不接受治療甚至可能持續數年之久。

　　重鬱症則是整天持續不散的悲傷、焦慮或憂傷，覺得人生無望、自己沒有價值，對各種活動喪失興趣、食慾減退，有時連起床、吃飯也得強迫，顯著地體重減輕、睡不安穩（易醒或昏睡）、注意力渙散、記憶減退、動作遲緩、強烈倦怠感，一早醒來就覺得疲倦，動都不想動、易怒、愛哭、又常有自殺念頭。嚴重憂鬱的人隨時都會有絕望、無助、悲哀或苦惱的感覺，對自己不滿意，從自厭變成自恨，自覺是個可惡或糟糕的人，不值得繼續活下去。而這種自責常常是缺少事實根據的內疚感，認為自己做錯了什麼事，害了大家，自責的事情可能都只是事過境遷的小事，但卻耿耿於懷，可是如果想要以講理的方式來說服病人，是不可能的，因為這些煩惱、自責、罪惡感等，都是隨著憂鬱的情緒而來，所以不等情緒恢復正常，是不會有所改善的。

　　憂鬱症最可怕的後果是「自殺」，根據統計，三分之二的憂鬱症患者有自殺的意念，而大約百分之十的憂鬱症病患會自殺。

一旦憂鬱到一個程度，患者會有「活著一點都不快樂，不如死了」的念頭，對「死」這意念，出現頻率愈來愈高。但是最嚴重的憂鬱症患者普通都沒有意志力及體力來實施自殺的計畫，反而是治療病況有改善、意志力及體力恢復到一個程度後，才會實行自殺計畫，這種情形我們稱為「不合常理的自殺」（paradoxical suicide）。所以在治療憂鬱患者時，最重要的是要先瞭解病人憂鬱的程度，特別要問清楚患者是否有厭世傾向？是否有自殺念頭？多想死？是否會偶爾想死不要活了？或者有強烈的求死欲望？計畫用哪一種方法自殺？或是已經試過哪些方法？等等。假如憂鬱嚴重發作，有自殺危險的傾向時，最好可以即刻住院，或有人隨時陪伴在側，以減少自殺之可能性，並且需要儘早進行治療。

相較於憂鬱症單純只有鬱症發作，雙相情緒障礙症（躁鬱症）則是有躁症與鬱症之混合症狀或兩者症狀迅速交替的心理疾病。通常整個病程的發展是鬱症會先於躁症，而且復發的比例偏高。目前醫師在處遇上多半會從社會心理及生理等角度多重地思考，除了給予藥物治療之外，也會搭配心理治療。躁鬱症的情況複雜度比憂鬱症高，但若能理解疾病的樣貌，配合醫師的治療，定期回診，同時努力進行規律的生活作息與運動，盡量避免自己處在孤獨的情境中，還是可以過和一般人差不多的生活。

專欄9-2　憂鬱的自救之道

輔導老師您好！

　　我今年十六歲，我好像有憂鬱症了，當我在學業上或生活上有一點不順心，就喜歡鑽牛角尖，把所有不好及不快樂的事情全在腦海中反覆回想，愈想心情愈差，什麼事都不想做，最近也都睡不好，我覺得心裡好痛苦。常想這樣活著有什麼意義，不如死了算了，是否能告訴我，我到底應該怎麼辦才好呢？

阿華

輔導老師答：

　　阿華，很多不順心的事情，讓你最近真的是心情低落到極點，其實，在每個人一生中或多或少都會碰到挫折，或者承受極大的壓力，難免會有低落、消沉、沮喪的時候，就像你現在的情形一樣，你現在就是正陷於低潮中，由於諸事不順，又沒人可以傾訴或協助，結果就被不愉快的事物纏著，對自己失去信心，也喪失活力了。不好或不快樂的事情本來就比較不容易忘掉，不過如果可以從回想省思中重新思索整理自己，也是一個成長的機會，但是最忌一再地自責後悔，那樣對你只是更沉重的負擔，找個管道讓自己心中的憂鬱抒解出來，換個想法，換個心情，或者找家人朋友聊一聊，分享生活甘苦，反之，一個人躲起來鑽牛角尖深陷低潮確實可

能變成憂鬱症，以下提供你幾個方法幫助你趕快振作起來，希望能幫助你度過難關。

一、覺察自己的負面想法，改變之

　　如果你遭到挫敗，是不是會對自己說「我不好」、「我真的是成事不足敗事有餘」、「假如當時我怎樣……現在就不會這樣了」、「唉！我就是不夠聰明，不夠迷人」……，或者直接咒罵自己「笨蛋」、「傻瓜」呢？以上種種否定自己的想法，常常會加深憂鬱的感受，事實上，事情並沒有到如此嚴重、絕望的地步，只不過當我們憂鬱的時候，常是無法認清自我與真相。因此，若能覺察到自己因為憂鬱心情產生更多負面悲觀的念頭，那麼你就可以試著告訴自己——現在我心情低落所以事事都變得更不如意，害我也常覺得自己很糟糕，但事實並非如此，我並非毫無價值，一切也不會完蛋、完全絕望，現在只是我心情不好而已。

二、分散注意力，不要鑽牛角尖

　　憂鬱時會一直想著某些事情，尤其當你退縮到只會躺在床上，滿腦子不斷地想這些事，不斷地重複、湧現這些感傷的人與事，那只會讓你愈想愈糟糕，心情惡劣，而且會讓你愈覺悲哀、可怕。所以應該盡量想想其他的人、事、物去淡化它們，而且最好盡量參加社交活動，即使你有一百個不願意，即使你自覺在社交活動中你是一個累贅，你是多麼困窘，也得參加，走出象牙塔，你才可能走出憂鬱。

三、運動

運動對憂鬱有相當的幫助，例如像跳舞、游泳、快走、慢跑等均可，一週至少四次，一次至少二十分鐘，持之以恆，則能產生效果，因為運動能影響腦中神經傳導物質的釋放，同時對克服難關、抒解壓力、減少憂鬱有莫大的助益。美國杜克大學曾經針對憂鬱症的運動療法與藥物療法進行比較研究，結果發現，接受藥物療法後，憂鬱症的再發率是38%；而接受運動療法後，憂鬱症的再發率只有8%。美國精神醫學會2010年修訂的《憂鬱症治療指引》（美國憂鬱症治療的重要參考資料），則將運動療法，包括有氧運動、重量訓練，訂為憂鬱症治療方法之一。

四、尋找協助

自己不能解決的事，要攤開來說，不要把自己關起來，和家人、朋友談談，說出自己的困難。如果你覺得無法幫助自己，可到身心診所或醫院精神科掛號，找醫師診斷及協助，也可以到輔導中心找老師。總之，一定要儘早處理，避免拖延，以免積久成疾，絕對不要一個人默默獨自承擔喔，老師真的很關心你的情形，也很樂意協助你，有困難請務必尋求協助，好嗎？

輔導老師　上

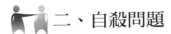 二、自殺問題

　　世界衛生組織（WHO）在2017年指出，每年全世界有將近80萬人死於自殺，相當於每秒就有40人死於自殺，還有無以數計的企圖自殺隨時在發生，在全球的數據中，15-29歲這個階段自殺更是第二大死因。

　　而在台灣的情況，依據衛生福利部統計資料顯示，台灣在2018年共有3,865人死於自殺，其中男性為2,551位，女性為1,314位，與2017年的數據3,871人相差不多，就標準化死亡率來看，2017年和2018年的數據是持平的，均為每十萬人口中有12.5人自殺，但從2014年的11.8人，到2015年的12.1人，再到2016年的12.3人，可以看到自殺的標準化死亡率在這幾年是逐年增加。世界衛生組織（WHO）在2016年提出的全球標準化自殺率為每10萬人有10.5例，並特別將2019年全球心理健康重點定為「自殺防治」，呼籲2020年前將自殺率下降到每10萬人中10人，相比之下，台灣的自殺死亡率是偏高的。雖然自殺在2010年之後已經掉出台灣十大死因，但依舊徘徊於排行11和12的死因，特別在15-29歲這個年齡層是第二大死因，值得大家關注。從數據上可以得知，男性的自殺死亡人數是女性的兩倍，但女性自殺未遂者約是男性的兩倍；若以年齡層來看，高自殺率多分布在25-64歲之間，原因通常以情感與人際關係為主要原因，其次為精神健康與物質濫用及工作經濟因素為主要原因（衛福部統計處，2019a）。除

了性別與年齡的因素之外，重病未癒、酒精或藥物濫用、曾有自殺企圖、失業、獨居者，以及親人或自身過去就有嚴重憂鬱症、精神疾病者，也皆屬自殺高危險群；短期的突發壓力事件中，與所愛或在意的人分開、面對生離死別，或是在情緒、經濟支柱、社會地位上遭到重大打擊者，皆有其危險性（自殺防治中心，2007）。由此可見，精神疾病雖然與自殺的關係有高度的相關，可能會加快從意念到行動進而身亡的速度，但是除了精神疾病之外，社會的模仿效應、個體本身的衝動性、生活壓力事件等，都有可能促成自殺的行為。因此目前全世界對自殺防治一致的觀點是從公共衛生的角度出發，針對影響自殺率的主要因素進行調整或改變，例如針對農藥自殺問題較嚴重的地區進行劇毒農藥管制之後，自殺率即大幅下降（張子午，2019）。

根據韓惠萍（2014）整理國內外研究，綜合出青少年企圖自殺的原因包含了長期家庭功能不彰、生活壓力事件、負向認知模式、缺乏社會支持、缺乏個人因應及問題解決能力、低自尊、同儕霸凌及模仿效應。這些因素導致青少年在個人發展任務上面臨巨大的挑戰，選擇死亡來解決這些看似永遠無法解決的問題似乎是最省力的方式：「我真的很累了！」「反正我死了這個世界也不會有什麼差別！」「我知道我的父母會難過，但我真的不想管他們了！我已經為他們活了很多年了！」「我真的覺得沒什麼必要一定要活著啊！活著這麼痛苦！」「我當然也害怕死亡，但反正人都是要死的，早死晚死都沒差！幹嘛要痛苦這麼久再死掉？」這些話語經常在企圖自殺者的心裡徘徊，其實多數人在面

對自殺這個意念時是很矛盾的，害怕死亡但又不知道可以怎麼辦，想不到其他面對生活的方式，最後一個衝動，就導致令人遺憾的結果。自殺防治中心（2007）針對自殺者的心理狀態提出清楚的描述：（以下資料摘錄自「自殺防治中心的網頁」）

自殺者的心理狀態三大特色：

1. 矛盾：大部分的人對於自殺的感覺很複雜，想活及想死的念頭一直在拉鋸。他們會有想要逃離生活上痛苦的衝動，但又有一種想要繼續活著的渴望。許多自殺的人並不是真的想要死去，只是他們生活感到不快樂；所以，如果給予支持，會讓想活著的念頭增強，自殺的風險就會降低。

2. 衝動：自殺也是一種衝動的行為。就像其他的衝動一樣，自殺的衝動是暫時的，並持續數分鐘到數小時，常會被每天負面的事件所引發。藉危機處理及拖延時間，健康照護者可以幫忙他們減少自殺的念頭。

3. 僵化：當一個人有自殺意念時，他的感覺和行為就會變得很狹隘。他們會一直想著自殺而無法察覺還有其他可解決問題的辦法，他們的想法都很極端。大部分自殺的人會傳遞他們自殺的想法和意圖。他們會發出種種表示他們想要死、覺得自己沒用等等的訊息，千萬不能忽略這些求救的訊息。

以上的資料除了提供我們對自殺者心理狀態的理解之外，也提醒了我們幾個重點：第一，給予支持會讓想活著的念頭增強；

第二，健康照護者可以藉由危機處理及拖延時間來減少其自殺的念頭；第三，千萬不能忽略任何的求救訊號。由於多數的自殺者內心對於自殺的選項充滿了矛盾的心情，在這場拉鋸戰中，如果能夠有更多正向的力量進來，就可以有很高的機率降低遺憾的發生。青少年雖然容易因為一時衝動而造成自殺的行動，但同樣的他們也能夠克服或改變自殺的行動。許多研究指出，青少年在企圖自殺之後，如果能夠有機會經歷自我覺察，出現反思的轉捩點，增進更多的自我理解，找回屬於自己生命的意義；或是再次感受到依附關係的連結，重新感受被接納與被鼓勵，重拾與重要他人的親密感，便能夠進入克服自殺的歷程（Bergmans, et al, 2009; Zayas, et al, 2010）。

專欄9-3　對自殺行為的迷思

你對自殺行為有正確的認識與觀念嗎？現在請你回答以下的是非題，來評量你對自殺是否抱有一些迷思？

1.一個人想自殺就自殺並沒有任何線索。
2.會自殺的人就是真的想要死。
3.自殺傾向是遺傳的。
4.身心狀態改善之後就不會想要自殺了。
5.自殺通常是精神異常的表現。
6.公開談論自殺，可能會灌輸自殺的意念。

7.一旦自殺過，他就有可能再自殺。

8.自殺的人通常死意堅定，是無法避免的。

9.一個人威脅要自殺或表示想死，只是隨便說說而已，不用在意。

10.只要一個人曾經自殺過，那他一輩子都會有自殺的念頭。

解答：

1.錯、2.錯、3.錯、4.錯、5.錯、6.錯、7.對、8.錯、9.錯、10.錯

專欄9-4　自殺的警訊

　　如上述，企圖自殺者本身因為心裡有很多的矛盾與拉扯，往往會有透露出一些訊息，周遭的我們如果能夠注意到這些警訊，或許可以減少遺憾的產生機率。

1.感覺（feeling）：

　　(1)無望的：「事情不可能變好了」、「已經沒有什麼好做了」、「我永遠都覺得沒有希望」。

　　(2)無價值感：「沒有人在乎」、「沒有我別人會過得更好」。

　　(3)過度罪惡感和羞恥感、痛恨自己。

(4)過度悲傷、自責、無助等負面想法。

(5)持續的焦慮與憤怒。

2.行動（action）：

(1)藥物或酒精等物質濫用。

(2)談論或撰寫有關死亡或毀滅的情節。

(3)焦躁不安。

(4)攻擊、魯莽。

3.改變（change）：

(1)人格：更退縮、厭倦、冷漠、社交疏離、猶豫不
決，或更為喧鬧、多話、外向。

(2)行為：無法專心。

(3)睡眠：睡太多或失眠，有時候會很早醒來。

(4)飲食習慣：沒有胃口、體重減輕、或吃得過量。

(5)興趣喪失：對於朋友、嗜好、個人清潔、性、或以
往喜歡的活動失去興趣。

(6)在經過一段時間的消沉、退縮後突然情況好轉。

4.惡兆（threats）：

(1)言語：如討論「流血流多久才會死？」。

(2)威脅：如說出「沒多久我就不會在這裡了」。

(3)行動計畫：安排事務、送走喜歡的東西、研究藥
物、獲取武器。

(4)自殺的企圖：服藥過量、割腕。

資料來源：自殺防治中心（2007）。

　　對於有自殺傾向的人，我們可以做什麼呢？當一個人在面對生與死的選擇時，通常是很徬徨的，他們如果發現有人能瞭解他們，幫助他們解決問題，那麼他們多半會放棄死亡的選擇。所以針對已有具體自殺行為或動機的人，需要採取危機處理的介入，包括：提供立即的情緒支持與關懷，表達關心。當一個人處於情緒上的危機時，最需要的就是有人願意聽他說話。而在與自殺企圖者溝通時，也要避免錯誤的保證，如「一切事情都會好轉的」，並且不要批評他所說的內容或衡量其道德尺度，要做的只是聽他訴說並接納他，鼓勵他將內心的感受與想法盡可能完整表達出來，幫助他瞭解其自殺的真正動機，協助他體認自身的價值，然後探索其他選擇。大多數自殺者的思想僵化，認為自殺是唯一方法，所以要鼓勵他盡量去想其他的辦法，共同尋求解決之道。總之，想自殺者通常是因為卡在某個情緒中出不來，若有人可以瞭解他的感受，接納關心他的感受，對他的所感、所想，表達瞭解與陪伴，那麼就有機會整理內心，就有可能延緩或解除自殺的危險性，而當發現自己沒有辦法處理時，最重要的還是要交給專業人員介入。

專欄9-5　不放棄的人生

　　有「輪椅小巨人」美譽的劉銘，投入公益社福已逾二十年，在演講中他提到自己三歲時發高燒抽筋不止，診斷是罹

患了小兒麻痺，二十七歲健檢時，醫生曾信誓旦旦說他活不過三十歲，當時他感到沮喪、害怕，直到有一天他突然頓悟，開始把每一天當作最後一天把握。當時醫生的話對劉銘而言是很大的衝擊，但卻也因禍得福，他體會到生命的延續不單單靠身體，更是要靠意志力及樂觀心。在小五最期待的聖誕節晚會前，劉銘先去洗澡，打算穿得乾乾淨淨地參加晚會，沒想到平日十五分鐘即可從浴缸爬回輪椅，這次三十分鐘仍無法完成，他一面大喊，希望有人來幫他，另一面又覺得很累，想要放棄。正當猶豫該不該繼續奮鬥時，突然間他有個念頭：三歲時老天放棄我；九歲父母放棄我；現在我要自己放棄自己？於是他又奮鬥了兩小時多終於成功，中途也曾有放棄念頭，但他始終提醒自己不能前功盡棄，「現在，如果我不往上爬，是否連我都要放棄自己？但如果連我都放棄了自己，又有誰能幫助我？如果連生活上這樣的小事，我都無法面對，那我要如何面對人生中的大風大浪呢？」最後雖然還是錯過了晚會，期盼了一年的禮物也沒有拿到，但當他獨自一人難過懊悔時，卻突然領悟到老天其實賜給了他一份珍貴的禮物——那就是「不放棄自己」。他提到人生最不容易做的事就是不放棄，「像我這樣的殘障，是不是比別人更有資格放棄自己？我選擇了自立自強，而非自暴自棄。」憑著這不放棄的精神，他能擔任廣播電台主持人、基金會執行長，也出書鼓勵人心，還得到了金鐘獎、十大傑出青年等獎項的肯定。正因為不放棄，所以這一切都是可能的，如果

放棄了，一切都等於零。

劉銘特別提到「任何人放棄你，你不放棄自己，仍有救；任何人支持你，你卻放棄自己，就沒救了。」經過生命中的三次大轉彎，劉銘將他體悟到轉彎祕訣的「三心」贈與我們，因為這三心，讓他從困難中殺出一條屬於自己的路。

三心

★自律心

自己管理自己，自己規劃自己。人類最大的敵人是自己，但養成好習慣，最好的朋友是自己。

劉氏格言：

1. 沒有好習慣，事業很難成功；沒有壞習慣，事業很難不成功。
2. 成功是優點的發揮，失敗是缺點的累積。

★樂觀心

劉銘也曾悲觀過，他不敢面對他的輪椅，拍照時總不希望下半身入鏡，現今他成功轉換心態坦然接受並能舉例出輪椅的好處。

劉氏格言：

1. 樂觀的人看到困難背後的機會；悲觀的人看到機會後面的困難。
2. 樂觀有路可走；悲觀無處可去。

★閱讀心

　　根據調查指出，平均台灣人每年閱讀四本，法國二十本，日本二十八本。現在是個地球村，不閱讀就會被淘汰。

劉氏格言：

1.書就像降落傘，打開來才有用。

2.知識是恐懼的解藥。

　　另外，還有一些話語，也可當作你的座右銘喔！

1.世界最不容易的事情——不放棄。

2.為成功找方法，不為失敗找藉口。

3.好習慣需要二十一天養成；壞習慣卻只要二十一小時。

4.命好不如習慣好。

5.很多事物錢買不到，樂觀卻買得到。

6.哀和衰是雙胞胎，哀久就會衰。

7.抱怨無濟於事，反而錯失解決問題的黃金時間。

8.天不生無用之人，地不長無根之草。

9.人要自卑，一定找得到自卑的理由。

　　劉銘活出許多生命的正面處事精神與態度，很多想法也許我們早就明瞭，但年輕的你是否可用具體「行動力」應用在自己的生活中呢？除了不放棄，也期待活出如劉銘的豐盛人生喔！

資料來源：摘錄自劉銘「我的生命會轉彎」之演講內容。

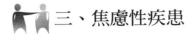

三、焦慮性疾患

> 我不知道為什麼我會這麼怕老鼠，即使只是看到「老
> 鼠」兩個字，我的心跳就開始加快；我擔心家裡會有老
> 鼠，我擔心我去的地方也會有老鼠，就算是只聽到一些
> 小動物的叫聲或者一些奇怪的細微聲音都會讓我全身緊
> 張，感到強烈的焦慮不安。

焦慮是一種面對未知的、內在的、模糊的或衝突的威脅所產
生的情緒反應。當我們面臨一些陌生情境或者挑戰的機會可能都
會感到焦慮，而當焦慮表現程度（強度、長度）超過情境刺激的
程度許多，焦慮的程度達到明顯影響個體的生活、社交、工作、
人際等功能時，那就可能是異常的焦慮症狀。焦慮的症狀有輕、
有重，也有形式不一樣的表現，常見的生理症狀像是拉肚子、多
汗、口乾、高血壓、心悸、胸悶或胃悶、頭暈、暈眩、心跳加
快、坐立不安、四肢感覺針刺、頻尿、尿急、過度換氣。心理層
面的症狀可能在思考、感覺、學習會受到影響，注意力減退，連
結困難、判斷力降低、煩躁、失眠等，嚴重的甚至強烈到以為自
己要死掉或失控，像恐慌發作就是這種狀況。

常見的焦慮疾患有：恐慌症、強迫症、畏懼症、廣泛性焦慮
症等。分別說明如下：

(一)恐慌症

「我經常在半夜驚醒、全身冒冷汗、四肢發麻、呼吸短促、心臟無力、幾乎要窒息而亡，好恐怖，我好擔心我會不會就這樣死掉？」、「事情毫無預警地就發生了，那天走在路上，我突然覺得心跳猛烈地加快、又喘不過氣來，整個人快要窒息，我完全失去控制，覺得自己好像快要瘋掉，好像就要死掉了，那真是我這一輩子最恐怖的經驗。」

由於強烈的害怕與焦慮，突然感到恐慌，有時是因為壓力，大半時候則找不到特別的理由，當恐慌症發作時，會突然一股強烈的恐懼或不適，數分鐘內達到高峰：心悸、心跳加快、出汗、發抖或顫慄、窒息感、呼吸短促、頭暈，由於這些突如其來的生理反應，會讓當事人感到害怕自己快死掉了、害怕行為失控、覺得快要發瘋等情形。恐慌發作完全沒有任何警訊或明顯的理由，來得快，去得也快，瀕死的恐懼與失去控制的感覺是最令人受不了的。

(二)強迫症

「有一次我拿著剪刀在剪紙片，突然我腦中浮現一個念頭──我會不會拿剪刀刺死我自己，我突然好害怕，我

不敢再拿剪刀或者任何尖銳的東西，我好害怕我會刺死我自己，我就是沒有辦法揮掉那個會刺死我自己的念頭，我好痛苦，那個念頭一直纏著我，我真的不知該怎麼辦才好？」、「回到家裡，我好怕有暴徒會闖進來，於是我檢查房裡的每一個地方，包括床底下、衣櫥裡，大概十幾分鐘我就要去看一下門窗有沒有鎖好，我就是沒有辦法克制我自己，每天晚上我都沒有辦法好好睡覺。」

　　強迫症也是一種焦慮狀態的呈現，思考層面的症狀像是會持續反覆出現一些想法、衝動或影像，例如持續害怕自己或心愛的人會受到傷害，或者不合理地認為自己會得到一些可怕的疾病等，通常這些想法都是強勢侵入、不愉快的，會帶來很高的焦慮，在面對這些令人感到苦惱的非理性想法時，當事人有時會企圖忽略或壓抑這樣的想法、衝動或影像，或試圖以一些其他的想法或行動來抵銷，強迫性行為有時就是在這樣的情況下產生。強迫性行為就是個人會進行某種重複的動作，不斷像進行儀式般地重複某些動作，試圖驅除不愉快的想法，例如不斷地洗手、數東西、排東西、重複檢查門窗、瓦斯爐等。由於強迫性行為可以暫時減輕強迫性思考帶來的焦慮，也因此很難不持續進行這些強迫性行為。強迫症患者大部分時間都知道自己的強迫性想法是無意義或者誇張的、強迫性行為都是不必要的，但是就是沒有辦法停止，這種強迫思考與行為會嚴重干擾個人的日常生活、工作或一般社交活動。

(三)畏懼症

「我怕大聲的噪音，更怕救護車的呼叫聲，一聽到那些聲音我就會變得非常焦慮不安，這一切真的太可怕了」、「我害怕到超級市場、百貨公司等人多的地方，我害怕會缺氧，我一看到人山人海，我就全身緊張，很想逃開。」

畏懼症是一種過度的、沒有辦法控制的害怕，可分為單純恐懼、社交恐懼與懼曠症三類。單純恐懼症是對於特定的情境或物體感到極端焦慮，例如有些人會非理性地害怕高的地方、封閉的空間、黑暗、飛行、怕看到血、怕蛇或其他動物等。社交恐懼症則是因為特別害怕與他人互動，尤其是陌生人或者會評價當事人的人。懼曠症就是害怕開放的地方，如各類公共場所等，所以沒有辦法出門，必須一直待在家中，或者無法離開熟悉的地方。

(四)廣泛性焦慮症

「我真的不知道怎麼一回事，有時候我就是覺得有一些可怕的事情發生了，可是明明又沒有任何事情發生，我常常杞人憂天，實際上，我整天都非常緊張焦慮，我也說不出個所以然。」

廣泛性焦慮症指的是過度且持續不斷地擔心莫名的事物，且沒有一定的對象，沒有理由，無法看清事實，感受到內在或外在的威脅與危險，所以跟他們講道理是行不通的。

專欄9-6 焦慮症檢核表

請以平常心來檢查下列的哪些反應或想法完全符合你的情形，符合者請將其勾選出來：

1.生理上的反應

□感覺身體發熱 □心悸 □心跳加快 □胸部緊

□胃不舒服 □換氣過度 □常覺得很虛弱 □發抖

□暈眩 □口乾 □思想混亂 □無法專心

□肌肉緊張／痛 □疲倦

2.認知上的反應

□我做不來 □我覺得自己很傻 □人們常注視著我

□可能會昏倒 □我得了心臟病 □讓我離開這裡

□我不願意出門 □沒有人會幫我 □我沒法子獨自出門

□我沒法子呼吸 □我快要死了 □我會發瘋

□我陷入困境了

□假使有人受傷、生病或是有火災怎麼辦？

3.情緒上的反應

□害怕 □激動 □恐慌 □過度的擔心 □不安

□感覺被困陷住　□被孤立　□失去控制　□難堪
□罪惡感　□生氣　□憂鬱

假如你在每項都超過三個以上的狀況，再問自己下列幾個問題：

1.我是否常常感到緊張？

2.我是否每天想要逃開這些的反應呢？

3.我是否擔心自己過度焦慮會嚴重影響現在／未來的生活嗎？

如果自己的答案都是「是」的話，請記得要尋求專業協助喔！

四、治療方法

有情緒困擾的人除了需要親朋好友的關心與支持之外，最重要的是要尋求專業的協助，目前針對情緒障礙的治療以藥物治療與心理治療為主，藥物治療需由精神科醫生開處方，心理治療則可由精神科醫生或心理師進行。很多藥物是有效的，但由於大多數的藥物都有一些副作用，如頻尿、頭昏等，因此要有一個基本觀念——服藥要定時定量，有任何不舒服的狀況一定要告訴醫生而調整藥物，不要隨便自己停藥，否則結果可能造成病況更加惡化或再次復發。此外，不論使用何種藥物，在治療過程中都需要

有支持性或治療性的心理治療，甚至對有些個案來說，單靠心理治療就可以有幫助，不需再靠藥物協助，然而對於較嚴重的個案則需雙管齊下才是最有效的。心理治療在西方國家是普遍被接受的觀念，台灣這幾年由於心理師法的通過，民眾已慢慢開始接受心理諮商／治療這樣的做法，如同身體生病要看醫生一樣，當我們情緒或心理可能生病了，影響到日常作息，也需要找專業的心理工作者來幫助我們處理我們的心理困擾。

專欄9-7　愛的叮嚀

★給焦慮、憂鬱的人

　　如果你發現自己的情緒不穩定，或者長期處於一種憂鬱或焦慮的狀態下，趁早尋求專業的協助，將可以得到更多的幫助。當確定你是患有情感性疾患或者焦慮症時，別擔心，他們都只是一種疾病，藉由藥物治療與心理治療都是可以痊癒的。就像一般生理疾病一樣，要遵從醫師指示服藥與治療才能趁早康復。記得要提醒自己：「現在我生病了，所以我要好好地按時吃藥，我才能趁早好起來，吃藥有什麼不舒服我都可以和醫生討論，即使我現在狀況比較好，我也不可以擅自取消服藥，因為我要信任醫生的專業，我要聽從醫生指示，我有任何的改善或者惡化的情況都要告訴醫生。除了服藥之外，我也要按時去接受心理治療，那對我會有很大的幫

助,我的病不太可能一下子就馬上好起來,我需要給自己一段時間調養,持續接受藥物與心理治療,我就有希望可以好起來,我有任何的感受、想法或狀況,我都可以和醫生、心理治療師、其他專業人員或者我的家人討論,我不需要一個人去面對我的疾病,有很多人願意幫忙我,我只要有耐心、毅力與信任,我就充滿著希望。」

★給家屬

生病的人最需要的就是關心與支持,身為患者的家屬,也要提醒自己:我的家人生病了,那沒有什麼好丟臉的,在我全心的支持與鼓勵下病情就會好轉,陪伴有時很苦,但是絕對是值得的。在他生病的期間,有幾點要謹記在心的:

1. 對病人的情緒保持敏感,學習分辨病人有問題的訊息,有任何狀況可以做些預防準備工作。

2. 要協助病人準時服藥,藥物不是惡化的時候才吃,定時吃藥病情才能穩定。

3. 接納病人的現況,修正對病人的期待,過高的期待,只會帶來自己與病人更多的壓力。

4. 重視病人的「小小進步」,一個小小的正向經驗都可以帶來新的改變,只要病人有進步就值得鼓勵,建立病人的自信心來克服病症,不要老是跟別人比或者跟病人過去的表現來比較。

5. 建立強有力的支持系統關心病人之外,也要有自己的支

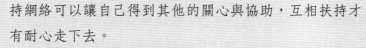

持網絡可以讓自己得到其他的關心與協助，互相扶持才
有耐心走下去。

6.相信專業協助，善用資源。

五、對精神疾病的正確認識

　　台灣公共電視在2019年推出了一部社會寫實電視劇——《我
們與惡的距離》，播出後佳評如潮，故事貼近生活且具有啟發
性，讓觀眾欣賞戲劇的同時，也會自然地思索道德與人性。該劇
透過隨機殺人案件，帶動大眾對社會議題的探討，其中包含了精
神疾病患者個人及家人的社會處境。導演期待透過戲劇的方式能
夠讓觀眾對於台灣社會許多具有爭議性的社會事件或政策、民眾
莫名的誤解與恐慌、內隱的歧視與區隔等，能有更深一層的理解
與反思。精神疾病並非絕症，亦非傳染病，只要給予適當的治療
就可以協助病情穩定並且改善。一般人對精神病有所顧忌，因為
從小我們所受的教育常是忽略心理衛生相關訊息，所以對精神疾
病並未有正確的認識，而覺得精神疾病就是瘋子，很可怕，所以
走在路上看到一些人喃喃自語時，就會有些害怕，在公車上遇到
有人大聲自言自語也會害怕，尤其當他們走近時，也不知道會發
生什麼事，我們對精神病患其實常只是一無所知或所知有限，只
知道社會新聞上報導的殺人犯、弒母案、強暴案的凶嫌有些是精

神異常,所以常很快就推論——精神病患是危險的,事實上精神疾病本身不可怕,但是需要加以治療或處理才是重要。

對精神疾病的不接納其實也是受刻板印象影響,大家都怕精神病,罵人用「神經病」、「瘋子」,那都有不好的涵義,有些人對於自己家裡有人是精神病,會覺得非常丟臉,所以就有些人長年將病患關在家裡不讓他出來見日,問題是這樣只能隱藏問題,對病症並無幫助,而且延遲治療,尤其家屬的不接納態度,也讓病人的症狀無法完全康復。當我們對精神異常的行為「無知」時,就會傾向用異樣眼光看待之,常常只有看到「病」,卻沒看到「人」,於是拒絕、否定、排斥,結果由於對病症的不瞭解造成我們的恐懼,而且也忽略患者與家屬該受到的妥善照顧與支持,總之,對精神疾病的基本認識與瞭解將有助於我們可以接納並適時提供協助。

此外,一般人對心理治療或諮商輔導並無正確概念,覺得「有問題」、「心理有毛病」、「瘋了」、「變態」的人才需要接受心理治療,結果總等到症狀嚴重至危及自己或他人時,才趕緊送醫。其實,就像我們身體不舒服會去看醫生一樣,如果心裡有不舒服也需要找人談談,但是現在則很少人會想到要找精神科醫生或心理師,很多困擾就一個人承擔,或者壓抑下來,結果心理就更不健康,因此真的來醫院看診時,通常都已是非常嚴重的症狀了。所以如果你心情不好的時候,別把情緒往內放,有話藏在心裡反而讓自己更難受,如果你也不想跟朋友說,那麼也許去尋求心理諮商會有更多幫助,只要你願意,有很多的諮商資源

（學校諮商輔導中心、張老師專線、生命線、私人心理諮商所、心理治療所、身心診所或各大醫院精神科等）都可以協助你走出低潮，不過第一步是需要你跨出去，勇敢地敞開心胸面對自己吧！

結　語

　　當我們的情緒表現與當時的情境不相干或者沒有刺激引發，而表現出來的情緒，又過於極端或者長期處於某種情緒中，而嚴重影響到我們的日常生活、人際關係、工作表現等，那麼可能就是情緒障礙的表現。若是長期處於憂鬱、沮喪、無助的情緒中，那麼可能就是憂鬱的症狀，大多數的時間都感到憂鬱，持續兩年之久，可能是輕鬱症，而心情低落到極點，而有想死的念頭，整天茶不思飯不想，喪失正常生活功能，已到悲觀絕望的地步，那麼可能就是重鬱症，如果時而感到憂鬱，時而感到亢奮，精力旺盛，可以不用睡覺、意念飛揚、常處於極端興奮狀態下，那麼就有可能是躁鬱症。而所有型態的情感障礙最大的危險就是自殺，自殺的原因很多，包括家庭、同儕因素、突發事件、個人性格、健康因素、社會因素等，我們必須敏感於自殺的線索，有能力評估自殺的危險性，才能提供有效的介入與協助。

　　此外，由於持續、過度、非理性的害怕及焦慮，也會讓人無法有效適應，有些人的焦慮是莫名地突然感到強烈的恐慌，伴隨

著呼吸急促、昏眩、顫抖等；也些人可能是針對特定的人、事、物感到極端的焦慮，亦即所謂的畏懼症；有些人則是會一再重複某些不理性的想法與儀式行為，稱為強迫症；而有些人的焦慮表現則是經常性，即使一切安然無恙，也會覺得緊張不安，那麼這可能是廣泛性焦慮症。無論是憂鬱或焦慮引發的各種情緒障礙，其實，只要經過適當的藥物或心理治療，通常是可以康復的，也許治療的效果並不能馬上見效，但是持續不斷地接受治療，確實可以協助情緒障礙患者，早日走出情緒的陰霾痛苦中。

問題與討論

1. 你如何區分一個人是掉入憂鬱低潮中或者已經罹患憂鬱症呢？

2. 當周遭的親人或朋友困在憂鬱中，我們可以做些什麼呢？

3. 當你發現親友在用一些歧視誤解的字眼描述精神病患時，你可以做些什麼呢？

附錄　身心鬆弛法

練習身心鬆弛法時，下面幾個事項要注意：

1. 充足的時間：練習時時間要充足，否則若有時間壓力，為了急於完成練習，精神就很難完全集中，而難以達到放鬆的效果。

2. 適合的環境：練習的環境不需要很大，不過需要清靜、舒適、溫度適中，太冷、太熱或太吵雜的環境，較難集中注意力。

3. 適宜的生理狀態：練習身心鬆弛法時，不宜在太飽或太餓的狀態下進行，否則注意力會難以集中。

4. 配合自己的興趣、性格和生活方式：所選擇的身心鬆弛法，不必執著於特定的一種，可依自己的時間、狀況、興趣、性格和生活方式，選擇適合的方式來進行。

以下提供幾個方法，你可以選擇一個最適合你的。

一、基本調節呼吸法

練習時儘量找一個舒適的位置坐下或躺下，坐著時把腳掌平放在地上，背部靠著椅背，雙手放在大腿或椅子的扶手上，輕輕閉上眼睛，然後跟著下面的步驟做練習：

1. 慢慢地、深深地吸入一口氣，直到胸部、肺部有鼓漲的感覺。

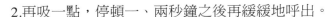

2.再吸一點，停頓一、兩秒鐘之後再緩緩地呼出。

3.把這口氣緩緩地呼盡，停頓一下子之後，再吸入第二口氣，如此反覆練習五至十次。

經過重複練習之後，呼吸便會明顯地由急促、混亂，變成深長、緩慢而穩定。之後就可以不用再刻意控制呼吸的節奏，只要讓它自然、順暢的呼吸即可，這樣就可以使注意力較容易集中，有助於情緒和想法覺察的進行。

二、透過指尖呼吸

想像有一股氣流從指尖開始流向手臂、肩膀，然後流至身體胸部、腹部、骨盆腔、大腿、小腿，慢慢地由腳趾出去。重複去感覺深沉而緩慢的呼吸作用於全身，宛如接受清流般的洗滌。

三、肌肉鬆弛法

此鬆弛法的練習，可帶來兩種效果，一種是鬆弛的感覺，由於練習時我們將注意力集中在肌肉鬆緊的感覺上，因而精神也會隨著放鬆下來，暫時擺脫令人困擾的情緒，當然各部分的肌肉也因此得到鬆弛；第二種效果是增加我們對肌肉鬆緊程度的敏感度，因為情緒的反應和生理的反應息息相關，精神緊張的時候，很多肌肉不知不覺地跟著緊張，長時間就會造成腰酸背痛等症狀，如果我們經常練習肌肉鬆弛法，一方面較能敏感察覺到肌肉

的鬆緊狀態，另一方面也可經由練習，讓肌肉處於放鬆的狀態。

　　肌肉鬆弛法的要點，是有系統地將身體各部分的肌肉，透過先緊後鬆的練習，幫助我們注意並能分辨肌肉拉緊和放鬆的姿態、感覺。練習時可跟著下面幾個步驟（全式）：

1. 先找個舒適的位置坐下或躺下來，然後用基本調節呼吸法，使精神達到較放鬆及集中的狀態。

2. 手部的鬆緊：第一部分先進行手部肌肉的練習，將雙手握成拳頭狀，儘量握緊，再握緊，這時候可能可以感受到手有震動的現象。然後持續五至十秒，再把拳頭緩緩地放開、放開、放開……，讓手部的肌肉儘量放鬆。在拳頭握緊的時候，集中你的注意力去感受手部肌肉緊張的感覺，在拳頭放開之後，也集中注意力去體驗肌肉放鬆的感覺。再重複手部肌肉拉緊、放鬆的步驟兩次。

3. 手臂的鬆緊：雙手緊握成拳頭狀，然後雙手及前臂向上彎曲，讓手臂向上的肌肉出現緊張的狀態，手腕儘量貼近肩膀，用力保持這種手臂拉緊的狀態五至十秒鐘，然後把雙手慢慢放下來，把注意力集中在整個拉緊和放鬆的感覺，鬆弛約十秒之後，再重複緊鬆的步驟一次。

4. 肩膀的鬆緊：用力把肩膀向上推，儘量讓肩膀貼近耳朵，用力再用力，持續五至十秒之後，再讓肩膀慢慢地自然垂下，儘量放鬆，鬆弛十秒之後，再重複一次緊縮的步驟。

5. 頸部的鬆緊：頸部的鬆緊分前、後兩部分，首先將頭儘量

往後仰，讓後頸部的肌肉出現緊張的狀態，持續五至十秒，然後讓頭緩緩回到正常、正中、自然的位置，讓後頸部的肌肉慢慢放鬆。然後練習前頸肌肉的鬆緊，把頭儘量往胸部垂下，讓下顎儘量接近胸前，持續這種緊張的狀態五至十秒鐘，再緩緩把頭抬起至正常、正中、自然的位置，感受一下鬆弛的感覺約十秒鐘，再重複一次前後頸部鬆緊的步驟。

6.臉部的鬆緊：臉部肌肉分為額頭、眼部、牙關節、嘴脣和舌頭五個部分。

(1)額頭：把眼、眉儘量往上推，讓額頭的肌肉感到緊張的狀態，再回復原狀，感受額頭的放鬆。

(2)眼部：用力把兩眼緊緊的閉起來，可以感受到眼部肌肉的緊張，五至十秒後再慢慢放鬆。

(3)牙關節：用力把牙關節咬緊，就可以感受到牙關節肌肉緊張的狀態，五至十秒後再慢慢放鬆。

(4)嘴脣：用力將上下嘴脣合在一起，就可以感受到嘴脣的緊張，五至十秒後再慢慢放鬆。

(5)舌頭：用力將舌尖頂向上顎，五至十秒後再慢慢放鬆。

7.胸部的鬆緊：吸一大口氣，使胸部和肺部儘量擴張，就可使前胸的肌肉緊張。

8.腹部的鬆緊：將腹部向內收縮，即可感受到腹部肌肉的緊張。

9.背部的鬆緊：將兩邊肩膀向後壓，胸部肌肉自然會向前挺起，而背部肌肉也會感到緊張。

10.腿部的鬆緊：先將雙腳直直的抬高，離開地面，然後腳底儘量向下壓，這樣小腿的肌肉就會感到緊張，持續五至十秒後，再慢慢將雙腳慢慢放到地上，再將雙腳直直抬高，離開地面，這次將腳底往上勾，持續五至十秒之後，再放回地上。

此套肌肉鬆弛法每個部分的練習，要重複兩次，才能達到理想的效果，而且必須做完一個部分的練習之後，再進行下一個部分的練習，一次專心做一個部分的放鬆就好，否則注意力很難集中。

四、深度放鬆口訣

找一個寧靜的地方，閉上眼睛，慢慢地重複一個語詞，如放鬆、寧靜、海洋或回家等可以讓你感覺到放鬆的意念，把注意力集中在字的聲韻上。

五、自律鬆弛法

此鬆弛法是利用人在精神集中時，意念中的自我規律能夠影響身體感覺的能力，將身體的各部分控制到鬆弛的理想狀態，包括手腳都感覺到溫暖而沉重，腹部感到溫暖、舒適，額頭感到清

涼，呼吸順暢，心跳速度平均。

　　練習的步驟如下：

1. 先找個舒適的位置坐下或躺下來，然後用基本調節呼吸法，使精神達到較放鬆及集中的狀態。

2. 把精神、意念集中在其中一隻手，利用我們的意念，在心裡反覆、緩慢地想著：「我的手會慢慢變得沉重和溫暖。」在心裡說五遍之後，便可在每次呼氣時想著「沉重」、「溫暖」這些字眼，約三至五分鐘，就可產生意念中的效果。接下來練習另一隻手，並把意念同時集中在兩隻手，在心裡反覆並緩慢地想著：「我的一雙手會慢慢感到越來越重，越來越溫暖。」在每次呼氣時重複想著「沉重」、「溫暖」。

3. 當手部的練習完成之後，便可以保持手部的鬆弛狀態，然後練習腳的部分。一樣把意念集中在雙腳，在心裡反覆並緩慢地想著：「我的一雙腳會慢慢感到越來越重，越來越溫暖。」這樣重複幾次後，便可在每次呼氣時想著「沉重」、「溫暖」，約三至五分鐘，雙腳就會隨著意念感到沉重與溫暖。

4. 接著將練習移至腹部，意念中想著：「我的肚子好溫暖。」如此重複想著腹部溫暖、舒適的感覺，約三至五分鐘即可。

5. 與前面不同的是，額頭若要感到鬆弛、舒服，便應產生清

涼的感覺，因為如果額頭也感到溫暖的話，就會有頭暈腦
漲的感覺，所以當手、腳、腹部鬆弛之後，接下來將注意
力集中在額頭溫度的調節上，心裡重複想著：「我的額頭
感到清涼、舒服」，三到五分鐘便可達到理想的效果。

6. 練習到此步驟時，我們應該已經感到相當鬆弛了，呼吸和
心跳也變得規律、舒暢了，此時只要把意念集中在「我的
呼吸很順暢、很平均」，幾次之後，再將意念集中在「我
的心跳節奏很平均」，即可達到完全放鬆的效果。

六、意象鬆弛法

一般意象鬆弛法都會利用一些舒服、祥和的環境作為意象的
內容，然後再利用想像力逐步創造出身處在那種環境時的各種感
官意象。所以只要集中注意力在想像自己身處在某種舒適的環境
中，自己有哪些感覺，就可以感到鬆弛。

1. 先以基本調節呼吸法，讓精神放鬆與集中，身體的放鬆有
助於增加意象的想像能力。

2. 視覺的意象：例如，想像一個寧靜的海灘會有的環境，包
括金黃色的沙粒、蔚藍的天空、漂浮於天際間的白雲、廣
闊的大海、海天相連的水平線等，集中注意力在仔細地
「看」海灘上可能有的種種東西，就會有彷彿置身其中的
感覺。

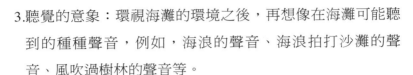

3.聽覺的意象：環視海灘的環境之後，再想像在海灘可能聽
　到的種種聲音，例如，海浪的聲音、海浪拍打沙灘的聲
　音、風吹過樹林的聲音等。

4.嗅覺的意象：想像一下在海邊可能嗅到的氣味，例如，沙
　灘的味道、海水的味道、生物的味道等。

5.觸覺的意象：想像一下坐在軟綿綿的沙灘上的感覺、在太
　陽下被陽光照射的感覺、海風拂面的感覺等。

參考書目

一、中文部分

文崇一、楊國樞（2000）。〈訪問調查法〉。《社會及行為科學研究法（下冊）》。台北：東華。

方紫薇（1997）。〈與氣憤情緒共舞——氣憤情緒管理策略〉。《學生輔導雙月刊》，51，62-73。

王琡棻（2011）。〈復原力研究新趨勢——在學校脈絡中促進學生教育性復原力〉。《輔導季刊》，47(3)，1-14。

王榮輝譯（2015）。Christina Berndt著。《韌性：挺過挫折壓力，走出低潮逆境的神秘力量》。台北：時報文化。

王榮輝譯（2015）。Christina Berndt著。《韌性：挺過挫折壓力，走出低潮的神秘力量》。台北：時報文化。

江文慈（2015）。〈情緒表達矛盾的個別差異分析〉。《教育心理學報》，47(2)，243-259。

江雪齡（2008）。《正向心理學——生活、工作和教學的實用》。台北：心理出版社。

自殺防治中心（2007）。〈我可以怎麼做？〉，http://tspc.tw/tspc/portal/howdo/index.jsp?sno=97。

何茉如（1998）。〈國中生幽默感對於生活壓力、身心健康調節作用之研究〉。台北：國立台灣師範大學教育心理與輔導研究所碩士論文。

余欣蓮、陳易芬（2009）。〈表達性書寫對準諮商員在自我覺察的影響之探究〉。《台灣藝術治療學會》，1(2)，99-113。

吳書榆譯（2016）。Alfred Adler著。《阿德勒心理學講義》。台北：經濟新潮社。

吳書榆譯（2016）。Dan Kindlon和Michael Thompson著。《該隱的封印：揭開男孩世界的殘酷文化》。台北：商周出版。

吳麗娟（1989）。《讓我們更快樂——理性情緒教育課程》。台北：心理
　　出版社。

吳麗娟、蔡秀玲、杜淑芬、方格正、鄧文章譯（2017）。《人際歷程取向
　　治療：整合模式》。台北：雙葉書廊。

李介文（2018）。《反芻思考：揭開「負面情緒」的真面目，重拾面對困
　　境的勇氣》。台北：平安文化

李坤崇、歐慧敏（1996）。〈青少年因應策略量表編製報告〉。《中國測
　　驗學會測驗年刊》，43，241-262。

李怡真、林以正（2006）。〈愛情關係中的情緒表達衝突之縱貫研究〉。
　　《中華心理學刊》，48(1)，53-67。

李芳齡譯（2017）。Carol S. Dweck著。《心態致勝：全新成功心理學》。
　　台北：天下文化。

李書璇（2016）。〈日本研究：國家經濟困頓 導致繭居族增加〉。2016年
　　9月15日。取自《民報》，https://www.peoplenews.tw/news/4cd296ea-
　　b32e-4ea9-aa38-ff8b7d1e3690。

李書璇（2016）。〈日本研究：國家經濟困頓 導致繭居族增加〉。2016年
　　9月15日。取自民報，https://www.peoplenews.tw/news/4cd296ea-b32e-
　　4ea9-aa38-ff8b7d1e3690。

李素芬（2009）。〈憂鬱症團體領導者心理位移之經驗及影響分析研究〉
　　（未出版之碩士論文）。台北：國立臺灣師範大學。

李開敏、林方皓、張玉仕、葛書倫譯（2004）。J. William Worden著。《悲
　　傷輔導與悲傷治療：心理衛生實務工作者手冊》。台北：心理。

黃小萍譯（2016）。Beverly Engel, LMFT著。《這不是你的錯：對自己慈
　　悲，撫慰受傷的童年》。台北：心靈工坊。

周蔚倫（2012）。〈心情好不好，有關係！淺談情緒對認知的影響〉。
　　《楓城新聞與評論》，228期電子報。

岩井俊憲（2017）。《擁抱不完美，做回真自我——阿德勒教你如何情緒
　　解套》。台北：台灣東販。

林日璇（2016）。Need for Relatedness: A self-determination approach to examining attachment styles, Facebook use, and psychological well-being. *Asian Journal of Communication, 26*(2), 153-173.

林以正（1999）。〈華人的社會比較：比較什麼、與誰比較、為何比較〉。《本土心理學研究》，11，93-125。

林淑惠、黃韞臻（2012）。〈大學生網路成癮與學習倦怠之相關探討〉。《教育學刊》，38，65-100。

林惠雅（2014）。〈教養互動型態與青少年問題行為：母親與青少年知覺之探討〉。《教育心理學報》，46(2)，187-203。

林詠純、徐欣怡、曾育勤、黃瓊仙譯（2015）。田村毅著。《搶救繭居族：家族治療實務指南》。台北：心靈工坊。

金樹人（2005）。〈心理位移辯證效果之敘事分析。行政院國家科學委員會補助專題研究計畫。台北：國立台灣師範大學教育心理與輔導系。

金樹人（2010）。〈心理位移之結構特性及其辯證現象之分析：自我多重面向的敘寫與敘說〉。《中華輔導與諮商學報》，28，187-228。

侯智惠（1996）。〈不要跟自己過不去──簡介情緒ABC理論〉。《輔導通訊》，48，24-28。

哈佛大學開放課程、塔爾・班夏哈（2012）。《更快樂：哈佛最受歡迎的一堂課》。台北：天下雜誌。

柯永河（1997）。〈教師的情緒管理〉。《學生輔導雙月刊》，51，40-51。

洪慧芳譯（2004）。Robert Brooks、Sam Goldstein著。《挫折復原力：在人生中找到平衡、自信與能量。台北：親子天下。

洪蘭譯（1997）。Martin E. P. Seligman著。《學習樂觀，樂觀學習》。台北：遠流。

胡君梅、黃小萍譯（2013）。Jon Kabat-Zinn著。《正念療癒力：八週找回平靜、自信與智慧的自己》。新北：野人文化出版。

胡潔瑩（1993）。《我要放鬆──實用身心鬆弛法》。香港：明窗出版

社。

徐西森、連廷嘉（2001）。〈大專學生網路沉迷行為及其徑路模式之驗證研究〉。《中華輔導學報》，10，119-149。

徐欣怡譯（2016）。齊藤環著。《繭居青春：從拒學到社會退縮的探討與治療》。台北：心靈工坊。

留佩萱（2018）。〈告訴孩子「不論如何，你都是有價值的」〉。《人本教育札記》，2018年8月號。

張子午（2019）。《成為一個新人：我們與精神疾病的距離》。新北：衛城出版。

張仁和（2010）。〈聚焦中庸思維實踐體系於心理空間和大我系統〉。《本土心理學研究》，34，145-157。

張仁和、黃金蘭、林以正（2010）。〈心理位移書寫法之位格特性驗證與療癒效果分析〉。《中華輔導與諮商學報》，28，29-60。

張元祐（2014）。〈全職實習諮商心理師運用心理位移面對實習壓力之經驗與影響研究〉（未出版之碩士論文）。台北：中國文化大學。

張春興（2004）。《張氏心理學辭典》。台北：東華。

張春興（1990）。〈從情緒發展理論的演變論情意教育〉。《教育心理學報》，23期，頁1-2。

張春興（1991）。《現代心理學》。台北：東華。

張美惠譯（1996）。Daniel Goleman著。《EQ》。台北：時報出版社。

張振成（2003）。〈挫折與衝突的適應方式〉。《諮商與輔導》，211，53-55。

張善楠（2000）。《轉變中的華人價值觀──教育、政治與社會結構之互動》。台北：商鼎出版社。

曹中瑋（1997）。〈情緒的認識與掌控〉。《學生輔導雙月刊》，51，26-39。

莊文玲（2006）。〈國一學生挫折忍受力提升之實驗研究〉。花蓮：慈濟大學教育研究所碩士論文。

莊仲黎譯（2015）。Denis Mourlane著。《心理韌性訓練：德國心理教練帶你平靜面對每天的挑戰》。台北：究竟出版社。

莊懷文、劉焜輝、曾端真、張鐸嚴編著（1990）。《青少年問題與輔導》。台北：國立空中大學用書。

許文耀、呂嘉寧（1998）。〈情緒自主、依附型態與自殺危險性的關係〉。《中華心理衛生學刊》，11(2)，59-81。

許家綾譯（2006）。B. L. Moon著。《青少年藝術治療》。台北：心理出版社。

郭靜晃（1994）。《發展心理學》。台北：揚智文化。

陳世芬（2006）。《加護病房護理人員之非理性信念、情緒特質與情緒管理對人際關係影響路徑之建構》。國立政治大學教育研究所博士論文。

陳金定（2008）。〈青少年親子依附、基本心理需求與羞愧感因果模式之探討〉。《教育心理學報》，40 (2)，241-260。台北：國立台灣師範大學教育與心理輔導學系。

陳金定、劉焜輝（2003）。〈青少年依附行為與情緒調適能力之因果模式初探〉。《教育心理學報》，35(1)，39-57。

陳冠名（2004）。〈青少年網路使用行為及網路沉迷的因素之研究〉（未出版之博士論文）。高雄：國立高雄師範大學。

陳淑瓊、高金城、吳東彥（2014）。〈華人文化脈絡下諮商員之同理心運用困境初探與培育理念再思〉。《輔導季刊》，50(2)，13-21。

陳皎眉（1986）。《少年十五二十時：青少年的壓力與適應》。台北：桂冠。

陳雅鈴（2007）。〈貧窮學童發展復原力之研究──以總統教育獎得主為例〉。《屏東教育大學學報》，26，1-36。

陳韻妃（2016）。〈線上遊戲玩家的情緒表達與人際關係：以英雄聯盟為例〉。台北：世新大學社會心理學碩士論文。

陶兆輝、劉遠章（2016）。《正向教練學：正向心理學的人生技法》。香港：明報出版社。

陸洛、高旭繁、周雲、蕭愛玲（2001）。〈兩岸三地員工之工作壓力、控制信念、工作滿意及身心健康〉。《中華心理衛生學刊》，14(1)，55-87。

曾端貞、曾玲珉（1996）。《人際關係與溝通》。台北：揚智文化。

湯國鈞、姚穎詩、邱敏儀（2010）。《喜樂工程：以正向心理學打造幸福人生》。香港：突破。

馮克芸、陳世欽譯（2003）。Robert Brooks和Sam Goldstein著。《培養小孩的挫折忍受力》。台北：天下雜誌。

馮涵棟（1999）。〈文化體系與教養理念及實踐〉。《台灣、香港與美國社教化過程之比較研究（I）》，國科會研究報告，NSC 88-2413-H-001-003。

黃立賢（1996）。〈如何培養學生挫折的容忍力〉。《訓育研究》，35(2)，65-74。

黃光國（2005）。〈現代性的不連續假說與建構實在論：論本土心理學的哲學基礎〉。《儒家關係主義——文化反思與典範重建》。台北：國立臺灣大學出版中心。

黃宗正、黃偉烈（2010）。〈淺談躁鬱症〉。台大醫院健康電子報，https://epaper.ntuh.gov.tw/health/201003/PDF/%E6%B7%BA%E8%AB%87%E8%BA%81%E9%AC%B1%E7%97%87.pdf。

黃芷筠（2016）。〈Devereux幼兒復原力量表第二版臺灣中文版修訂與信效度之研究〉。台北：國立台北教育大學幼兒與家庭教育學系學位論文。

黃芷筠（2016）。〈復原力教育的困境與展望〉。《臺灣教育評論月刊》，5(6)，233-235。

黃傳永（2012）。〈藝術治療運用在失落悲傷調適之探討〉。《台灣心理諮商季刊》，4(2)，22-41。

楊佳幸（2001）。〈高雄地區大學生網路使用行為、網路心理需求與網路沉迷關係之研究〉。高雄：高雄國立師範大學輔導研究所碩士論文。

楊淳茵譯（1995）。Jack Canfield和Mark Victor Hansen著。《心靈雞湯》。
　　台中：晨星出版社。

楊雅棠（2019）。〈繭居兒日增 沉迷網路、拒學〉。2019年11月11
　　日。取自張立人的秘密書齋，http://blog.sina.com.tw/kaspar/article.
　　php?entryid=701301。

葉修宏（2018）。〈拒學症到繭居族 社會退縮怎解〉。2018年5月2日。取
　　自公視新聞網，https://news.pts.org.tw/article/392857。

董氏基金會（2008）。〈大學生主觀壓力源與憂鬱情緒之相關性調查〉。

董氏基金會（2014）。〈大台北地區青少女憂鬱情緒程度、壓力源及紓壓
　　方式〉。

董氏基金會編（2006）。《有你，真好！陪他走過憂鬱》。財團法人董氏
　　金金會。

齊若蘭譯（2017）。Sheryl Sandberg、Adam Grant著（2017）。《擁抱B選
　　項》。台北：天下雜誌。

劉立慈（2012）。〈大學生愛情關係之情緒表達衝突、生氣表達方式與衝
　　突管理方式對愛情關係滿意度之影響——以東吳大學為例〉（未出版
　　之碩士論文）。台北：東吳大學。

歐陽儀、吳麗娟、林世華（2006）。〈青少年依附關係、知覺父母言語管
　　教、情緒穩定之相關研究〉。《教育心理學》，37(4)，319-344。

衛生福利部統計處（2019a）。〈全國自殺死亡資料統計〉，https://dep.
　　mohw.gov.tw/DOMHAOH/cp-332-8883-107.html。

衛生福利部統計處（2019b）。〈精神疾病患者門、住診人數統計〉，
　　https://dep.mohw.gov.tw/DOS/cp-1720-7337-113.html

鄭玉英、王行編譯（1991）。《家庭重塑》。台北：心理出版社。

鄭清清譯（1994）。加藤諦三著。《快樂作自己》。台北：生命潛能文化
　　事業有限公司。

盧金足（2019）。〈張老師復原力調查：中高年、研究所學歷、已婚者
　　復原力較高〉。2019年10月30日。取自中時電子報，https://www.

chinatimes.com/realtimenews/20191030004622-260405?chdtv。

盧德昕（2018）。〈與日本繭居族對談（上）：寧被海嘯捲走也不願出門，繭居族在想什麼？〉。2018年10月17日。取自關鍵評論，https://www.thenewslens.com/article/104785。

蕭文（2000）。〈從災變事件前的前置因素與復原力在創傷後壓力症候反應心理復健上的影響〉。《九二一震災心理復健學術研討會論文集》，34-40。

蕭文（2001）。〈復原力的概念及在輔導上的應用〉。2001年3月，新加坡華人輔導知能研討會。

蕭文（2001）。〈災變事件前的前置因素與復原力在創傷後壓力症候反應及心理復健上的影響〉。九二一震災心理復健學術研討會論文集，34-40。

蕭銘均（1998）。〈台灣大學生網路使用行為、使用動機、滿足程度與網路成癮現象之初探〉。新竹：國立交通大學傳播研究所碩士論文。

賴俐雯、金瑞芝（2011）。〈父親後設情緒理念與幼兒情緒表達關係——以生氣情緒為例〉。《應用心理研究》，51，41-77。

謝幸芬、林德佑譯（2016）。Boris Cyrulnik著。《心理韌性的力量——從創傷中自我超越》。台北：心靈工坊。

韓惠萍（2014）。〈焦點解決導向處置對自殺企圖青少年之成效探討〉（未出版之博士論文）。台北：國立台北健康護理大學。

蘇芳儀（2002）。〈另類休閒‧博物館裡的音樂會——探討「感性的科工音樂會」之觀眾意見〉。《科技博物》，6(3)，33-46。

蘇彙珺（1997）。〈社會支持、自我效能與國中學生壓力因應歷程中認知評估及因應策略的相關研究〉。台北：國立台灣師範大學教育心理與輔導所碩論文。

二、英文部分

Averill, J. R. (1968). Grief: its nature and significance. *Psychological Bulletin, 70,*

721-748.

Bailey, D., Wolfe, D. M., & Wolfe, C. R. (1994). With a little help from our friends: Social support as a source of well-being and of coping with stress. *Journal of Sociology and Social Welfare, 21*, 127-152.

Bartholomew, K., & Horowitz, L. M. (1991). Attachment styles among young adults: a test of a four-category model. *Journal of Personality and Social Psychology, 61*(2), 226.

Bergmans, Y., Langley, J., Links, P., & Lavery, J. V. (2009). The perspectives of young adults on recovery from repeated suicide-related behavior. *Crisis, 30*(3), 120-127.

Blatt, S. J. (1995). The destructiveness of perfectionism. *American Psychologist, 50*(12), 1003-1020.

Bowen, M. (1976). Theory in the practice of psychotherapy. *Family Therapy: Theory and Practice, 4*(1), 2-90.

Boyes, A. (2015). *The Anxiety Toolkit: Strategies for managing your anxiety so you can get on with your life*. Hachette UK.

Brown, B. (2013). *The Power of Vulnerability: Teachings of Authenticity, Connections and Courage* [Audio-book]. Louisville, CO, USA: Sounds True.

Carlson, John. G., Hatfield, Elaine (1992). *Psychology of Emotion*. Holt, Rinehart & Winston, Inc.

Cassidy, J. (1994). Emotion regulation: Influences of attachment relationships. In N. Fox (Ed.), Fredrickson, B. L. & Branigan, C. A. (2005). Positive emotions broaden the scope of attention and thought-action repertoires. *Cognition and Emotion, 19*, 313-332.

Cohen, S. & Wills, T. A. (1985). Stress, social support, and the buffering hypothesis. *Psychol. Bull. 98*, 310-57.

Feshbach, S., Feshbach, N. D., Cohen, R. S., & Hoffman, M. (1984). The antecedents of anger: A developmental approach. In *Aggression in Children*

and Youth (pp. 162-174). Springer, Dordrecht.

Fredrickson, B. L. (2001). The role of positive emotions in positive psychology: The broaden-and-build theory of positive emotions. *American Psychologist, 56*(3), 218-226.

Gilligan, C. (1993). *In A Different Voice: Psychological Theory and Women's Development*. Cambridge, MA.

Goldman, A., Roy, J., Bodenmiller, B., Wanka, S., Landry, C. R., Aebersold, R., & Cyert, M. S. (2014). The calcineurin signaling network evolves via conserved kinase-phosphatase modules that transcend substrate identity. *Molecular Cell, 55*(3), 422-435.

Goleman, D. (1995). *Emotional Intelligence: Why it Can Matter More Than IQ*. New York: Bantam Book.

Greenberg, I. S., Rice, L. N., & Elliott, R. (1993). *Facilitating Emotional Change: The Moment-by-Moment Process*. NY: The Guild Ford.

Hart, E. W. (1994). *Conquer Your Fears*. Accelerated Development Inc.

Howard, D. E. (1996). Searching for resilience among African-American youth exposed to community violence: Theoretical issues. *Journal of Adolescent Health, 18*, 254-262.

Jensen, L. C., & Wells, M. G. (1979). *Feelings: Helping Children Understand Emotions*. Brigham Young University Press.

Kandell, J. J. (1998). Internet addiction on campus: The vulnerability of college students. *Cyber Psychology & Behavior, 1*(1), 11-17.

Kenny, M. E., & Rice, K. G. (1995). Attachment to parents and adjustment in late adolescent college students: Current status, applications, and future considerations. *The Counseling Psychologist, 23*(3), 433-456.

Khantzian, E. J., & Mack, J. E. (1983). Self-preservation and the care of the self-ego instincts reconsidered. *Psychoanalytic Study of the Child, 38*, 209-232.

Kinard, E. M. (1998). Methodological issues in assessing resilience in maltreated children. *Child Abuse & Neglect*, 22(7). pp. 669-680.

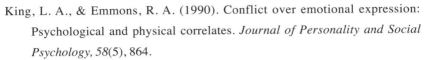

King, L. A., & Emmons, R. A. (1990). Conflict over emotional expression: Psychological and physical correlates. *Journal of Personality and Social Psychology, 58*(5), 864.

King, S. A. (1996). Researching Internet communities: Proposed ethical guidelines for the reporting of results. *The Information Society, 12*(2), 119-128.

Lazarus, R. S., & Folkman, S. (1984). *Stress, Appraisal, and Coping*. New York: Springer.

Lewis, M. (1992). *Shame: The Exposed Self*. New York.

Liang, B., & Bogat, G. A. (1994). Culture, control, and coping: New perspectives on social support. *American Journal of Community Psychology, 22*, 123-147.

Linehan, M. M. (1993). Dialectical behavior therapy for treatment of borderline personality disorder: Implications for the treatment of substance abuse. *NIDA Research Monograph, 137*, 201-201.

Luthar, S. S. & Zigler, E. (1991). Vulnerability and competence: A review of research on resilience in childhood. *American Journal of Orthopsychiatry, 61*, 6-22.

Lyubomirsky, S., Sheldon, K. M., & Schkade, D. (2005). Pursuing happiness: The architecture of sustainable change. *Review of General Psychology, 9*, 111-131.

Lyubomirsky, S., Sheldon, K. M., & Schkade, D. (2005). Pursuing happiness: The architecture of sustainable change. *Review of General Psychology, 9*(2), 111-131.

McDougall J. (1984). The 'disaffected' patient: Reflections on affect pathology. *Psychoanalytic Quarterly, 53*, 386-409.

McFarlane, A. H., Bellissimo, A. & Norman, G. R. (1995). The role of family and peers in social self-efficacy. *American Journal of Orthopsychiatry, 65*, 30.

Mikulincer, M., & Shaver, P. R. (2007). *Attachment in Adulthood: Structure,*

情緒管理
Emotion Management

342

Dynamics, and Change. New York, NY, US: Guilford Press.

Miller, W. R. & Seligman, M. E. P. (1976). Learned helplessness, depression, and the perception of reinforcement. *Behaviour Research and Therapy, 14*, 7-17.

Parker, J. G., Low, C. M., Walker, A. R., & Gamm, B. K. (2005). Friendship jealousy in young adolescents: individual differences and links to sex, self-esteem, aggression, and social adjustment. *Developmental Psychology, 41*(1), 235-250.

Petersen, A. C., & Ebata, A. T. (1987). Developmental transitions and adolescent problem behavior: Implications for prevention and intervention. In K. Hurrelmann, F. Kaufmann, & F. Lösel (Eds.), *Social Intervention: Potential and Constraints*, 167-184. Berlin and New York: deGruyter/Aldin.

Pierce, R. A., Nichols, M. P., & DuBrin, J. R. (1983). *Emotional Expression in Psychotherapy*, 236-241. New York: Gardner Press.

Rice, F. P. (1992). *The Adolescent: Development, Relationships, and Culture*. Allyn and Bacon: A division of Simon & Schuster, Inc.

Salovey, P. (1991). *The Psychology of Jealousy and Envy*. New York: Guilford Press.

Seelig, T. (2009). *What I Wish I Knew When I Was 20: A Crash Course on Making Your Place in the World*. Harper Collins.

Seelig, T. (2012). *inGenius: A Crash Course on Creativity*. Hay House, Inc.

Seligman, M. E. P. (1990). *Learned Optimism*. New York: Knopf.

Seligman, M. E. P. (2002). *Authentic Happiness: Using the New Positive Psychology to Realize Your Potential for Lasting Fulfillment*. New York: Free Press.

Seligman, M. E. P. (2005). Positive psychology, positive prevention, and positive therapy. In C. R. Snyder & S. J. Lopez (Eds.), *Handbook of Positive Therapy Psychology* (pp. 3-9). Oxford: Oxford University Press.

Seligman, M. E. P., & Csikszentmihalyi, M. (2000). Positive psychology: An introduction. *American Psychologist, 55*, 5-14.

Seligman, M. E. P., Rashid, T., & Parks, A. C. (2006). Positive psychotherapy. *American Psychologist, 61*, 774-788.

Seligman, M. E. P., Steen, T. A., Park, N., & Peterson, C. (2005). Positive psychology progress: Empirical validationof interventions. *American Psychologist, 60*, 410-421.

Seligman, M. E., & Csikszentmihalyi, M. (2014). Positive psychology: An introduction. In *Flow and the Foundations of Positive Psychology* (pp. 279-298). Springer, Dordrecht.

Selye, H. (1956). *The Stress of Life*. New York: Mcgraw-Hill.

Shaffer, D. (1996). *Developmental Psychology Children and Adolescence* (4th ed). New York: Brooks/Cole and ITP.

Sheldon, K. M., & Lyubomirsky, S. (2012). The challenge of staying happier: Testing the hedonic adaptation prevention model. *Personality and Social Psychology Bulletin, 38*(5), 670-680.

Stroebe, M. S., & Schut, H. (2008). The dual process model of coping with bereavement: Overview and update. *Grief Matters: The Australian Journal of Grief and Bereavement, 11*(1), 4.

Tavris, C. (1989). *Anger: The Misunderstood Emotion*. Simon and Schuster.

Teyber, E., & Teyber, F. (2010). *Interpersonal Process in Therapy: An Integrative Model*. Cengage Learning.

Tracy Shawn, M. A. (2018). *An Anxiety-Warrior's Guide to Anti-Stress & Anxiety Supplements*.

Travis, J., & Salvesen, G. S. (1983). Human plasma proteinase inhibitors. *Annual Review of Biochemistry, 52*(1), 655-709.

Wang, Y. F., Lin, W. J., & Sio, L. T. (2009). *Further Validation of "Relationships structures questionnaire-Chinese" Among Taiwanese Adolescents*. Poster session presented at the annual meeting of the American Psychological Association, Toronto, Canada.

Werner, E. & Smith, R. (1982). *Vulnerable But Invincible: A Study of Resilient Children*. NY: McGraw-Hill.

Werner, E. & Smith, R. (1992). *Overcoming the Odds: High Risk Children from Birth to Adulthood*. NY: Cornell University Press, Ithaca.

Wilkinson, R. B., & Mulcahy, R. (2010). Attachment and interpersonal relationships in postnatal depression. *Journal of Reproductive and Infant Psychology, 28*(3), 252-265.

Worden, J. W. (1996). *Children and Grief: When a Parent Dies*. Guilford Press.

Young, K. S. (2004). Internet addiction: A new clinical phenomenon and its consequences. *American Behavioral Scientist, 48*(4), 402-415.

Zayas, L., Gulbas, L. E., Fedoravicius, N., & Cabassa, L. J. (2010). Patterns of distress, precipitating events, and reflections of suicide attempts by young Latinas. *Social Science & Medicine, 70*(11), 1773-1779.